"CÓMO DESTRUIR UN PAÍS"

Caso Venezuela

Carlos G. Hernández R.

Pensamientos

.- "La felicidad está en la libertad, y la libertad, en el coraje de luchar por ella".   Pericles

.- "El mejor sistema político es aquel que crea la mayor cantidad de felicidad para sus gobernados, que cree en la riqueza de todos para mejorar el sistema creando igualdad desde la abundancia".

.- "Dos cosas me sorprenden: la inteligencia de las bestias y la bestialidad de los hombres".   Flora Tristán.

.- "A partir del control absoluto del poder por parte del Estado, resulta el botín, con el cual se crea el círculo vicioso de la pobreza: Estado rico-país pobre-clientela o pueblo subyugado".

.- "En las horas de peligro es cuando la patria conoce el quilate de sus hijos"   Marco Tulio Cicerón.

.- "Hago más caso del testimonio de mi conciencia que de todos los juicios que los hombres hagan por mí"   Marco Tulio Cicerón.

.- "Somos esclavos de las leyes para poder ser libres".   Marco Tulio Cicerón.

Dedicatoria

A Luciana, mi amada compañera, con quien la vida, tal vez sin merecerlo, me premió.

A mis hijos y a mis amados nietos, quienes son motivos de alegría y de orgullo.

A mis queridas amigas y curruñas, Jarly Margarita Hernández y María Petrólea Rondón.

A mis queridos amigos.

Reconocimiento

Vaya mi especial agradecimiento a todas aquellas personas que aún estando lejos me han apoyado incondicionalmente y han influido en mi trabajo con su alegría y su optimismo. A todos ellos, gracias, ¡muchas gracias!

Diseño de portada:

Luciana Paradela

María Gabriela Hernández

INTRODUCCIÓN

Esta obra tiene tres características: dos son fundamentales y una tercera que es aleatoria. En su tercera particularidad no podemos intervenir ya que depende exclusivamente del criterio del estimado lector. Habrá quien pueda sacar algo en limpio y positivo de la lectura de este libro, y lo guardará como referencia a lo que no se puede, ni se debe hacer, en aquellos países como por ejemplo, España, donde algunos de sus principales figuras políticas de la actualidad, fueron algunos de los asesores que delinearon el camino que posteriormente seguiría el poco exitoso gobierno de Hugo Chávez Frías, y cuyos resultados resaltan a la vista de todo el mundo. Pero también habrá quien opine que el trabajo no tiene ningún valor histórico, ni biográfico, ni nada por el estilo, y lo condenará a la papelera. Por eso decimos que es aleatoria.

Su primera característica es que sale a la luz pública con cinco años de retraso. Cosa que la hace nacer mancillada con la marca del pecado original. Reconocemos nuestra grave culpa en ello y por eso no dejamos de arrepentirnos todos los días y de solicitar el perdón por nuestra falta al Gran Creador, o a la sabia naturaleza, o a quien quiera en que eventualmente pueda creer el estimado lector en su devenir diario en esta vida.

Comenzamos a recopilar material para este libro entre finales del año 2011 y comienzos del año 2012, y finalmente, en un lapso que abarcó entre 5 ó 6 meses, acumulamos suficiente material para escribir no un libro, sino varios libros. Y comenzamos el proceso de plasmar en papel nuestra visión de lo que estaba sucediendo en Venezuela durante el gobierno del llamado "Socialismo del siglo XXI", pero, lamentablemente, no tuvimos la fuerza necesaria para culminar nuestro trabajo. ¿Cobardía? ¡Tal vez! ¿Falta de voluntad y coraje? ¡Puede ser! Pero la realidad es que muy dentro de nosotros, nuestra íntima fibra venezolana no nos permitió publicar nuestra obra. Si la nación que nos vio nacer, Venezuela, debía ser salpicada por la vergüenza y el oprobio por lo que se escribiera sobre ella, entonces ese trabajo tenía que salir de otras plumas, y no de las nuestras. Entre el material que logramos recopilar habían tantos aspectos negativos, y hasta vergonzosos, que nos embargó una profunda pena y dolor por lo que habíamos hecho de nuestra pobre Venezuela, por lo que cogimos el manuscrito ya casi terminado, y junto con el material recopilado y todo lo que habíamos elaborado en casi 7 meses de trabajo, lo tiramos —sin ningún remordimiento— en el retrete, bajamos la palanca del agua, y nos fuimos caminando con nuestro pesar a cuestas, a seguir luchando, a nuestra manera, por nuestro país. ¿Qué otra cosa podíamos hacer?

La segunda característica de este trabajo, es que dado el gran volumen de información existente en los distintos medios de comunicación de masas, relacionada con el Comandante Hugo Chávez Frías y su revolucionario gobierno socialista, resulta realmente asombrosa la facilidad de su elaboración. Existe un enorme caudal de información que abarca todos los matices del espectro de opinión que la comunidad internacional se pueda imaginar, pero que hoy, en su inmensa mayoría, después de una larga época de luna de miel con el comandante supremo del proyecto bolivariano, esa misma comunidad internacional, por fin, abrió los ojos, y ya comienza a mostrarse crítica con la gestión gubernamental del régimen castro-chavista que gobierna a Venezuela. Han sido muy pocos los medios de comunicación impresos que han mantenido, desde hace mucho tiempo, una posición crítica de denuncia ante los denuestos, corruptelas y barbaridades cometidas por el pozo séptico en que devino el movimiento castro-chavista con el que Hugo Chávez ha pretendido doblegar y dominar a nuestro país, tarea que hoy continúa, con renovados bríos, su heredero, Nicolás maduro, un oscuro personaje impuesto por los hermanos cubanos, Fidel y Raúl Castro. Cabe reconocer la actitud crítica asumida por algunos de los principales diarios del mundo, como el diario El País de España, The Miami Herald de USA y la revista "Semana" de Colombia.

Esta nueva actitud que han asumido algunos de los medios más emblemáticos de la prensa mundial, también denuncia a las claras que sus respectivos gobiernos no eran extraños a lo que estaba aconteciendo en Venezuela, como se puso en evidencia, por ejemplo, durante el gobierno socialista del señor Rodríguez Zapatero en España, tiempo en el cual, mientras el gobierno de Chávez confiscaba y sancionaba varias empresas de ciudadanos españoles con muchos años en el país, como ocurrió con la empresa Agroisleña, de capital español y principal distribuidora de productos para la agroindustria, con 82 puntos de venta en todo el país y poseedora de ocho silos de almacenamiento, el mandatario español miraba hacia otro lado, en protección a los intereses de otras empresas españolas más importantes para el gobierno de Rodríguez Zapatero, como los de la empresa Repsol en Venezuela y a la reactivación de los astilleros de Cádiz mediante el acuerdo con el gobierno venezolano para la fabricación de nuevas naves para la marina de guerra de Venezuela.

Hugo Chávez llego al poder gracias al cansancio de una sociedad abrumada por la corrupción y falta de eficiencia de los llamados gobiernos democráticos que fueron incapaces de establecer las condiciones mínimas que permitieran el desarrollo de sólidos valores ciudadanos entre la población venezolana, donde los hijos de esta gran nación actuasen con verdadero amor por nuestra patria, con deseos de desarrollo y superación individual debido al esfuerzo propio, que a su vez redundaran positivamente en el desarrollo y engrandecimiento de la nación venezolana.

Nuestra clase política, como la mayor parte de los políticos latinoamericanos del siglo pasado, generaron distintos grados de injusticia social, preocupándose sólo por obtener la mayor cantidad de beneficios para ellos y para su entorno inmediato, sin pensar en un plan de nación sustentable y dotado de continuidad en el tiempo. Esto provocó una situación, en donde las grandes mayorías, en vez de resultar beneficiados, se vieron afectadas, y que las llevó a un estado de descontento y de inconformidad.

Después, Venezuela ha tenido que soportar un monstruo creado por la irresponsabilidad de esa misma clase política. Los venezolanos tuvieron que soportar como mandatario a un hombre que, para satisfacer sus objetivos de alcanzar el poder, se disfrazó de mesías y "salvador de la patria", quien después de contralar al Estado venezolano, con un discurso cargado de odio y violencia, no vaciló en arremeter con saña contra cualquiera que no aceptara sus imposiciones.

Desgraciadamente, el presidente Chávez, una vez que llego al poder con la bendición de un pueblo que confió en su palabra y en su mensaje, se rodeó de los peores elementos del país, comenzando desde el principio de su gestión a enfocar los recursos de la República, a desarrollar una campaña de culto a su persona y la promoción de su visión política a nivel internacional, buscando acceder a un liderazgo mundial antes de asumir su papel de Jefe del Estado venezolano. Repartiendo dadivas y recursos financieros para apoyar gobiernos extranjeros en vez de propiciar políticas que desarrollasen a su propio país, lo que lo hubiese llevado a demostrar que realmente había un proyecto con capacidad de generar la unidad entre los ciudadanos para lograr cambios significativos partiendo del propio entorno; abandonando en manos de sus colaboradores, sus propias responsabilidades, y engañando a la gente haciéndoles promesas casi imposibles de cumplir.

Pero Chávez no es el único culpable de nuestras actuales desgracias, ni tampoco fue creado de la nada. Hugo Chávez fue un producto del sistema. Chávez, cual moderno Frankenstein, encarnó un monstruo que acabó con su propio creador. La democracia venezolana, nacida en enero de 1958, y que imperó en el país durante la segunda mitad del siglo XX, fue el resultado de un pacto entre las principales fuerzas políticas de aquel entonces. El acuerdo, llamado pacto de Punto Fijo, al mismo tiempo que eliminaba la posibilidad de cualquier tipo de interrupción militar que atentara contra la vida de la naciente democracia, también excluía a las fuerzas minoritarias, dejando fuera del juego político, a importantes sectores de la sociedad. Entre otras cosas, se apelaba a la conformación de un "gobierno de unidad nacional" a partir de un "gobierno de coalición", donde ninguno de los tres partidos que lo conformaban podría tener total hegemonía en el gabinete ejecutivo. Este entramado político, sumado a las posibilidades brindadas por la renta petrolera y a un Estado que se configuró alrededor de la misma, hizo de Venezuela un caso muy particular dentro del ambiente latinoamericano.

Pero desde el punto de vista económico, también ocurrió que junto al rol de la renta petrolera como el elemento estructural para la vida política y económica del país, tuvo lugar el afianzamiento del paradigma neoliberal en Venezuela, con el inconveniente de que ocurrió en un país con fuerte protagonismo central del Estado, con un perfil productivo fuertemente centrado en industrias complejas y escasamente volcado al desarrollo del mercado interno.

Estas ideas y concepciones iniciales tenían, sin embargo, dos fallas: Por un lado, el modelo de desarrollo basado en el petróleo, que si bien fue capaz, por un tiempo, de impulsar un importante crecimiento, llevaba en su interior los virus propios de varias patologías: el exacerbado peso de un sólo recurso en el proceso económico, el desbordado intervencionismo estatal, la asfixia del sector privado, la burocratización y la ineficacia que se derivan del centralismo y la constante multiplicación de las actividades gubernamentales en todos los ámbitos. Por otro lado, los pactos de élites, si bien tuvieron la ventaja de armonizar intereses a veces contrapuestos, también intensificaron los controles políticos "desde arriba", pasando así los partidos políticos, de ser instrumentos para la articulación y representación de intereses plurales, a convertirse en meras maquinarias clientelares, destinadas a satisfacer apetencias y ejercer la demagogia.

En Venezuela, la cultura política, alimentada durante cuatro décadas por los partidos políticos y sus líderes, fue una cultura rentista y parasitaria, ajustada a esperar respuestas de parte de gobiernos paternales y dispendiosos, carentes por completo de un sentido de los límites presupuestarios, que aun en condiciones de erosión del precio del petróleo y más preocupados por las ventajas políticas que por otra cosa, permitieron el aumento de la deuda pública. Se trataba de una cultura de derechos y no de deberes, de colectivismo y no de responsabilidad individual en la construcción del destino propio. Esa cultura política mesiánica y providencialista, no sólo sobrevive, sino que de hecho se ha exacerbado en los tiempos de la "revolución bolivariana".

Igualmente, y por sobre las particularidades antes señaladas, Venezuela compartiría el derrotero común regional que se ha presentado cuando tras la incursión de una fuerte intervención estatal, ha sobrevenido un período neoliberal clásico, similar al aplicado en el resto de América Latina. Y, tal como sucedió en otros países del subcontinente, dicho viraje despertó la resistencia de un amplio sector de la sociedad –que incluyó la fundamental participación de una fracción de las Fuerzas Armadas –que abriría, en el mediano plazo, las grietas por donde se presentaría la inédita experiencia chavista.

En este trabajo tratamos de hacer un sucinto bosquejo de la "obra" de aquel gran embaucador latinoamericano que engañó a todo el mundo con su mensaje de amor y fraternidad y que no logró otra cosa sino la destrucción de la nación que lo vio nacer. El objetivo de este trabajo no es de hacer leña de un árbol caído. Bien lejos de esas intenciones. Nuestro deseo, nuestro gran objetivo es

Carlos G. Hernández R.

lanzar una voz de alerta para que otros países no caigan en el mismo error en que nos embarcamos los venezolanos. A las naciones hermanas, a los países que son muy cercanos a nuestros más caros sentimientos, como México, España, Colombia, y otros, queremos verles bien lejos de los caminos que les puedan conducir a un gobierno socialista del mismo corte del malhadado "Socialismo del siglo XXI".

*****

ACTUALIDAD VENEZOLANA

Venezuela, la cuna del Libertador de cinco naciones, Simón Bolívar; el país con las mayores reservas petroleras del mundo; una nación libre, con un gobierno muy rico, con gente maravillosa; el destino de acogida, durante décadas, de millones de migrantes colombianos, españoles, italianos, portugueses y otros, que huyendo de la violencia y de una vida difícil en sus respectivos países, recalaron en nuestras costas, buscando, y encontrado, los medios para hacerse de una vida mejor, sufre hoy, por desgracia, un proceso de desmoronamiento en lo económico, en lo social y en lo político".

Venezuela, un hermoso país situado en la parte norte de Suramérica, es una nación amante de la libertad, que vio nacer en su suelo a los esclarecidos hombres que hace más de doscientos años, lucharon contra el imperio español y condujeron a la emancipación a cinco naciones latinoamericanas. Una nación generosa, que en su momento, ofreció la sangre de sus mejores hijos en la lucha por la libertad iberoamericana, hoy, vive luchando, sola, con todas sus energías, contra un gobierno que quiere imponerle por la fuerza, quizá, las horas más negras de su historia. Actualmente, la población venezolana sobrevive en un escenario político caracterizado por una profunda crisis social, política y económica, donde la corrupción oficial, el desabastecimiento, la inflación, la inseguridad, el alto costo de la vida, la violación de los derechos humanos y de las leyes, son los principales problemas que viven y padecen diariamente los venezolanos, sin que el gobierno nacional parezca decidido a encontrar una solución real y definitiva a estos problemas. Por el contrario, la corrupción, el derroche, la ineficacia, la ineficiencia, el burocratismo, el populismo y la demagogia, por parte del gobierno en todas las dimensiones del poder, agravan y contribuye a empeorar la situación que atraviesa la nación venezolana.

En las elecciones legislativas efectuadas en el mes de diciembre de 2015, el gobierno sufrió una aplastante derrota electoral en la correlación de fuerzas en la Asamblea Nacional (AN), y a partir de este hecho, una grave crisis política entre los poderes del Estado, pasó a formar parte de los problemas cotidianos del país. Desde hace 3 años, a partir de la enfermedad y posterior muerte de Hugo Chávez, los problemas económicos de Venezuela implosionaron, y se han venido agravando en forma desmesurada e incontrolada, mientras que el gobierno presidido por el heredero de aquel, Nicolás Maduro, se empeña en salvar su responsabilidad mediante la reiterada denuncia de la existencia de un plan de desestabilización generado por la derecha política nacional e internacional, que ha denominado como "Guerra Económica".

Conocido por todos es el juego político de las grandes potencias mundiales por el dominio del mundo y el control del manejo de los precios del petróleo a nivel internacional, que afecta a todos los que habitamos en este planeta. Debido a las características actuales de la economía mundial, el precio del petróleo puede oscilar o variar en relación a los tiempos de prosperidad y niveles de consumo, la especulación, la cantidad de reservas disponibles y comprobadas, y determinados acontecimientos socio-políticos importantes, que eventualmente podrían tener lugar en el seno de los países productores, o de aquellos países que presentan mayor demanda.

Por ejemplo, La crisis del petróleo de 1973, se originó como consecuencia directa de la decisión de la Organización de Países Árabes Exportadores de Petróleo de no exportar más petróleo a los países que habían apoyado a Israel durante la guerra del Yom Kippur en octubre de 1973. Esta medida incluía a Estados Unidos y a sus aliados de Europa Occidental. El aumento del precio, unido a la gran dependencia que tenía el mundo industrializado del petróleo árabe, provocó un fuerte efecto inflacionista y una reducción de la actividad económica en los países afectados. A su vez, estos países respondieron con una serie de medidas destinadas a frenar su dependencia de las fuentes energéticas del exterior.

Este mismo juego, al igual que en oportunidades anteriores, en varias ocasiones, ha estimulado una grave caída en los precios del petróleo en los mercados internacionales, como ha ocurrido durante los últimos meses. De hecho, la OPEP se reunió en Viena, Austria, en el mes de junio de 2016, para buscar un posible equilibrio entre la oferta y la demanda del crudo en los meses siguientes, una jornada en la que Venezuela reiteró la necesidad de congelar la producción de petróleo para lograr un repunte en los precios internacionales. Pero, pese a los esfuerzos de Venezuela y otras naciones, no hubo consenso en la reunión y el techo de la producción se mantuvo en 30 millones de barriles diarios, al mismo tiempo que el presidente de la OPEP, Mohammed bin Saleh al Sada, aseguraba que el mercado mundial petrolero continuaba su recuperación después de su desplome. Así mismo, el alto funcionario consideraba que el precio del petróleo no debería ser inferior a 65 dólares por barril para evitar choques económicos en la industria.

En ese contexto, los precios del petróleo cayeron de manera abismal, pasando, en pocos meses, de un precio superior a los 100 \$/barril hasta un poco más de 25 \$/barril, lo que impactó dramáticamente en los recursos obtenidos por los países productores de petróleo, con la particularidad de que Venezuela siendo un país monoexportador de este recurso natural, es un país altamente dependiente de estos ingresos para sostener su actividad económica y los programas sociales diseñados e implementados por el gobierno nacional desde el año 2003.

Esta crisis económica que aun no alcanza su máximo punto –podría agudizarse más–, ha creado en nuestro país nuevas formas de corrupción y de delincuencia, nuevos modos de violar las leyes, y evadir a un sistema de justicia políticamente parcializado, que en esta materia ha acumulado cuentas pendientes desde hace algunos años.

Hoy, la población venezolana pasa gran parte de su tiempo en largas y tormentosas colas para tratar de adquirir los productos básicos de primera necesidad, así como de los insumos médicos que necesita. Una buena cantidad de venezolanos no pueden acceder a gran parte de los productos básicos, porque la escasez, la inflación y la especulación le consumen sus sueldos y sus escasos logros sociales, disminuyendo, aún más, su ya baja calidad de vida.

En su último informe anual, La Comisión Económica para América Latina (CEPAL), reconoció que, además del decrecimiento económico de la región latinoamericana, la pobreza ha aumentado en algunos países como Guatemala, México y Venezuela. Los países de América Latina y el Caribe mostraron una contracción en su tasa de crecimiento de -0,8% en 2016; una caída que es mayor a la observada en 2015 (-0,5%), con un comportamiento muy heterogéneo entre países y subregiones. Según el informe de la CEPAL, en 2016 se preveía que seis países mostraran una contracción económica: Venezuela (-8,0%), Surinam (-4,0%), Brasil (-3,5%), Trinidad y Tobago (-2,5%), Ecuador (-2,5%) y Argentina (-1,5%). Como se puede observar, Venezuela es el país con peores perspectivas económicas de toda la América latina (1) (2).

El 12 de febrero de 2014, en varias ciudades de Venezuela se presentaron una serie de manifestaciones de protestas contra el gobierno presidido por Nicolás Maduro. Sin embargo, las mismas ya tenían varias semanas de haber comenzado en la ciudad de Mérida, tras la muerte del estudiante universitario, Héctor Moreno de la Universidad de Los Andes-Mérida (ULA-Mérida), hecho ocurrido el 5 de enero, para luego intensificarse el 4 de febrero de ese mismo año en San Cristóbal, la capital del Estado Táchira, tras el intento de violación de una estudiante de la ULA-Táchira, y estallar el 12 de febrero en la ciudad de Caracas, y en gran parte del resto del país, como consecuencia de la terrible escasez de los productos de primera necesidad, la alta inflación y la delincuencia desatada. Los manifestantes alegaban que estos problemas habían sido causados por las políticas económicas adoptadas por el Gobierno venezolano —entre ellas, los estrictos controles de precios—, que habían ocasionado que en el país se verificara la inflación más alta del mundo. A esto se le sumaba el alto índice de inseguridad, que dejaba un saldo de más de 250.000 venezolanos asesinados durante el periodo de gobierno de la revolución bolivariana. Es decir, desde 1999 hasta el año 2013. (3)

La página web de BBC Mundo, en un artículo del periodista Abraham Zambrano, publicado el 12 de marzo de 2014, y titulado: "Venezuela: un mes de protestas en las que todos pierden", reportaba lo siguiente:

"Entre quienes pierden mucho y quienes pierden más, Venezuela cumple un mes sumida en una crisis política marcada por una ola de protestas contra el gobierno de Nicolás Maduro y por las divisiones en la oposición".

"Quienes empezaron las movilizaciones fueron los estudiantes de la ciudad andina San Cristóbal, el 4 de febrero. Pero el hito referente de la controvertida situación actual es la marcha de Caracas del 12 de febrero, a la que se sumaron sectores de la oposición y que terminó con disturbios y tres personas muertas".

"Desde entonces, el país ha sido testigo de múltiples cacerolazos, ha visto multiplicarse las barricadas que los venezolanos llaman "guarimbas" y los gases lacrimógenos – sobre todo en zonas de oposición–. Las manifestaciones y los enfrentamientos en los que han desembocado algunas de ellas, han dejado ya 22 muertos en una situación en la que, cada vez parece más claro, nadie gana.

"Tal vez, con mucho esfuerzo, se puede decir que con la exacerbada polarización de la sociedad venezolana frente al gobierno del presidente Maduro, se consigue unir filas contra el enemigo común, culpabilizar al gobierno, o culpabilizar a las manifestaciones de protesta, de todos los males que azotan a la economía de los venezolanos, como la escasez y la inflación del 56% ".

"Y que la oposición cuenta en su haber con la visibilidad pública que ganan sus exigencias y sobre todo, a nivel internacional, con la mala imagen que le da al gobierno la difusión por redes sociales de ciertos episodios de represión policial".

"Sin embargo, con el liderazgo opositor sumido en una división sin precedentes en los últimos años, y Maduro atacado por la inestabilidad generada por la protesta constante, es difícil encontrar razones para no pensar que todos pierden".

Los disturbios comenzaron cuando una manifestación de estudiantes, que se apostó frente a la sede de la Fiscalía General, en el centro de la capital, se enfrentó a la policía que trataba de disolver la protesta. De inmediato, los principales líderes de la Oposición política se desmarcaron de los hechos de violencia que se suscitaron en medio de la violenta represión policial.

Uno de los fallecidos en aquellos hechos, era el responsable de la coordinación de todos los llamados colectivos —bandas parapoliciales armadas por el Gobierno— que tienen su sede en el barrio 23 de Enero de la capital venezolana, uno de los principales enclaves chavistas. Un hombre de apellido Montoya, que en el pasado había sido miembro de la policía de Caracas y que en 2008 fue acusado de colocar un artefacto explosivo en la sede de Fedecámaras, el gremio que agrupa a los representantes gremiales de los patronos. Montoya se encontraba entre el grupo de personas que aguardaba detrás de un cordón policial que bloqueaba el paso de los manifestantes opositores. (4) (5)

La legitimidad de Nicolás Maduro como presidente, era el asunto realmente clave en las masivas protestas que estallaron en Venezuela en febrero de 2014, cuando aún no se había cumplido un año del fallecimiento de Hugo Chávez. Los estudiantes salieron inicialmente a la calle desesperados por el agobiante clima de inseguridad ciudadana; después, en repulsa de la desmedida violencia con la que el Gobierno repelió sus manifestaciones. Cientos de miles de venezolanos se unieron enseguida a las marchas y a las protestas, angustiados por la insufrible escasez, la galopante depreciación del poder adquisitivo y la falta de horizonte vital, para ellos o sus hijos, en un país que estaba siendo asfixiado por la revolución bolivariana.

Pero se verbalizara o no, estuviera o no en pancartas, o en puntos de reclamación política, la gran cuestión de fondo era la ilegitimidad de todo el entramado institucional chavista. Con una democracia completamente adulterada, solo cabía ya imponer al presidente a golpe de cascos y culatas de fusiles. Y cuando éstas eran insuficientes, entonces a fuerza de balas y de bombas lacrimógenas. Todo, en medio de una fuerte y descarada política de represión por parte de las fuerzas de seguridad.

Efectivo de la Guardia Nacional agrede a manifestante

Multitudinaria marcha de protesta en Caracas

No era la reacción desabrida de un Maduro incompetente, incapaz de llevar a buen puerto el proyecto que le dejara Chávez. El autoritarismo político y el colapso económico en Venezuela era simplemente la maduración del castro-chavismo, no en el sentido de adaptación obrada por el sucesor, sino de plena culminación del proceso puesto en marcha por el comandante fallecido. Constituía las consecuencias de las políticas y estrategias emprendidas por el creador de un eufemismo llamado República Bolivariana. Era el bumerán que, al volver en su vuelo, rompía el espejo en el que se había mirado Chávez. Quien se veía a sí mismo como salvador de los pobres, como el David latinoamericano contra el Goliat estadounidense, bien podía ver ahora cómo las clases más humildes sufrían especialmente la falta de productos básicos, las colas en las tiendas, y el azote de la delincuencia. Ciertamente, aquello fue un espejo, porque el castro-chavismo ha sido un fraude —o mejor dicho: un conjunto de ellos— casi desde el mismo comienzo de su gobierno. Al Hugo Chávez de los primeros años, hay que reconocerle haber detectado y manipulado muy bien, el hartazgo social que existía en Venezuela en las dos décadas finales del siglo XX, caracterizado por la alternancia en el poder de los partidos tradicionales (AD y Copei), que cada día se alejaban más de las preocupaciones del pueblo, mientras cada vez se hacían más recurrentes en la corrupción. En 1998, Chávez ganó las elecciones presidenciales porque supo ilusionar a las masas populares —más de la mitad de la población, en un país que hoy ronda los treinta millones de habitantes— sobre un nuevo comienzo, en el que ellas —según ofrecía Chávez—, serían las protagonistas.

Sin embargo, el mismo Arturo Uslar Pietri, uno de nuestros más calificados intelectuales, a raíz de una entrevista efectuada al difunto golpista en su programa: "Valores Humanos" televisada en horario estelar, donde mostraba a todos los venezolanos las biografías de los grandes hombres de la historia, dijo de Hugo Chávez lo siguiente: *"Es un delirante e ignorantísimo individuo. Dice disparates, qué desgracia, el país no logra encaminarse"… "Este hombre habla con una arrogancia y una suficiencia increíble, a él se le han pegado algunas frases que ha oído, como esa del liberalismo salvaje, eso lo llena de felicidad. No puede haber liberalismo salvaje, el liberalismo es la flor de la civilización, el tolerar la divergencia".* (6)

Una de las quejas que los demócratas venezolanos hemos tenido, y con razón, durante estos últimos lustros, es que no lográbamos apoyos de peso en la comunidad internacional que pudieran ayudar a que la situación se medio arreglara. El supuesto carisma del antiguo golpista que, con su extraordinaria verborrea, se daba el lujo de engañar a los inocentes —o a los que les interesaba pasar por tales—, exhibiendo machaconamente su legitimidad de origen, así lo imponía.

Una de las principales razones para aquello, ha sido casi siempre el interés económico y/o político que arropa a la mayoría de los gobiernos. En el caso de las naciones pobres de la región, fue la necesidad de que no se interrumpiera la generosidad venezolana expresada en dádivas disfrazadas de programas de cooperación (Petrocaribe, ALBA, etc.). En el caso de naciones desarrolladas poseedoras de empresas que gozaban de importantes y ventajosos contratos otorgados por el gobierno venezolano, tenían marcado interés en continuar bajo las mismas relaciones comerciales. Ello influyó decididamente para que sus respectivas autoridades prefirieran privilegiar sus intereses económicos internos, por encima de la preservación del sistema democrático en Venezuela, como fue el caso de España y la oportunidad de reactivar los astilleros de Cádiz, gracias al acuerdo con el gobierno venezolano para la construcción de varias naves para la marina de guerra de Venezuela, en un momento difícil para la industria naval de España, o cuando Venezuela invertía importantes sumas de dinero en la compra de equipos militares en Rusia y otros países, o con Brasil y su famosa empresa Odebrecht, que logró fabulosos contratos con el gobierno de Caracas. Hasta los mismos Estados Unidos, que apoyándose en aquello de no hacer caso a lo que dijera Chávez sino a lo que hiciera, haciendo el papel de micos (no veo, no oigo, no digo), propiciaban el mirar para otro lado y soslayar lo que estaba ocurriendo en uno de los países que siempre había sido un bastión de apoyo para las políticas regionales estadounidenses, hasta que por fin, aunque tardíamente, se decidieron abrir los ojos a la cruda realidad. Lo mismo podríamos decir de los demás países latinoamericanos, entre ellos, la Colombia de Juan Manuel Santos, quien, quizá resguardando sus propios intereses políticos, prefirió aplicar la política "de mi mejor nuevo amigo", que ver la verdadera realidad. Guyana, como era de esperarse, prefirió guardar silencio mientras Venezuela cumpliera con la promesa de Chávez de no reactivar el reclamo territorial; Argentina y Uruguay decidieron ponerse sus trajes de mercaderes de baratijas y decidieron ocuparse por vendernos todo lo que pudieron. En Perú, Ollanta Humala aceptó con gusto los generosos envíos de contribuciones chavistas para su campaña presidencial, hasta que vio que aquello se le transformó en el beso de la muerte en su primer intento electoral. De Evo Morales en Bolivia y de Daniel Ortega en Nicaragua, y muchos otros más, es mejor no hablar para no sacar a relucir nuestras peores palabras y así evitar que el estimado lector pueda calificarnos como groseros. Así como estos pocos ejemplos, podemos pasar unas cuantas horas enumerando actos irracionales e inconvenientes para Venezuela por parte del difunto golpista y, que en un sistema democrático y verdaderamente libre, le habría llevado *directo camino al calabozo.*

A finales del mes de agosto de 2017, en una denuncia publicada en la página web www.lapatilla.com y titulada "Empresa vasca se embolsó 38 millones de euros por la venta de barcos militares a Venezuela", se reporta que: "La antigua fiscal de Venezuela, Luisa Ortega Díaz, ahora expulsada y perseguida por el Gobierno bolivariano de Nicolás Maduro y refugiada en Colombia, ha puesto en manos de la CIA y de la Interpol, un total de 56 archivos informáticos que desnudan la narco-corrupción chavista que ha llevado al país caribeño a sus más altos niveles de miseria.

Entre los documentos que la ex alto cargo del Gobierno de Maduro ha entregado para argumentar sus denuncias, se encuentra uno que demuestra que una empresa vizcaína, Rabazven Holding, recibió comisiones de 38 millones de euros en una operación de venta de ocho buques militares de la empresa pública Navantia que el Gobierno de José Luis Rodríguez Zapatero, a través de su Ministerio de Defensa, entonces en manos de José Bono, llevó a cabo con la Administración de Hugo Chávez en 2005.

El expediente sobre este asunto que obra en poder de Luisa Ortega Díaz, y que ésta ha entregado a la CIA y a la Interpol, lleva por título "caso sobreprecio en construcción de buques para la Armada en España, Evert García Plaza, Alto mando militar". En el mismo se relata cómo el acuerdo firmado entre los dos gobiernos incluía la construcción de cuatro BVL -Buques de Vigilancia Litoral- con un coste total de 508,68 millones de euros, así como de cuatro POVZEE -

Patrulleros Oceánicos para la Vigilancia de la Zona Económica Exclusiva-, con un precio de 698,71 millones de euros. El coste total de la operación fue de 1.207,39 millones de euros. Pero en los documentos finales de la operación el precio aumentó de una forma crucial, ya que, al parecer, el Gobierno venezolano habría de acabar pagando 1.246 millones de euros, es decir, 38.600.000 euros más.

Este sobrecoste se debe a que en las fases finales de la operación de venta, y según la información de la que dispone la fiscal Luisa Ortega Díaz, se dio cabida a una gran empresa dedicada a la consultoría internacional, que habría de embolsarse el 3,5% del total del dinero del contrato. Se trataba de la compañía Rebazve Holding S.L., que está inscrita en el Registro Mercantil de Vizcaya, y que está dirigida por dos venezolanos, Juan Rafael Carvallo López y Pedro Enrique Malavé Benavides.

Ya en 2010, se publicaron algunas informaciones sobre aquella desmesurada comisión, pero nadie, ni en Venezuela ni en España, dio explicaciones al respecto. La empresa pública Navantia solamente explicó que "Rebazven ha estado históricamente en las operaciones de venta en Venezuela". En ese momento, el representante de un medio de comunicación preguntó por qué se usó un intermediario (la vizcaína Rebazven) que se embolsaba más de 38 millones en la operación, si oficialmente la venta era un logro directo de Zapatero y Bono. La respuesta de los astilleros públicos señaló a la gestión de José Bono en Defensa: "pregunten en Defensa, que son ellos quienes firmaron el contrato". Ni José Bono, ni José Luis Rodríguez Zapatero, que se habían presentado como los hacedores directos de la venta ante la opinión pública, jamás dieron ninguna explicación al respecto". (7)

Hoy día, con el Comandante golpista, ya difunto, y sobre todo, con la petrochequera en vías de agotamiento, parece que muchas lealtades del castro-chavismo han venido diluyéndose o han sido reconsideradas. También el péndulo de la historia está cambiando de sentido. Pero fundamentalmente, son las dramáticas realidades que padecen los venezolanos en la actualidad –que se han vuelto inocultables ante los ojos de América y del mundo–, las que han dando lugar a una avalancha de apoyos y solidaridades. Son las luchas y las protestas del pueblo venezolano contra un gobierno tirano y opresor, quienes han contribuido decisivamente para que la percepción acerca de lo que estaba ocurriendo en Venezuela, cambiara por completo.

Las loas y halagos que antes eran bienvenidos por el gobierno revolucionario, hoy se han transformado en duras críticas y son –como cabría esperar de un gobierno dictatorial y embaucador– calificadas de "injerencia internacional" por parte de los gobernantes chavistas. Desde hace unos cuantos meses, el gobierno español se ha colocado al lado de los que luchan por el restablecimiento de la democracia venezolana. Actitud que le ha ocasionado duras palabras y hasta insultos a las máximas autoridades españolas (principalmente al Presidente Mariano Rajoy) por parte del gobierno castro-chavista. Obviamente, no se puede ser tan ingenuo como para creer que detrás de los nobles gestos de los políticos españoles, además de la reafirmación de la creencia en los principios democráticos, no hay implícitos intereses partidistas locales de cara a la consolidación del papel que cada uno juega y/o espera jugar en el firmamento político peninsular. Resulta perfectamente normal, lícito y humano que así sea. Tal vez podamos imaginar que el señor Mariano Rajoy se posiciona para cosechar unos cuantos puntos electorales, que le permitan consolidar aún más su gobierno. Pero, en el fondo, su posicionamiento contribuye a reafirmar su vocación por los principios democrático que hasta hace algunos meses todavía mantenía en relativa reserva.

*****

DESLAVE PROVOCADO POR EL GOBIERNO CASTRO-CHAVISTA

A diferencia de lo que ocurrió con el Partido Revolucionario Institucional (PRI) en México, que después del gobierno de Lázaro Cárdenas, institucionalizó la norma de no reelección presidencial y luego se sometió a la competencia electoral, y supo cuándo, y cómo, dejar el poder para seguir existiendo, (México es uno de los pocos países democráticos en el mundo que prohíbe la reelección legislativa inmediata), o de Getulio Vargas en Brasil, quien preparó su partida formando dos partidos que le sobrevivieron, el Partido Democrático Laborista (PDT), y el Partido Laborista Brasileño (PTB), o de Juan Domingo Perón en Argentina, cuyo partido político peronista, al menos hasta la llegada de los Kirchner al poder, resolvió la crisis provocada por la muerte de su fundador creando un partido político común y corriente para ganar, y también perder elecciones, lo cual ha ocurrido en varias ocasiones, el castro-chavismo –ahora sustituido por el castro-maduro-cabellista–, no tiene regla sucesoria, se suicida en esta conversión al estalinismo, que no es sino un protectorado cubano bajo la forma de un Estado policial. En su desmedida acción política, están sacrificando su viabilidad política, su proyección en el tiempo.

Sorprende, por cierto, que en la actualidad no sean muchos más los chavistas en disidencia, aquellos genuinamente interesados en mantener viva su propia identidad política. Lo que lleva plantearse la siguiente cuestión: ¿Será que la abundante inteligencia cubana presente en el país, también tiene tiempo para ellos? O... ¿será que al tener rabos de paja, no pueden atender los llamados de sus propias conciencias porque esto equivaldría a acercarse a la candela? O... ¿será que la supuesta herencia ideológica implantada por Chávez no era otra cosa sino un simple espejismo cuyo basamento fundamental doctrinario era el profundo amor por los petrodólares?

Cuando se juzga al actual régimen venezolano desde la democracia y el mercado, los vacíos y las deficiencias son evidentes. En las actuales circunstancias resulta útil analizarlo desde su propia definición como revolución. El castro-chavismo no nace como una consecuencia de una revuelta popular en Venezuela. Tampoco durante el tiempo que lleva en el poder, ha habido ningún derrumbe, ni ninguna refundación de las instituciones preexistentes, más allá de unos simples y rimbombantes cambios de nombres. El castro-chavismo simplemente ha combinado tres factores: la magnífica verborrea de un falso caudillo cobardón, votos y dinero, mucho dinero. El supuesto carisma del cuasi caudillo atrajo los votos, y la abundancia de dinero hizo el resto. (¡No precisamente en ese orden!). Una mayoría electoral circunstancial, sustentada por los altos precios del petróleo, además de graves errores de la Oposición, le permitieron al régimen controlar las instituciones. No existió ninguna revolución. Es   sólo gobierno electo más, como los que existen en el resto del continente. (8).

Como afirma el analista político, Joaquín Villalobos, la escasez y las dificultades que afrontaron Cuba, durante el período del bloqueo estadounidense, y Nicaragua, durante la guerra contrarrevolucionaria, fueron más graves que la actual situación de Venezuela. Pero tanto en Cuba, como en Nicaragua, no hubo saqueos y tampoco los barrios populares acabaron dominados por bandas de delincuentes amparados bajo el manto protector del chavismo del siglo XXI. Es ampliamente reconocido por todos, que la ineficiencia productiva es común en las revoluciones marxistas; sin embargo, tienen gran capacidad para enfrentarse a momentos difíciles, organizar a la gente y distribuir de forma eficiente, lo escaso. Con la autollamada revolución bolivariana, Caracas se convirtió en la ciudad más violenta y la más peligrosa del mundo. En tiempos de abundancia se perdían toneladas de alimentos almacenados en los muelles. Pero ahora, cuando la escasez asoma su nariz en el horizonte venezolano, muchas toneladas de alimentos almacenados en los puertos siguen pudriéndose ante la mirada indiferente de las autoridades correspondientes. Pero ahora es peor: los saqueos se han convertido en algo rutinario. (9) (10) (11).

Todo indica que el dinero fácil ha sido el principal factor de cohesión del régimen venezolano; en vez de un partido revolucionario construido con voluntarios unidos por la mística, las creencias, el espíritu de sacrificio, la ideología y la capacidad de organización, los chavistas son una fuerza política que mezcla radicales ideológicos con personas de dudosa procedencia que sólo buscan enriquecerse de cualquier modo y a como dé lugar. La inexistencia de una organización verdaderamente revolucionaria, es la razón por la cual la situación es más dramática que en los casos de Cuba y Nicaragua.

Todas las revoluciones marxistas han generado escasez, emigración y mercado negro. La diferencia es que en Venezuela gran parte del mercado negro y de las actividades criminales que afectan a la población son controladas por los propios colectivos chavistas en connivencia con policías y guardias nacionales bolivarianos. Esta situación de miseria de las clases de menos recursos y de empobrecimiento de la clase media venezolana, coincide en el tiempo, con la gran opulencia que exhiben las nuevas elites dirigentes bolivarianas. El dinero como factor de cohesión "revolucionaria" derivó en un oportunismo de características más delictivas que políticas dentro del propio partido chavista. Por ello, los nuevos Comités Locales de Abastecimiento y Producción (CLAP) que Nicolás Maduro, el heredero de Chávez, presentó como solución, han fracasado rápida y estruendosamente. Ahora, hace pocos días, ha anunciado una nueva Misión: la "Gran Misión Abastecimiento Seguro", que será manejada por los militares. Pero los generales venezolanos sufren hoy del mismo mal que padecen los que pertenecen al partido castro-chavista: el excesivo amor por el mucho dinero con poco esfuerzo.

Por si lo anterior fuese poca cosa, a finales del mes de noviembre de 2016, Cáritas de Venezuela denunció que había sido despojada por organismos del Estado, de un lote de medicinas que estaba destinado a ser distribuido entre personas de bajos recursos, quienes padecen más crudamente por la escasez de medicinas en Venezuela. El Sistema de Liquidación y Autoliquidación de Tasas Aduaneras, adscrito al Seniat, declaró en "abandono legal" 75.000 unidades de productos que formaban parte de un lote en donación, entre medicamentos y suplementos alimenticios, luego que venciera el plazo de 30 días para presentar la documentación requerida para su retiro del

Puerto de La Guaira. La organización católica, Cáritas de Venezuela, sería la receptora del lote. El cargamento fu adjudicado finalmente al Instituto Venezolano de Seguros Sociales (IVSS) y al Servicio de Elaboraciones Farmacéuticas (SEFAR).

La directora ejecutiva de Cáritas Venezuela, explicó que la organización se enteró del hecho "al igual que todos los ciudadanos, a través de Twitter y redes sociales", según declaró en una entrevista concedida a CNN. Informó además, que desde que el cargamento llegó a Venezuela, el 23 de agosto de este año, la organización dirigió cartas al Seniat, al Ministerio de Salud, a la Defensoría del Pueblo y al Viceministerio de Economía: *"Hemos estado realizando todos los procedimientos pertinentes para sacar esta donación que viene desde Chile, para poder tenerlas en Cáritas y poder hacerlas llegar a la gente que hoy más sufre y que necesita de estos medicamentos"*, dijo la ejecutiva de Cáritas y añadió que *"el permiso vinculante necesario fue solicitado a través de cartas y en una reunión que tuvimos en el ministerio, pero éste aún no ha llegado a nuestras oficinas"*. (12) (13).

*****

CHÁVEZ Y LA TRAGEDIA DEL ESTADO VARGAS

Mientras el país entero esperaba los resultados de los escrutinios del referendo aprobatorio de la Constitución Bolivariana, la costa norte de Venezuela era azotada por intensas lluvias. Al caer la noche de ese domingo 15, ya se sabía que había derrumbes y deslaves en el Estado Vargas y que la situación allí era sumamente dramática. El Presidente Chávez, en un alarde de absoluta irresponsabilidad y de su poca sensibilidad humana, desestimó activar los planes de contingencia y defensa civil, pues para él, lo importante era que le aprobaran su Constitución Bolivariana. Después veríamos. Y efectivamente, después vimos.

La tragedia se desencadenó en la noche del 15 al 16 de diciembre de 1999, cuando un inmenso caudal de agua, barro y rocas cayeron sobre zonas residenciales del litoral central como Los Corales o el propio puerto de La Guaira, que quedaron arrasados, y Vargas quedó aislado del mundo. La dimensión de la tragedia escapa de lo humanamente imaginable. Al escampar, comenzó a visualizarse la horrible realidad: Ver quién se había salvado, ¿qué había quedado en pie?, ¿cómo salir de aquella inmensa trampa?, ¿cómo hacer para alimentarse', ¿habrá posibilidades de continuar vivo cuando llegue la noche, o a mañana siguiente?, ¿irá a volver a llover?, ¿dónde estará el resto de la familia? ¿Cómo podré buscarlos, si ni siquiera puedo moverme de esta trampa aislada en medio del barro y de los escombros? Esas eran algunas de las preguntas angustiadas que rondaban las mentes de las víctimas de aquella inmensa tragedia. Luego de asentarse el barro, surgió el vandalismo. Incontables crímenes contra las personas y lo poco que pudieron salvar de su patrimonio fueron cometidos por salvajes, hombres inescrupulosos que actuaban bajo la certeza de la mayor de las impunidades.

Las lluvias torrenciales en el estado Vargas ocasionaron una catástrofe con unos 15.000 desaparecidos, unos 3.500 millones de dólares en pérdidas, así como la destrucción de más de 15.000 viviendas y unos 75.000 damnificados, según cifras oficiales. Sin embargo, cálculos independientes indican que fallecieron entre 30.000 y 50.000 personas. La cifra oficial de damnificados también se desconoce. En 40 años, el índice de precipitaciones no había superado más de 510 mm anual promedio. En el año 1999, se multiplicaron de manera significativa alcanzando 1.910 mm. Para las 4 de la tarde del 16 de diciembre, ya el gobierno del Estado Vargas se había declarado en emergencia pero el gobierno nacional no le prestó mayor atención a la situación.

Su atención estaba enfocada únicamente en los resultados de las votaciones para el Referendo.

El Presidente Chávez, como todo un superhéroe, en su versión de mala copia, en su discurso presidencial, refiriéndose a la peligrosa situación exclamó "Aunque la naturaleza se oponga luchamos contra ella, y hagamos que nos obedezca". El 14 de diciembre, día en que el presidente Chávez pronunció su célebre frase retando a la naturaleza, ya el agua caída superaba los 400 milímetros. El 15 de diciembre, se celebró la jornada electoral, pero las precipitaciones triplicaban ya el acumulado de 1951. El 16 de diciembre, día de la tragedia, la curva de precipitación pluvial llegó a la impresionante cifra de 1.200 milímetros.

Pero las votaciones eran más importantes. En un informe elaborado por Alejandro Peña Esclusa, y publicado el 10 de julio de 2000, explica que "tres días antes de la tragedia, el nivel de las precipitaciones habían superado ya la barrera histórica, y los servicios de meteorología pronosticaban más lluvias. Sin embargo, todo parece indicar que autoridades asignaron una mayor prioridad al proceso electoral y decidieron desestimar los alarmantes informes sobre la emergencia pluvial". Peña Esclusa denuncia que "la alternativa era suspender el referéndum y emprender una rápida evacuación de los habitantes de Vargas. Las pérdidas materiales eran ya inevitables, no había forma de proteger a las edificaciones del deslave, pero miles de vidas humanas sí podrían haberse salvado".

La cumbre del asunto, lo que demostró claramente la muy pobre calidad humana de Hugo Chávez Frías, fue el rechazo presidencial a la ayuda de otros países, entre ellos, los Estados Unidos, so pretexto de que nosotros los venezolanos, gracias a la falacia de una supuesta y demagógica grandeza, constituíamos un pueblo independiente y soberano, capaz de lidiar con aquella tragedia. Mientras tanto, miles de venezolanos clamaban por ayuda, mientras el personal operativo debía superar enormes dificultades para ejecutar las labores de rescate de la mejor manera que podían. En ocasiones, realizar los rescates era una tarea casi imposible de llevar a cabo, y a veces, ni se podía hacerlas. Como mínimo, 3 centros poblados desaparecieron del mapa, y muchos otros quedaron casi inhabitables. Cerca del 10% de las casas de la región se desplomaron, unos 5 hospitales y ambulatorios quedaron fuertemente deteriorados. Más del 85% de la vialidad fue bloqueada o destruida. El sistema de aguas blancas y negras colapsó. Aún hoy, el estado Vargas no se ha recuperado de esa tragedia. Ni en infraestructura, ni emocionalmente. Aún los varguenses tiemblan de miedo, estando donde estén, al ver el cielo nublarse. Posteriormente, el presidente Chávez volvería a demostrar con creces, su muy escasa sensibilidad humana.

El 15 de Diciembre de 1999, cuando ocurrieron los deslaves en el estado Vargas, de nuevo, los Estados Unidos fue la primera nación en acudir en nuestra ayuda enviando equipos médicos y de primeros auxilios. El 11 de Enero del 2000, dos barcos de transporte de la marina, el Tortuga y el Nashville, zarparon de la base naval de Norfolk-Virginia con destino a La Guaira, Venezuela, cargados con equipos de tractores, bulldozers, pulverizadoras de piedras, niveladoras y maquinaria pesada para el movimiento de tierra. A bordo venían 450 ingenieros de los "marines" y la Armada de los Estados Unidos, con la misión de remover las miles de toneladas de barro y piedras que habían tapiado autopistas, calles y avenidas de los pueblos ubicados a lo largo del litoral central. Traían además carpas, equipos purificadores de agua, alimentos, médicos, medicinas y todo lo necesario para que los ingenieros y operadores militares norteamericanos vivieran y trabajaran sobre el terreno sin demora alguna. Pero el valioso y necesario auxilio fue abortado porque Chávez habría dicho que *"tropas de Estados Unidos no vendrán a Venezuela"*; rechazando de esta forma esa ayuda humanitaria como si se tratara de la invasión de un gobierno extranjero.

Ya durante los primeros días de la tragedia, Estados Unidos había ofrecido el envío inmediato de 30 helicópteros que podían volar desde Puerto Rico, a los cuales le seguirían uno o dos navíos porta-helicópteros, con ambulancias y plantas potabilizadoras de agua, además de hospitales de campaña. También el gobierno los rechazó, diciendo que 3 o 4 helicópteros eran suficientes. Pero no lo fueron, porque de aceptar esa ayuda se hubieran rescatado con urgencia a miles de personas que sufrieron días de penurias y que padecieron robos, saqueos y agresiones. Tal vez, si la familia del golpista presidente hubiese estado entre las víctimas atrapadas por el lodo en la tragedia varguense, posiblemente Chávez hubiese actuado de otra manera, permitiendo la llegada del auxilio ofrecido por el gobierno de los Estados Unidos. Sin embargo, dado el tipo de persona que mostraba ser la figura presidencial, esta posibilidad queda cubierta bajo un grueso manto de duda. El rechazo de la ayuda militar norteamericana solo puede interpretarse como un producto del revoltijo mental de viejos prejuicios izquierdistas, complejo de inferioridad y resentimiento social que reinaban en la mente de Chávez y de muchos de sus seguidores.

Una gran ayuda internacional y fondos por valor de decenas de millones de dólares para la reconstrucción del Estado Vargas, fueron enviados desde el extranjero. Además, grandes fondos de emergencia fueron liberados por la

Asamblea Nacional para el uso discrecional del gobierno chavista de acuerdo a las necesidades coyunturales de estado azotado por la tragedia. Lamentablemente, decenas de planes de reconstrucción ya aprobados y con presupuestos asignados, nunca se llevaron a cabo, mientras tanto surgían numerosas acusaciones de corrupción en contra de las autoridades estatales y nacionales de la época. Algunos trabajos, sin duda, han tenido lugar, pero muchos residentes de Vargas dicen que han sido irregulares e inconsistentes.

A principios del año 2002, durante una visita a uno de los proyectos oficiales de vivienda en Vargas, Chávez se refirió al Estado como un "Fénix que resurge de las cenizas de 1999". Pero Vargas seguía en el suelo. La situación de los varguenses seguía siendo de extrema incertidumbre y precariedad. No se habían aprendido las lecciones vitales dejadas por la tragedia. (14) (15)

*****

DESFALCO EN EL MAYOR CENTRAL AZUCARERO "DEL MUNDO"

"Nosotros vamos a construir este central azucarero que será el más moderno de toda Sudamérica… aquí vamos a producir no solo azúcar, vamos a hacer un buen ron,

alimentos para animales... ¿en qué fecha inauguramos el central?... ¡anótenlo: el 10 de diciembre del 2005!".

Con estas palabras, Hugo Chávez anunciaba en el año 2003, –hace catorce años–, la construcción mil millonaria que arrojaría como resultado el central azucarero más moderno del mundo, que estaría ubicado en Sabaneta, Estado Barinas.

Con el Central Azucarero Agroindustrial "Ezequiel Zamora" (CAAEZ), Chávez prometía el procesamiento de **14.800 hectáreas diarias de caña de azúcar**, para cubrir el 20% de la demanda en el país –1,2 millones de toneladas de azúcar–, y la generación propia de energía con material residual, que aportaría 822,41 megawatts diarios y equivaldría a suministrar energía eléctrica a 139.809 hogares, como mínimo, de acuerdo con una medida internacional estándar. Prometía además transformar la vida de los habitantes del Estado Barinas, y en particular de Sabaneta, la ciudad natal del Presidente.

.- Una década de construcción perdida

Una explicación preliminar: la caña de azúcar es una materia prima capaz de captar y almacenar energía solar y, a partir de ella, producir importantes cantidades de electricidad sin generar contaminación. Según los expertos chavistas, se calcula, por ejemplo, que en un año, una hectárea de caña de azúcar puede absorber más de 60 toneladas de dióxido de carbono y producir 40 toneladas de oxígeno puro (¡¿?!). He aquí la importancia del complejo concebido el 22 de diciembre de 2001: produciría alimento, disminuiría el déficit energético y, al mismo tiempo, preservaría el medio ambiente.

Por nuestra parte, creemos que una hectárea de caña de azúcar que libere un gigantesco volumen de Oxígeno gaseoso equivalente a 40 toneladas, debería ser como mínimo, canonizada. Desde estas humildes páginas exigimos al gobierno nacional que se aboque a elevar la correspondiente solicitud ante las autoridades del vaticano.

Volviendo a la dura realidad, vemos que las cosas, sin embargo, salieron mal desde el comienzo. En febrero de 2004, meses después de iniciada la ejecución del proyecto, la Fiscalía General de la República, abrió una investigación por el cobro indebido de un cheque de 220 millones de bolívares y el intento de cancelación de otro por 125 millones, desaparecidos de las cuentas del regimiento 62 de las Fuerza Armada Nacional, el órgano administrador de los fondos para la construcción del complejo azucarero.

Más tarde, en 2006, la Comisión de Contraloría del Parlamento —presidida entonces por el leal diputado oficialista, Pedro Carreño–, recibió graves denuncias sobre el manejo del complejo y organizó una inspección a la central, en compañía de un grupo de 36 técnicos y asesores cubanos encargados de supervisar la construcción, de acuerdo a los planos de la obra. Según el informe final, la instancia legislativa encontró a 19 personas implicadas y calculó un daño patrimonial por el orden de los 3,3 millardos de bolívares. Para ese momento, la construcción del proyecto agroindustrial ya había alcanzado los 320 millones de dólares.

Aunque en abril de ese año el Ministerio Público presentó formalmente acusaciones contra cuatro individuos, por irregularidades en el manejo de los fondos, dos de ellos militares; no fue sino hasta agosto de 2008 que sentenciaron a varios años de prisión a dos oficiales de la Fuerza Armada y a dos contadores públicos acusados de peculado doloso.

También el general Delfín Gómez Parra fue sentenciado a casi ocho años de prisión por este caso, pero los medios de comunicación lo calificaron como un "preso político" después de ser juzgado por exponer a funcionarios militares y civiles cubanos como sospechosos de corrupción.

La directiva social de la central azucarera atravesó, como mínimo, cuatro gestiones diferentes hasta ser intervenida por el Estado venezolano para convertirla en una filial de la Corporación Venezolana de Alimentos Azúcar (CVA

Azúcar), encabezada por el general Wilfredo Maya Silva. Su inauguración se pospuso, al menos, en tres oportunidades.

Dos de estos anuncios se hicieron durante la transmisión televisada del programa Aló Presidente. En la edición número 347 de dicho programa, Chávez aseguró que el 90% del CAAEZ estaba operativo y que, para el primer trimestre de 2010, estaría produciendo diariamente 371 toneladas de melaza y 600 toneladas de azúcar refinada después de moler 7.000 toneladas de caña al día, cuota que jamás se ha alcanzado.

.- El hermano del Presidente entra en escena

El gobernador de Barinas, Adán Chávez, hermano mayor de Hugo Chávez, pese a tener una amonestación moral —declaración de responsabilidad política— de la Comisión de Contraloría por el caso de CAAEZ (expediente Nº 1662), siempre estuvo involucrado en el proyecto del central azucarero. La participación del hermano del presidente Chávez se hizo aún más evidente a nueve días del decreto de emergencia eléctrica (la noche del 8 de febrero de 2010), cuando el entonces vicepresidente Elías Jaua inspeccionó la planta junto a su mano derecha Antonio Albarrán, pues el Gobierno se había propuesto crear una red de generación de energía alternativa antes del 15 de mayo de ese año. En julio volvieron a inyectarle recursos al proyecto para que arrancara: 28,7 millones de dólares a través del Bandes y el Fondo Chino.

Sobre Adán Chávez, pesaban dos investigaciones en la Comisión de Contraloría de la Asamblea Nacional. La primera de ellas, por presunta malversación de fondos en el Complejo Agroindustrial Azucarero "Ezequiel Zamora" (CAAEZ), entre 2012 y 2015, durante la reparación de maquinaria y construcción de edificaciones; y la segunda, por incurrir en supuestas irregularidades durante la construcción de 16 obras de infraestructura en su gestión, todas paralizadas desde hace cuatro años. Según el expediente N° 1662, relacionado con el CAAEZ, la instancia calculó el daño patrimonial en 291,9 millones de dólares –equivalente a 1,3 millardos de bolívares

Jaua informó que la meta de ese año era alcanzar una producción de 93 millones de toneladas de alimentos, como parte de la Gran Misión Agro Venezuela. El ministro de Agricultura y Tierras señaló que "se aprobaron para la central azucarera Ezequiel Zamora 164 millones de Bolívares fuertes". También anunció que: *"Para el período 2014-2015 se prevé el consumo de más de 1 millón de toneladas de azúcar"*. Adicionalmente aseguró, que para ese momento, el central Ezequiel Zamora tenía una capacidad instalada de refinación de 600 toneladas de azúcar diario, y que ya se había llegado a un nivel de producción de 150 toneladas de azúcar refinada por día. (18)

Una investigación posterior, llevada adelante por el diputado Freddy Superlano (VP-Barinas), concluyó que el actual ministro de Educación y exdiputado al Parlamento, Elías Jaua, tendría responsabilidad en las irregularidades detectadas, pues en su condición de Vicepresidente de la República tenía pleno conocimiento del desvió de fondos destinados para los trabajos de construcción y mejoramiento del central azucarero. El exministro de Planificación, Jorge Giordani, y el exgobernador de Barinas, Adán Chávez, también son señalados en esta averiguación. (16) (17)

Pese a las presiones y a la emergencia eléctrica, la planta inició operaciones finalmente en el 2011, 10 años después de su concepción, produciendo 200 toneladas de azúcar al día, una cantidad tres veces menor que su capacidad proyectada. En mayo 2013, el ministro de Agricultura y Tierras, Yván Gil, reconoció que el CAAEZ seguía presentando problemas y anunció que un equipo multidisciplinario evaluaría las fallas.

Al día de hoy, la promesa del complejo azucarero más importante de la región sur, nunca se materializó. El CAAEZ está prácticamente en cierre técnico. El CAAEZ se proyectó para que tuviera una capacidad de procesamiento de caña de azúcar de **7 toneladas/día**. Según información suministrada personalmente por el Ministro de agricultura y tierras, Juan Carlos Loyo, a requerimiento del presidente Chávez en transmisión televisiva de su programa "Aló Presidente", el CAAEZ había comenzado a procesar **2000 toneladas de azúcar/día** pese a no contar con toda su capacidad instalada según las propias palabras del encargado de reportar la información en cadena nacional de radio y televisión. Para la semana siguiente, la planta ya estaría procesando **4.500 ton/día**. En números redondos estas cifras equivalían a producir **200 toneladas de azúcar/día** y una semana después esta cifra se elevaría a **300-350 toneladas de azúcar/día**. Como podemos observar no existe la menor concordancia entre las cifras presentadas por el funcionario gubernamental durante la transmisión televisada. Por supuesto, la gran inteligencia Chávez no fue capaz de captar tan obvias incongruencias.

Hoy en día, año 2017, el CAAEZ se encuentra como una empresa en ruinas y prácticamente abandonada. El año 2015 cerró con una producción de apenas 108.124 kilogramos de azúcar, que no representa ni siquiera el 15% de su capacidad operativa proyectada.

De un parque automotor que llegó a contar con 60 vehículos, en la actualidad muchos de ellos están totalmente destruidos y otros están desaparecidos. La misma suerte corrieron las 90 gandolas con remolque y los más de 100 tractores de distintos caballaje con todos sus implementos agrícolas, que hoy están dañados, destruidos, abandonados o desaparecidos conjuntamente con sus implementos. Carlos Azuaje que fungía como intendente del CAAEZ –hasta ser destituido por denunciar casos de corrupción-, manifestó que, se han desaparecido y dañado 13 cosechadoras de última generación que para la época, tuvieron un costo de un millón de dólares cada una de ellas. Hoy tampoco aparecen más de 80 equipos de sistema de bombeos, portátiles, ni buena parte de la amplia flota de maquinarias de línea amarilla de última generación, que hoy han corrido la misma suerte que las anteriores maquinarias y equipos.

La construcción del Complejo Agroindustrial Azucarero Ezequiel Zamora se estimó en un costo aproximado de 300 millones de dólares, pero, según Azuaje, "con la cantidad de actos de corrupción que allí se han cometido, esta cifra se multiplicó unas 10 veces por la corrupción, ante los ojos de la familia Chávez y de las autoridades nacionales".

Carlos G. Hernández R.

Todo este caso que involucra presuntos casos de corrupción y desfalco no es mencionado en ningún medio local en el estado Barinas, pues, quedó terminantemente prohibido para los únicos tres periódicos que aún circulan en ese estado —Diario Los Llanos, La Prensa y La Noticia— publicar contenidos que impliquen la presunción de corrupción del gobernador, conforme lo ordenó un tribunal de la entidad. Incluso Adán Chávez denunció al diputado Freddy Superlano por "difamarlo e injuriarlo". Lo cierto es que, una empresa que se proponía cubrir el 20% de la demanda de azúcar a nivel nacional, hoy prácticamente no funciona y en los diferentes medios nacionales se puede leer "Producción de azúcar apenas cubre 28% del consumo nacional (...)

La producción del rubro sigue siendo insuficiente y las expectativas para la próxima zafra no son alentadoras, afirmó José Ricardo Álvarez, presidente de la Federación de Cunicultores de Venezuela (...) Álvarez agregó que en la zafra, que está por terminar, de los 6 centrales azucareros privados, 5 estuvieron operativos, mientras que de las 10 factorías en manos del gobierno, solo 5 funcionaron (...)

Después que los venezolanos han participado, durante cuatro meses, en una nueva jornada de luchas y protestas en las calles contra un régimen represivo que no se anda con chiquitas a la hora de aplicar el garrote, parece que el papel principal para salvar a Venezuela lo tiene la comunidad internacional. El Gobierno de Maduro es ahora un problema regional que tiene implicaciones migratorias y criminales con el narcotráfico. Esto agrava mucho más la situación porque puede acabar convertida en un conflicto armado. Sin embargo, aunque las sanciones internacionales individuales son importantes, y generan presión psicológica a los sancionados, no afectan para nada el centro de gravedad del poder. Sin afectar de forma directa o indirecta los ingresos petroleros, la alianza entre el chavismo y el militarismo puede mantener a Venezuela en una prolongada agonía.

Los datos que aportan ciertos organismos internacionales abruman por su gravedad. Por ejemplo, Cáritas de Venezuela, una organización católica que trabaja en pro de las personas de bajos recursos, ha denunciado que en la actualidad, el 9% de los niños venezolanos sufre desnutrición severa. Mientras que un 52% de los infantes está en grave riesgo de sufrirla". Enfermedades erradicadas, como la malaria y la difteria, han vuelto. La última Ministra de Salud fue destituida por desvelar que había crecido la mortalidad infantil.

Carlos G. Hernández R.

Entre 1960 y 1998, años que corresponden al período democrático, se construyeron 66.000 viviendas sociales por año, según fuentes oficiales; el régimen actual, construye la mitad de esta cantidad por año; el 60% de las industrias del país han desaparecido; en el área agrícola o de servicios, el 40% de las empresas cesó su producción. De ahí la escasez de azúcar, de café, de leche, etc. Y eso ocurre en el periodo de mayor bonanza económica que ha vivido el país. ¿Y a dónde ha ido a parar el dinero? Venezuela, en estos 20 años de gobierno castro-chavista ha recibido la bicoca de más de 1,9 billones de dólares vía petróleo e impuestos. Esta cifra equivale a más de cinco veces el ingreso obtenido en los 40 años de democracia previos a la llegada de la revolución chavista. Fuga de capitales, dinero en el limbo, repartos a gobiernos amigos, oscuros financiamientos, despilfarro, ineficiencia en la gestión de los recursos, etc., son algunos de los canales que han servido de desagüe del dinero de los venezolanos. (19) (20).

*****

CHÁVEZ Y LAS GUERRILLAS COLOMBIANAS

El presidente de Venezuela, Hugo Chávez, habría ofrecido a la guerrilla de las FARC la posibilidad de comercializar petróleo y gasolina, además de realizar y recibir contratos estatales con el gobierno venezolano, según reveló la revista colombiana "Semana" en una edición extraordinaria publicada en el mes de febrero de 2008.

Según el semanario colombiano, los detalles de la oferta aparecen en uno de los correos electrónicos encontrados en los ordenadores del jefe guerrillero Raúl Reyes, quien resultó muerto en el bombardeo de un campamento de las FARC en Ecuador, efectuado el 01/02/2008 por la Fuerza Aérea Colombiana y en el que murieron Raúl Reyes, el "número dos" y portavoz internacional de las FARC y una veintena de rebeldes más.

Las autoridades de Bogotá lograron la incautación de cuatro ordenadores personales del comandante guerrillero en el ataque contra el campamento de Reyes en Ecuador. La oferta venezolana de negocios está detallada en un correo que los guerrilleros Iván Márquez y Rodrigo Granda enviaron el pasado 8 de febrero al jefe máximo de la organización, Manuel Marulanda Vélez, y a los demás miembros del Secretariado o mando central rebelde, sobre un reciente encuentro con Chávez.

Márquez, que había sido recibido por Chávez en noviembre de 2007 en Caracas, para gestionar el acuerdo sobre los secuestrados por las FARC, integra el Secretariado del grupo, mientras que Granda pertenece a la red internacional rebelde y fue excarcelado a mediados de 2007, por decisión del presidente colombiano, Álvaro Uribe, para las mismas tareas humanitarias.

Según el documento, Chávez, a quien identifican con el sobrenombre de "Ángel", *"nos ofreció la posibilidad de un negocio en el que nosotros recibimos una cuota de petróleo para comercializarla en el exterior, lo cual nos dejaría una jugosa utilidad"*.

Asimismo, Márquez y Granda escriben que también les ofreció a las Fuerzas Armadas Revolucionarias de Colombia (FARC) *"la venta de gasolina en Colombia o en Venezuela"*, lo mismo que *"la posibilidad de adjudicación de contratos del Estado (venezolano)"* y *"la creación de una empresa rentable para inversiones en Venezuela"*.

.- Donación de 300 millones de dólares para la guerrilla colombiana

El correo precisa que esta empresa podía conformarse con una parte del "dossier", término que, según el director de la Policía Nacional de Colombia, el general

Óscar Naranjo, fue adoptado por los rebeldes para referirse a una donación de 300 millones de dólares que les había prometido Chávez.

De ellos "*ya tiene disponibles los primeros 50 y tiene un cronograma para completarnos 200 en el transcurso del año*", añade el mensaje, que apunta que "*el amigo* (alguien no identificado) *le sugirió trabajar el paquete por la vía del mercado negro para evitar problemas*".

El correo es uno de los muchos enviados sobre las relaciones de Chávez con las FARC, que han sido denunciadas por el gobierno colombiano y que han llevado a este país a una crisis histórica en el marco de sus relaciones diplomáticas con Venezuela y ecuador, deterioradas desde finales de noviembre pasado.

El lunes 3 de marzo de 2008, Chávez ordenó la expulsión del embajador colombiano en Caracas, Fernando Marín, y de sus colaboradores en la representación, mientras que el presidente de Ecuador, Rafael Correa, rompió relaciones con Bogotá.

El anuncio fue ratificado poco después por el canciller venezolano, Nicolás Maduro, en un discurso ante el Congreso, quien afirmó que "el conflicto colombiano se ha convertido en una amenaza para todos los gobiernos del área".

Maduro llamó a la "unidad de fuerzas armadas y la unidad cívico-militar" en Venezuela y defendió las "medidas preventivas" tomadas por el gobierno del presidente Hugo Chávez, que incluyen un despliegue militar "porque nadie nos va a sorprender, estamos frente a unos locos obsesionados con la guerra".

Ese mismo lunes, Bogotá reveló documentos y fotografías comprometedoras para Chávez y acusó al gobierno de Venezuela y Ecuador de tener vínculos con las Fuerzas Armadas Revolucionarias de Colombia (FARC, marxistas).

La publicación reproduce otro correo en el que un rebelde identificado como 'Daniel' informa de que en enero de 2007 se reunió con un socio de Juan Carlos Ramírez Abadía ('Chupeta'), narcotraficante colombiano detenido en Brasil.

En el encuentro, ese socio, "con gran poder económico", y otra persona dijeron que deseaban "comprar 5.000 (al parecer kilos de cocaína)" y también ofrecieron armas, como misiles, de unos libaneses "que vienen en los próximos días a explicar su propuesta".

Asimismo, publica un mensaje, conocido sólo de manera parcial, sobre la compra de 50 kilos de uranio, no con fines de uso por los rebeldes, sino de venta a un tercero, que puede ser "un gobierno", a razón de 2,5 millones de dólares el kilo. (21) (22).

De igual manera, el 10 de mayo de 2006, el diario El País, de España publicó un reportaje titulado "Los secretos de la guerrilla colombiana: Los papeles de las FARC acusan a Chávez", donde se reportaba lo siguiente: "El pasado 8 de noviembre de 2007, Hugo Chávez recibía en Caracas a Luciano Marín, alias Iván Márquez, dirigente de las Fuerzas Armadas Revolucionarias de Colombia (FARC). El motivo: impulsar el acuerdo humanitario con Colombia para canjear a 44 secuestrados por 500 guerrilleros presos. Eso fue la parte pública. Pero hubo otra reunión secreta. En ella, el presidente venezolano "aprobó sin pestañear la solicitud" de 300 millones de dólares [194 millones de euros] hecha por la guerrilla marxista. Además, se diseñó un plan para recibir en la región venezolana del Orinoco el armamento enviado a las FARC por dos traficantes australianos y se puso en marcha un mecanismo de coordinación entre la guerrilla y el Ejército venezolano, al más alto nivel".

"Así lo cuenta el propio Iván Márquez a sus compañeros del Secretariado de las FARC en un correo datado el 12 de noviembre de 2007. El mensaje está en uno de los ordenadores incautados a Raúl Reyes. Bogotá ha pedido a Interpol que certifique la autenticidad de los ordenadores. Las conclusiones se harán públicas la próxima semana".

"Aquella reunión en el Palacio de Miraflores oficializó una relación que se había desarrollado desde el año 2000 con intermediarios y se había concretado en el suministro puntual de armamento a cambio del entrenamiento prestado por las FARC a miembros del Partido Comunista y otros grupos afines al chavismo en sus campamentos en suelo venezolano".

"Dos hombres muy cercanos a Chávez encabezaban hasta esa fecha los contactos: el general Hugo Carvajal, jefe de la Inteligencia Militar, y el capitán de navío Ramón Rodríguez Chacín, actual ministro del Interior. Los interlocutores de la guerrilla colombiana en Venezuela eran Iván Márquez y Rodrigo Granda, alias Ricardo".

"Así, en un correo del 4 de enero de 2007, Iván explica que el general Carvajal y el general Alcalá les van a hacer llegar "la próxima semana bazucas (lanzagranadas) de gran potencia, de los cuales 10 serán para Timo (Timochenko, otro comandante guerrillero en la zona fronteriza), y 10 para acá". El general Alcalá, además, iba a hacerse cargo del puerto de Maracaibo, "una gran ventaja" para el "desembarque de carga". Todo apunta a que se trata de

Clíver Alcalá, destacado en el Estado del Zulia, cuya capital es Maracaibo"... (23)

****

¿FASCISMO A LA VENEZOLANA?

La discusión acerca de qué tipo de gobierno era el que propugnaba Chávez, perdió interés al observar los venezolanos que el régimen chavista preservaba algunos elementos fundamentales de la democracia liberal. En esos años, la discusión se centró en definir si el gobierno chavista era totalitario, fascista o autoritario. El chavismo es un fascismo a la venezolana con sus propias características. Lo vemos parecido al peronismo. Es importante entender que el totalitarismo puede abarcar con facilidad a los regímenes fascistas, estalinistas, maoístas y hasta algunos gobiernos autoritarios militares.

Esos regímenes tienen características comunes, pero también marcadas diferencias: 1.- el totalitarismo se caracteriza por la existencia de un partido único que se confunde con las instituciones del Estado, mediante una doctrina global que se manifiesta en todas las esferas de la actuación humana: economía, cultura, familia, religión, etc. 2.- Se exalta la autoridad de un solo líder que tiene un poder ilimitado en todos los ámbitos de la sociedad. 3.- En teoría, buscan formar a un hombre nuevo en una sociedad perfecta. Para lograrlo hacen uso ilimitado de la propaganda y de distintos mecanismos de control social y de represión. 4.- Considera al Estado como un fin en sí mismo, combate las ideas liberales y busca crear una sociedad militarizada.

La frase de Mussolini resume la visión totalitaria: "todo en el Estado, todo para el Estado, nada fuera del Estado, nada contra el Estado". Fundamentalmente, la diferencia característica entre los totalitarismos fascistas y marxistas, radica en que los fascismos combatieron a muerte las ideas liberales, pero se vincularon estrechamente a la plutocracia a objeto de fortalecer el capitalismo. Los totalitarismos de izquierda combatieron las ideas liberales, pero destruyeron las estructuras del capitalismo.

Si analizamos al chavismo nos daremos cuenta que tiene características similares al totalitarismo, aunque mantiene sus propias particularidades: el interés en constituir un partido único; en fortalecer al Estado hasta lograr controlar todas las esferas del acontecer humano; la exaltación de un liderazgo permanente y único; la visión de una sociedad militarizada; su ambición de formar a un hombre nuevo en una sociedad perfecta; el uso ilimitado de la propaganda y de distintos mecanismos de control social; su interés en destruir el liberalismo y el capitalismo y tantas otras opciones que están a la vista. Se diferencia de otros fascismos o totalitarismos de izquierda en la conservación de las instituciones liberales, aunque las mantiene bajo su control. También el uso y abuso de la consulta popular. Esa forma de actuar también la tuvo Adolfo Hitler: El uso permanentemente del plebiscito para consolidarse en el poder. Por suerte los venezolanos tienen una gran capacidad de lucha. Aún no se han rendido. Estamos seguros que con valor y constancia derrotarán al heredero de Hugo Chávez en la lucha por restablecer la democracia en Venezuela

Escuchar a los funcionarios chavistas repetir reiteradamente, sin vergüenza alguna, rimbombantes frases que no tienen otro fin sino el de adular al gran jefe, como aquel gobernador que llegó a clamar que *"los gobernadores están dispuestos a luchar por nuestro líder y a dar la vida por mantener el orden democrático"*, es repetir la triste historia de los eternos adulantes que siempre han rodeado a los hombres que detentan el poder. Así ocurrió con Napoleón, con Wilhelm II, con Hitler, con Mussolini, con Franco, con Lenin, con Stalin, con Mao, con Perón, con Fidel, y pare usted de contar. En Venezuela también han existido esos lombrosianos especímenes políticos que se arrastran ante el poder. En Venezuela abundaron durante los regímenes de Guzmán Blanco, de Castro, de Gómez y de Pérez Jiménez. Ahora, con Chávez, volvieron a la palestra pública. (24).

José Guerra, reconocido economista, escritor y profesor universitario, en un artículo de opinión publicado 10 / 02 / 2009, en el diario "Tal Cual", analiza el surgimiento del nazismo y el fascismo en Europa y las posibles similitudes de estos movimientos con la revolución bolivariana en Venezuela.

El Profesor Guerra sostiene lo siguiente: *"La mayoría de la gente piensa que Adolfo Hitler era fascista. Estrictamente no lo era"…. "El partido nazi tuvo su auge a principios de los años treinta en medio de una pavorosa crisis hiperinflacionaria en Alemania que facilitó el acceso de Hitler al poder en 1933, cuando fue nombrado primer ministro (canciller). HItler se hizo llamar Führer, es decir caudillo. Hizo aprobar una Ley Habilitante que le permitió gobernar a sus anchas y concentrar todos los poderes en sus manos. Antes, en 1925, Hitler había creado las temibles SS (Schutzstaffel, en alemán), que vestían camisas pardas, una organización para-militar que posteriormente sembraría el terror entre los opositores a Hitler".* (¿Los llamados Colectivos Revolucionarios, antes Círculos Bolivarianos?)

"Su jefe fue Heinrich Himmler un personaje cautivador pero siniestro. Una de los grupos más peligrosos del régimen nazi fueron las unidades de ataque móvil de las SS, las conocidas Einsatzgruppen. Estas brigadas, en alianza con la policía, hostigaban a los disidentes, saboteando sus actos y agrediendo a sus integrantes". (¿Alguna similitud con los grupos de choques chavistas?

.... *"El culto al líder único, Adolfo Hitler, quien no tenía sustituto entre el pueblo alemán fue un elemento esencial de esa política".* *"Impulsó también el gobierno nazi la estatización de la economía lo que permitió hacerse de los medios de producción. Un aspecto básico para entender la naturaleza del régimen nazi fue el adoctrinamiento de los estudiantes, el uso intensivo de la propaganda y la transformación de las fechas patrias en actos propagandistas y del partido".*

"Mussolini, el duce, fundó el movimiento fascista en 1919, con la creación de los fasci di combattimento, especie de grupos armados para intimidar y atacar a sus opositores políticos, que después degeneró en el Partido Nacional Fascista. Esos fasci ataviados con camisas negras, al mando de Roberto Farinacci símbolo del terror, actuaban al amparo de la policía y del Ejército en su hostigamiento a quienes se opinan al fascismo".

"La política fascista tenía, al igual que al nazismo, a Mussolini como su único líder. Practicó la concentración del poder en sus manos, empleó la propaganda como instrumento de ideologización y fundió en un solo ente al Estado, al gobierno y al partido fascista".

"Hitler y Mussolini fueron profundamente anticomunistas y antiliberales. Hugo Chávez es antiliberal y pro comunista. Ese milagro sólo puede ocurrir en Venezuela. Las listas para excluir de los puestos de trabajo a gente que no comparte las ideas del gobierno es cosa común desde las listas Tascón y Maisanta. A partir de 2003, la política del gobierno del presidente Chávez se ha caracterizado por el acaparamiento de los medios de producción en manos del Estado con lo cual se pretende convertir a los ciudadanos venezolanos en súbditos del gobierno".

"En lo relativo a la figura del presidente Chávez, no se conocen en Venezuela antecedentes de un culto tan exacerbado a la persona, ni tampoco una mezcla tan perversa de adulación y adoración, como ha ocurrido con el difunto mandatario".

"El gobierno ha hecho de la propaganda un instrumento predilecto con el objeto de presentar la mentira como verdad, y la infamia como virtud. En Venezuela, el partido chavista es el gobierno y el Estado al mismo tiempo,

los emblemas son iguales; lo mismo que el color rojo. Esa delgada línea que divide los asuntos que son de interés general, de los que son propios de un partido político en funciones de gobierno, no existe en este país".

"Llama poderosamente la atención la consolidación de grupos paramilitares que actúan libremente, con total impunidad, con la cara descubierta, que amenazan públicamente, que realizan actos anti religiosos a la luz del día, y que además, mantienen una especie de sociedad con las fuerzas policiales y militares legalmente establecidas". *"Esos grupos, con capuchas y camisas rojas, han devenido en falanges revolucionarias con protección del gobierno, que imponen sus normas en determinados ámbitos geográficos de Venezuela con la anuencia del Estado, hasta conformar una fuerza armada con un poder de fuego respetable, que después podría ser utilizada en contra de la misma Fuerza Armada Nacional. Esas bandas son empleadas por gobierno para reprimir al pueblo de manera no oficial".*

"Con esto pretende el gobierno intimidar y usar el miedo como política de Estado. Implantar el temor a perder el trabajo en un instituto, o dependencia oficial, o de ser agredido por grupos armados en una pelea desigual, donde la justicia siempre está de parte del agresor. Todo ello con el objeto de inhibir la participación política de los ciudadanos".

"Por ahora, el gobierno de Venezuela no ha derivado en uno de corte nazi-fascista, pero tiene elementos comunes a ambos sistemas de gobierno. Una mezcla rara ésta la que ha logrado Chávez al juntar lo que parecía irreconciliable: el nazi-fascismo con el comunismo de estirpe cubano. De algo sirvieron las lecciones de Norberto Ceressole". (25)

Tal vez la razón de esta incongruencia política se deba al hecho de que el proceso chavista hay escasa carga ideológica, pero sí abundante carga monetaria.

¿INCITACIÓN A UNA LIMPIEZA ÉTNICA?

En los primeros días del mes de diciembre de 2008, justo unos días después de que Hugo Chávez pidiera que la revolución se acercara a la clase media y tratara de conquistarla, el diario oficialista VEA, a través de la columna de alguien que firma como Marciano, sostenía que *"la revolución no debe abrigar ninguna ilusión sobre la misma"*. Sostenía que *"buena parte de esa clase media rica tiene un origen fascista" ya que son "descendientes de italianos que huyeron de su país"*.

Este es un completo y vergonzoso ejemplo de incitación al racismo a través de un medio de comunicación que vive exclusivamente del dinero de todos los venezolanos. El artículo de VEA y que algunos atribuyen a un conocido comunicador social, de escasa autoridad moral y con licencia para liquidar a quien no transija con el gobierno chavista, dice textualmente: *"La revolución venezolana no debe abrigar ninguna ilusión sobre la clase media rica que convirtió el Este de Caracas, La California, El Cafetal, Prados del Este, El Marqués y urbanizaciones parecidas, en sus bunkers. Como hemos dicho en otras ocasiones, buena parte de esa clase media rica tiene un origen fascista. Son descendientes de italianos que huyeron de su país, temerosos de una victoria de Palmiro Togliatti y su poderoso Partido Comunista en la post Segunda Guerra Mundial. Otros eran húngaros, rumanos o polacos o "rusos blancos", ucranianos, georgianos, quienes buscaban refugios en nuestros países huyendo de las represalias por su colaboración con las tropas alemanas; o son descendientes de españoles que salieron de su país porque suponían que al final de la II Guerra Mundial toda Europa "caería en las garras de Rusia".*

"Esa emigración europea transmitió a sus hijos y nietos ese odio anticomunista irracional y bárbaro, característico de los europeos y que se une a esa especie de racismo contra los mestizos y odio contra el pueblo llano y común…. No es extraño que a esta capa rica de la población, la sola ideología que la une sea el odio a Chávez, un odio irracional que le brota por todos los poros. Será difícil que este estamento de la población pueda conciliar con Chávez y la Revolución Bolivariana. Si se estudia su comportamiento político, se observará que de su seno surgieron todas aquellas manifestaciones del 11 de abril y después han seguido nutriendo el voto contra los candidatos de Quinta República y ahora del PSUV…. Se radicaron en las urbanizaciones ricas de Caracas, Valencia y Maracaibo. Desde allí conspiran contra la Revolución Bolivariana. Son millares. De allí salieron esos

votos que derrotaron a Diosdado Cabello, Jesse Chacón y Aristóbulo Istúriz". (26)

Como podemos observar no hay mucha diferencia entre este planteamiento y un llamado a limpiar las ciudades del país de todos estos enemigos de la revolución, que son millones. ¿Así no es como comienzan los genocidios y las guerras civiles?

Hay varias falacias en este artículo: 1.- En Venezuela no existe una verdadera revolución, puesto que la desaparición del sistema político imperante en Venezuela entre 1958 y 1998, fue un proceso gradual, y no ocurrió de manera violenta, ni realmente transformadora. La llamada revolución bolivariana no es más que una mezcla de conceptos ideológicos, anacrónicos y contradictorios, parecido al que llevó adelante Ezequiel Zamora en el Siglo XIX. De hecho, aquel tenía mayor grado de carga ideológica que el que muestra el actual proceso bolivariano. 2.- La clase media, que es atacada injustamente en el lamentable artículo de VEA, es la gran clase trabajadora y creadora de riqueza que tiene el país. Históricamente, es la mejor y más preparada de las clases sociales de un país. Muchos de los hombres ricos de este país, especialmente los banqueros y los contratistas petroleros, se plegaron al ignaro gobernante y se han hecho más ricos, mientras que del maloliente pantano revolucionario han salido los Maduro, los Cabellos, los Carreño, los Rangel, Los Rodríguez y todo el lumpen de nuevos ricos que apoyaron al difunto mandatario, y ahora hacen lo mismo con su heredero. De las clases bajas, que por lo general, sólo tiene tiempo de luchar día a día por su propia subsistencia, ya sabemos qué se puede esperar de ellas.

El sector que asume la defensa de la democracia y la libertad, como un aspecto del que depende su propia esencia, es la clase media venezolana. Ésta puede ser dividida en tres segmentos: la clase media-media, la clase media-baja y la clase media-alta. De esta clase media surgió, efectivamente, la cadena de protestas que produjo la caída de Hugo Chávez el 11 de Abril de 2002, pero que culminó con los desafortunados acontecimientos que tuvieron lugar en las horas siguiente y que produjeron la reposición del mandatario en el poder, el 13 de abril. Los inmigrantes europeos que llegaron a Venezuela durante las décadas de 1940, 1950 y 1960, han contribuido poderosamente a elevar el nivel intelectual, cultural y físico de nuestra población y son, en su abrumadora mayoría, profundamente patriotas. Y muchos de sus hijos –tan venezolanos como el que más–, han regado con su sangre las calles de las principales ciudades del país en sus largas luchas por la libertad, por el derecho de vivir mejor, y por la democracia. Quienes llegaron a Venezuela desde Europa, vieron con sus propios ojos, la crueldad y la miseria de la II Guerra Mundial, o sufrieron las penurias ocasionadas por gobiernos dictatoriales como los que se asentaron en España y Portugal. A los europeos sembrados en Venezuela no puede venir a ofenderlos o darles clases de luchas, o de padecimientos, o de historia sobre guerras, un frustrado politiquero cualquiera, con ínfulas de escritor, que ha sabido sacar buen provecho de su banalidad, de su astucia, y de su servidumbre política durante los cuarenta años que vivimos en democracia. Lo que los europeos y sus descendientes sienten por el comunismo es justificado temor, ya que lo vieron en acción en sus países de origen, pero también es desprecio. En nuestra Venezuela, su país —porque este país es tan de ellos, como nuestro, y aún más que de los rastreros politiqueros que osan crear tan lamentables escritos— no quieren ver reproducidas en Venezuela las miserias que el comunismo, ese agente de muerte y ruina, ha sembrado en algunos países de Europa, Asia y en Cuba, el único país de nuestra América donde ha encontrado tierra fértil.

*****

LA CONCEPCIÓN DE PDVSA

La resolución de la tensión inherente en cualquier actividad extractiva, entre el dueño de un recurso natural y la empresa que lo extrae, por el control de la producción y la distribución de las rentas presentes en estos sectores, explica la evolución contemporánea del sector petrolero en Venezuela. Esta tensión se dio primero entre el Estado venezolano y las empresas transnacionales que operaban en el país y condujo a la nacionalización y control estatal de la actividad productiva. Después de la nacionalización, la tensión entre el dueño del recurso y la empresa operadora se trasladó al interior del Estado venezolano y tuvo como actores al gobierno, representado por el Ministerio de Energía y Minas, y Pdvsa, la empresa matriz de la industria petrolera venezolana. La tensión creciente entre estos actores, en particular a partir de 1999, se resolvió con el Gobierno asumiendo la distribución discrecional del ingreso petrolero y de la producción, eliminando el alto grado de independencia y autonomía gerencial del que había disfrutado Pdvsa, por diseño, desde su concepción.

Pdvsa fue creada en 1975 para que asumiera las riendas de la industria petrolera a partir del 1 de enero de 1976. Con mucha sabiduría y tacto, el liderazgo político que guió el proceso nacionalizador, no pretendió amalgamar el buen número de empresas privadas y públicas, nacionales y extranjeras, que operaban en Venezuela en una única empresa estatal. Las empresas fueron estatificadas, pero no unificadas. Se colocó a la cabeza de ellas, un ente de coordinación de actividades operativas y de centralización de las funciones de planificación y finanzas.

Así nació Pdvsa, como una simple estructura de coordinación, con mínimo personal, de un conglomerado gigantesco, que había producido 3.700.000 barriles diarios (3,7 MMbd) en 1970, y que para abril de 2006, producía 2,4 MMbd. En la actualidad, se desconoce exactamente el volumen de su producción real.

No obstante, el 19 de enero de 2017 el diario El Nacional, de Caracas, publicó un reportaje donde indicaba que el año pasado, 2016, se había profundizado la caída de la producción de la principal empresa del país. En diciembre, el bombeo de Pdvsa se situó en 2,27 MMbd, 4.000 barriles menos de los que produjo en noviembre, según el más reciente informe de la Organización de Países Exportadores de Petróleo, elaborado con datos que envía el Ejecutivo venezolano. La contracción era mayor si se comparaba el registro de diciembre pasado con el del mismo mes del año anterior. Mientras en el último mes de 2015 se produjeron

2,57 MMbd, en diciembre de 2016 se bombearon 2,27 MMbd. Es decir, que en un año hubo un descenso de 300.000 barriles diario a lo que equivale a un 12 % menos.

Fuentes secundarias, como la Agencia Internacional de Energía o Petroleum Intelligence, que también son citadas en el informe de la OPEP, aseguran que la contracción en 2016 fue más alta. Indican que al cierre del año el bombeo se ubicó en 2,02 MMbd y en diciembre de 2015 en 2,34 MMbd. (27)

El experto petrolero y profesor universitario, Luis Oliveros, reiteró que la disminución de la producción de Pdvsa el año pasado (2016), es muy preocupante para el país. Aseguró que la caída nada tiene que ver con el recorte que hará el gobierno por el acuerdo firmado con los socios OPEP, y no OPEP.

"El acuerdo de la OPEP entró en vigencia este mes de enero de 2017. El declive anterior es el resultado del deterioro que presenta la empresa porque no se ha hecho todo el mantenimiento necesario, porque no se han hecho las inversiones que se amerita, entre otras razones", dijo.

A partir de este mes de enero, Venezuela deberá recortar 95.000 barriles al día para cumplir el acuerdo pero, según Oliveros, la producción de Pdvsa igual iba a seguir bajando. *"El recorte de la OPEP es una bendición para el gobierno, es la excusa para decirle al país que el declive no es culpa de ellos, sino que lo están haciendo a favor de los precios".* (28)

Que el tránsito de una industria petrolera – esencialmente privada y extranjera– a una nacional estatal, se hiciera en forma muy poca traumática, se debió, aparte de no pretender unificarla de inmediato, a dos hechos fundamentales: en primer lugar, la industria era esencialmente nacional, en el sentido de que era manejada totalmente por venezolanos desde Venezuela, con una significativa integración al tejido social y productivo nacional, y, segundo, el Estado venezolano mantuvo una relación poco traumática con las casas matrices en el caso de las transnacionales, las cuales firmaron acuerdos de asistencia técnica para facilitar la transición.

A partir de 1976, la industria nacional estatal siguió operando con los mismos sistemas y procedimientos de las empresas existentes hasta 1975. Una buena parte de ellas, transnacionales privadas, las cuales habían operado en Venezuela, en muchos casos, por más de cinco décadas.

Pdvsa y sus empresas filiales adoptaron una forma jurídica diferente de las otras empresas estatales existentes hasta ese momento en el país. Se crearon como empresas públicas de derecho privado. Sociedades anónimas (SA) con un accionista único, el Estado venezolano, representado por el gobierno en las reuniones de accionistas.

El hecho de que Pdvsa y sus filiales gozaran del grado de autonomía que les brindaba ser sociedades anónimas, independientes del gobierno y el resto del sector público, les brindó un buen número de singularidades que aseguraron su desempeño destacado en los ámbitos nacional e internacional.

Primero, se aisló a la gerencia y el desempeño operativo de la corporación, de los avatares políticos nacionales. No hubo, en la estructura gerencial de Pdvsa, nombramientos que obedecieran a intereses de carácter político por parte de los gobiernos de turno. Hubo un muy estrecho apego al manejo de la carrera del personal humano, heredado de las empresas privadas, por lo que su evolución dentro de la empresa se hizo estrictamente en términos de méritos profesionales. Cada individuo era evaluado en distintas instancias corporativas. Unido a lo anterior, Pdvsa quedó liberada de los sistemas salariales del gobierno, por lo que pudo remunerar a su personal con base a las condiciones del mercado laboral con salarios competitivos. En síntesis, como filosofía de personal, más que un trabajo, Pdvsa brindaba a sus empleados, una carrera, y así era entendido por éstos.

Segundo, el presupuesto y la gestión financiera de Pdvsa no seguían el mismo proceso de aprobación que el del gobierno y el resto del sector público. Cada cual se aprobaba en sus propios méritos y en distintas instancias. El del gobierno, en términos más de sus consecuencias sociales y políticas, aprobado por el Congreso. El de Pdvsa en términos empresariales y de política petrolera bajo aprobación del gobierno nacional en Asamblea de Accionistas, siguiendo las normas del Código de Comercio.

Pdvsa como "holding" de la industria petrolera nacionalizada, actuó como "escudo protector" de la dinámica política del Estado venezolano. Los nombramientos "políticos" llegaban hasta la junta directiva de Pdvsa. La injerencia del gobierno y la política nacional no trascendió a las directivas de las filiales operadoras, las cuales siguieron funcionando como empresas independientes verticalmente integradas. Ellas, en sí mismas, eran sociedades anónimas, con una junta directiva elegida con base en los méritos, que debía rendir cuentas en sus asambleas al accionista único, que en este caso era Pdvsa.

En definitiva, en el conjunto de leyes que las crearon, el legislador les dio a Pdvsa y a sus empresas filiales, un alto grado de autonomía gerencial y operativa. Como corporaciones petroleras, serían evaluadas en sus propios méritos empresariales y comerciales, y se les daría libertad de acción en estos ámbitos. Aquí radicó, en buena parte, el éxito nacional y mundial de Pdvsa hasta 1999.

.- Consolidación hasta 1990

Una vez nacionalizada, la primera tarea de la Industria estatal sería la de detener la caída del potencial de producción, para consolidarlo al nivel que presentaba hasta mediados de los años 70; adecuar el parque de refinación nacional y abrir canales propios de comercialización, independientes de los canales heredados de las empresas transnacionales.

En la parte organizacional, se inició un proceso gradual de racionalización de la estructura corporativa, disminuyendo el número de empresas filiales, amalgamándolas gradualmente bajo tres estructuras verticalmente integradas, cada una produciendo, más o menos, un millón de barriles diarios (Corpovén, Maravén y Lagovén). En forma paulatina, estas estructuras empezarían a efectuar procedimientos homogéneos y compartir diferentes sistemas de personal, financieros, operativos, de mantenimiento, manejo de materiales, etc. Todo bajo la coordinación de Pdvsa como casa matriz. Compleja tarea que llevaría lustros culminar con éxito.

Además de consolidar el potencial de producción y adecuar el plantel refinador, Pdvsa tomó decisiones organizativas con visión de largo plazo, más allá de los aspectos propiamente operativos. La importante creación de un centro propio de investigación y desarrollo (Intevep), así como de entes de formación de personal altamente especializado, le dieron a la corporación singularidad. La implantación de políticas empresariales para el desarrollo de técnicas, y personal especializado propio para la producción, manejo y disposición de hidrocarburos pesados y extrapesados –que constituyen el grueso de las reservas nacionales–, demostraron ser grandes aciertos en términos de beneficios económicos concretos para el país.

El personal de empleados y obreros pasó del mínimo histórico de cerca de veinte mil a mediados de la década de los 70, a unos cuarenta mil a finales de los años 80, cifra similar a la de principios de los 60. Este aumento de personal, fue justificado como necesario para la consolidación de Pdvsa después de la nacionalización, ya que, supuestamente, debía comenzar a partir de una estructura sumamente débil, heredada de las transnacionales, y cuyo primer paso consistía en restaurar el nivel mínimo de personal al que tenía la industria petrolera nacional antes de que se iniciara la contracción a finales de los años 50.

Junto con la fuerza de trabajo hubo un gran esfuerzo en rescatar y adecuar la infraestructura productiva del país. Por un lado el plantel refinador se adecuó con la incorporación de unidades de conversión profunda para que pudieran tomar una dieta de crudos cada vez más rica en petróleos pesados, en los cuales se especializa cada vez más el país. Además, se llevó a cabo una intensa campaña exploratoria costa afuera, que permitió descubrir masivos yacimientos de gas y se evaluó el potencial de la Faja Petrolífera del Orinoco, quizás la más grande acumulación de hidrocarburos del mundo, lo cual cambió radicalmente la percepción de agotamiento de las reservas del país que existía al momento de la nacionalización. Todo esto conllevó un masivo aumento en los gastos de inversión de la industria que llegaron a un nivel histórico de más de 6 mil millones de dólares (6 MMM $). Todo este gasto fue financiado con parte de los masivos recursos que ingresaron al país con motivo de la segunda escalada de precios entre 1979 y 1982, que el gobierno de turno permitió disponer a Pdvsa al reducir la carga tributaria sobre la empresa.

Pdvsa se sentía representando lo mejor del país en el concierto internacional. Luchando por ocupar un lugar destacado con perfil propio en la competencia con las casas matrices que le dieron origen. Desde un principio Pdvsa se valoraba, y era reconocida, como un éxito del país.

En el primer lustro después de la nacionalización se había consolidado el potencial de producción alrededor de 2,5 MMbd, sin embargo los acuerdos refrendados por Venezuela al interior de la OPEP, para reducir la producción buscando defender los precios alcanzados a principios de los años 80, llevaron a bajar la producción nacional hasta 1,5 MMbd, en 1985.

El cambio colectivo de política por parte de la OPEP, en el vano intento de recuperar los mercados perdidos, tratando de defender los precios del petróleo, conllevó a que Venezuela utilizara su capacidad de producción ociosa y llegara a finales de los años 80 haciendo pleno uso del potencial consolidado alcanzado una década antes. La disyuntiva ahora era expandir la capacidad con base en las reservas de hidrocarburos del país o mantenerse a ese nivel. El país optó por ir hacia delante, en una política que transformó la percepción nacional del sector petrolero para siempre.

.- El colapso

El devenir de Pdvsa después de 1999, estuvo signado por las características generales del gobierno que se instaló a partir de ese año, entre éstas vale destacar: La centralización de las decisiones del Estado en el Presidente de la República;

la necesidad de romper la tradición de los gobiernos democráticos de los anteriores cuarenta años. Esto es, no darle continuidad a planes y políticas ya establecidas sin otorgarle mayor importancia a su valor o a su calidad; desdeñar la experiencia acumulada al interior del Estado en el manejo burocrático, y obrar más basado en prejuicios que en el conocimiento objetivo de las realidades. Desde un principio quedó claro que el movimiento político que asumió el gobierno en 1999, iba a centralizar y a utilizar todas las instituciones del Estado con el único objetivo declarado de perpetuar al Presidente de la República en el poder, para implantar su proyecto político, con una perspectiva de largo plazo.

Pdvsa, como una institución más del Estado, debía obedecer también a esta orientación general, lo cual significaba transformar radicalmente la esencia de la corporación como entidad comercial al servicio del Estado venezolano, para transformarla en un instrumento político a favor de quienes ocupaban el gobierno. Tanto la estructura gerencial y administrativa, como los recursos financieros de la corporación, debían estar a disposición del proceso político que había implantado inexorablemente el Presidente y sus seguidores. La gerencia profesional de Pdvsa se iba a oponer a esta pretensión del gobierno, y desde el primer día, la tensión entre las partes no hizo sino crecer.

Pdvsa estaba destinada a perder la autonomía gerencial que, desde su creación, la había caracterizado por diseño. De inmediato, con el advenimiento del nuevo gobierno, se produjeron nombramientos de claro tinte político a diferentes niveles gerenciales en todas las actividades de la corporación. La necesidad de control y una profunda desconfianza hacia la gerencia de carrera de Pdvsa, provocaron estas medidas. Se creó de inmediato una gerencia paralela la cual reportaba a distintas instancias en el gobierno, con lo cual se corroyó y deterioró rápidamente la estructura de gobernabilidad de Pdvsa. Al igual que ocurría en los otros ámbitos del Estado, por ejemplo, en las Fuerza Armada Nacional, la fidelidad política de la gerencia, se hizo mucho más importante que la eficiencia operacional. Así mismo, se rompió la relación formal de Pdvsa con el gobierno a través de la asamblea de accionistas.

En cuanto a los aspectos operativos, estratégicos o financieros, también se perdió muy rápidamente la relación formal de Pdvsa con su accionista. La relación se hizo totalmente informal y el gobierno mantuvo una continua y creciente intromisión en los distintos ámbitos del quehacer de la corporación petrolera estatal. Se empezó a improvisar, a tomar medidas no consistentes con el carácter comercial de la empresa y con total discrecionalidad por parte del Ejecutivo. Bajo la presión del nuevo gobierno, la autonomía operacional y la evolución del personal de Pdvsa, con base en los méritos profesionales, se perdieron en poco tiempo.

Consistente con su oferta electoral, el gobierno asumió como objetivo inicial, bajar a toda costa los gastos de Pdvsa. El gobierno quería tener acceso directo a los recursos financieros de Pdvsa para ponerlos al servicio de su proyecto político, sin tener que pasar por los mismos mecanismos burocráticos que tenían que solventar el resto del sector público. Como se verá más adelante, sobre todo en los primeros años del gobierno chavista, parte del gasto público sería a expensas de las finanzas de Pdvsa.

La lógica populista para justificar la reducción del gasto de Pdvsa fue el destino que se le daría a este gasto por parte del gobierno en planes de asistencia social de distinto tipo. Planes, quizás loables, pero que no tenían ninguna base lógica de comparación con la inversión necesaria para mantener la producción de petróleo.

Como consecuencia, los gastos operativos de la empresa, lejos de disminuir, aumentaron. Con lo cual quedó, como única alternativa, reducir en forma discrecional los gastos de inversión. Sin embargo, al ser el grueso del gasto de inversión destinado al mantenimiento del potencial de producción, la reducción de este gasto se tradujo inmediatamente, desde 1999, en la caída de la producción.

Como toda Venezuela conoce, la implantación de la nueva relación del Gobierno con Pdvsa, no se dio de inmediato y sin que la corporación ofreciera resistencia.

.- El proceso

El Gobierno de Chávez se dedicó a implantar, paulatina e inexorablemente, una estrategia de control de todos los organismos e instituciones del Estado, por lo que debía debilitar la institucionalidad de Pdvsa. La centralización del poder se tradujo en que el gobierno copó todos los espacios en los que antes se daba el debate democrático. A lo largo de un proceso político, que tuvo la reforma constitucional como piedra angular, se dio, a la vuelta de un par de años, la concentración de los poderes del Estado en manos de adeptos al gobierno, quienes no respondían a otra autoridad que la del Presidente de la República. Pdvsa no podía escapar de este proceso de centralización del poder, su caída fue sólo cuestión de tiempo.

Obviamente el desmantelamiento de Pdvsa no fue un proceso lineal sino lleno de contradicciones, pero al fin y al cabo, inexorable. Doblegar a Pdvsa conllevó el paso de seis presidentes a la cabeza de la corporación en los primeros cinco años de gobierno. La tensión entre Pdvsa y el gobierno tuvo ciclos a lo largo de una tendencia creciente que terminó en el colapso gerencial y operativo de la corporación.

El primer año de gobierno fue testigo de la depuración de la alta gerencia que venía del gobierno anterior. Lo que nunca antes se había visto en Pdvsa ocurrió en poco tiempo. Los cuerpos gerenciales de más alto nivel fueron cambiados por su identificación con la institucionalidad anterior, y suplantados por adeptos al nuevo gobierno. No con base en méritos, sino en base a su adhesión política. El reemplazo incluyó el cambio del presidente de Pdvsa, Roberto Mandini, nombrado desde los rangos de la propia industria por el nuevo gobierno. Éste sería el último Presidente de Pdvsa en surgir del seno mismo de la corporación.

Como segundo Presidente durante el gobierno de Chávez, fue elegido un ex gerente que años antes había sido cesado de Pdvsa bajo acusaciones de corrupción, Héctor Ciavaldini. Bajo una presidencia simplemente mediocre y corrupta, Pdvsa se deterioró muy rápidamente a lo largo del año 2000, ocasionando un profundo desánimo y desmoralización en el personal de carrera.

El proceso de deterioro operativo e institucional se detuvo temporalmente con el nombramiento de Guacaipuro Lameda, un militar de carrera, como Presidente durante el tercer año de gobierno. Este general se identificó con la cultura de excelencia de la corporación, cultivada a lo largo de cinco lustros de existencia, y detuvo la discrecionalidad gubernamental en el manejo de Pdvsa. Esto lo pudo hacer, entre otras razones, por la reputación que se había ganado al interior del gobierno como jefe de la Oficina Central de Presupuesto. La reversión en la tendencia al deterioro de Pdvsa se manifestó en el aumento de la inversión, la actividad operativa y la producción en 2001.

Sin embargo, la identificación del tercer presidente de Pdvsa con la gerencia profesional de la corporación, terminó por costarle el puesto a principios de 2002. El cuarto presidente fue Gastón Parra, un oscuro profesor de La Universidad del Zulia, el cual durante toda su carrera acusó a la gerencia de Pdvsa de ser los representantes del capital transnacional en el país.

El nombramiento de este presidente fue una provocación y expresión del endurecimiento de la posición del gobierno frente a Pdvsa. Los empleados de carrera de Pdvsa rechazaron este nombramiento y el gobierno agudizó el conflicto, cuando el Presidente de la República cesó públicamente de sus cargos, a los líderes del movimiento gremial, en abril de 2002. Después de una movilización nacional masiva de apoyo a Pdvsa, la cual culminó con la renuncia del Presidente de la República, para después ser restituido, los empleados que habían sido cesados regresaron a sus cargos. La paz temporal se logró al nombrarse como quinto presidente de Pdvsa a Alí Rodríguez, quien venía de ser secretario general de la OPEP.

Sin embargo, las aguas nunca regresaron a su cauce, el conflicto entre el gobierno, por el control total de la corporación, y el personal de carrera, que defendía la autonomía operativa y los valores de excelencia bajo los cuales se habían formado, siguió latente y estalló abiertamente al plegarse los empleados petroleros a una huelga general nacional a principios de diciembre de 2002. El gobierno resistió, y la huelga culminó a principios de febrero de 2003, más de la mitad de los empleados y la casi totalidad del personal gerencial de Pdvsa fueron cesados o nunca regresaron a sus cargos. La exitosa corporación creada en 1975 dejo de existir como tal.

Rafael Ramírez, el sexto presidente de Pdvsa, era el ministro de Energía y los viceministros son los vicepresidentes de la corporación. Pdvsa no es sino una dependencia más del Ejecutivo nacional y el Presidente de la República es quien presentaba sus planes al país.

Gráfico 1
Producción de petróleo 1943-2004 (MMbd)

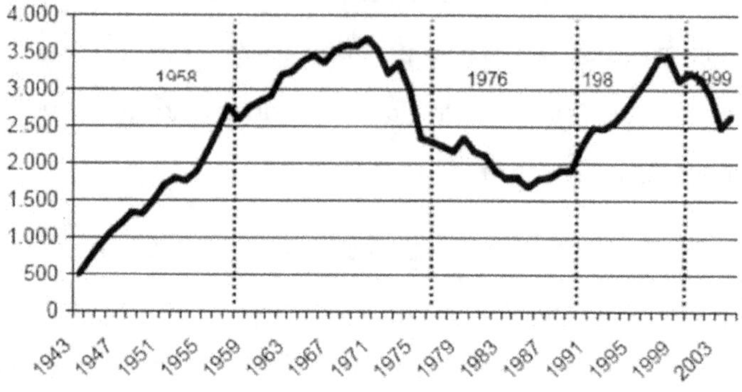

Fuente: *PODE* varios años.

Gráfica tomada de Revista Venezolana de Economía y Ciencias Sociales v.12 n.1 Caracas abr. 2006

Respondiendo a las dos orientaciones de política descritas anteriormente, se debe aclarar que la producción petrolera se expande entre 1990 y 1997, para contraerse desde entonces. A lo largo de la década de los años 90, la producción petrolera creció en más de 50 %, pasando de 2,3 a 3,5 MMbd, para regresar en la actualidad a un nivel de 2,6 MMbd, similar al de 1993. (Atención: estamos hablando de la producción en el año 2006. Hoy no se conoce con certeza cuánto es la producción nacional. Se cree que es menos de 2 millones de barriles diarios. (2 MMbd).

De acuerdo con lo informado por el actual Presidente de PDVSA, Eulogio Del Pino, el 20 de abril de 2015, Venezuela estaba exportando entre 2,4 y 2,5 millones de barriles de petróleo por día, de una producción que se ubica en 2,85 millones de barriles diarios. Sin embargo, las cifras de producción de Venezuela a menudo difieren de las estimaciones que hacen agencias internacionales de energía, que contabilizan un menor bombeo en el país, al usar una metodología diferente para cuantificar el crudo extrapesado. (29)

En algunos medios de comunicación, se afirma que la producción de petróleo de Venezuela cayó 130.000 barriles diarios (4,78%) entre enero y noviembre del año 2016: pasando de exportar 2,71 MMbd en enero de 20016, a 2,58 MMbd en noviembre de ese mismo año, según el reporte mensual de la Organización de Países Exportadores de Petróleo. (30)

La Organización de Países Exportadores de Petróleo reporta la producción venezolana de petróleo crudo en 2,373 MMbd y 2,369 MMbd para 2014 y 2015 respectivamente, según fuentes secundarias. De acuerdo con comunicación directa del Estado, la producción alcanzó 2,683 MMbd en 2014 y 2,654 MMbd en 2015. Por su parte, el Informe de Gestión Anual de PDVSA (2015) ubica la producción de crudo, incluyendo condensados, en 2,785 MMbd en 2014 y 2,746 MMbd en 2015.

Gráfico 5
Producción petrolera (crudo + condensados + líquidos) (MMbd) 1990-2004

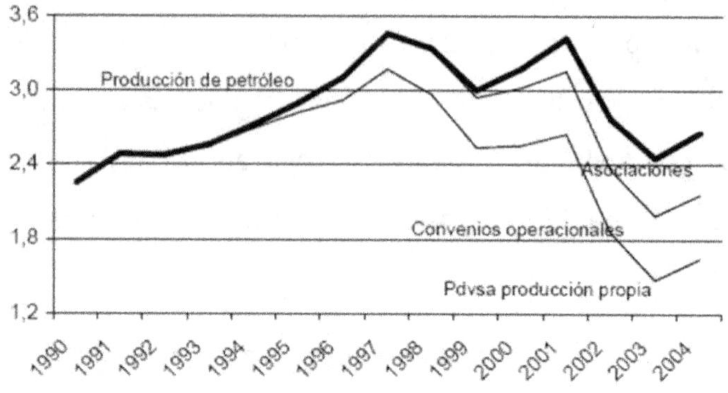

Fuentes: EIA-DOE, Pdvsa.

Gráfica tomada de Revista Venezolana de Economía y Ciencias Sociales
v.12 n.1 Caracas abr. 2006

Según el anuario estadístico de BP, la producción de petróleo alcanzó 2,719 MMbd, un aumento de 1,2% respecto a 2013, y 2,625 MMbd en 2015.

La producción venezolana durante la última década muestra una tendencia al declive, aunque el consumo doméstico se mantiene estable. En ese sentido, las últimas cifras del Informe de Gestión Anual 2015 (PDVSA, 2016) muestran cuatro años de caída consecutiva de la producción. En 2016 esta tendencia a la caída parece agudizarse en junio, cuando la producción mensual de crudo cae en 120 mil barriles diarios. (31) (32).

Desde 2001 la OPEP publica los datos de producción según fuentes secundarias. En 2011 los reportes de la OPEP incluyen la producción según comunicación directa de los estados.

A partir de 1999 se ha dado también un cambio cualitativo muy importante en la composición de la producción de petróleo en Venezuela. De la producción actual, poco más de 40 %, es decir, 1,1 MMbd, son generados con participación del sector privado, comparados con los 0,38 MMbd, o poco más de 10 % que éste producía en 1998. Hoy en día 0,6 MMbd se producen a través de Asociaciones Estratégicas entre empresas privadas y Pdvsa para la generación y transformación del crudo extrapesado de la Faja Petrolífera del Orinoco y 0,5 MMbd a través de Convenios Operacionales en los cuales empresas privadas producen crudo para Pdvsa.

Por consiguiente, la caída en la producción propia de Pdvsa es más que proporcional a la caída de la producción nacional. La producción propia de Pdvsa se ha reducido en más de la mitad de 3,2 MMbd en 1997 a 1,5 MMbd en la actualidad. La producción actual de Pdvsa es 0,75 MMbd, más baja que la de 1990.

En la medida en que ha aumentado la demanda del mercado doméstico, y el crudo sintético es exportado por las Asociaciones Estratégicas, la exportación de crudo de Pdvsa se ha contraído mucho más que la producción nacional de crudo. La demanda del mercado interno se ubica alrededor de 0,5 MMbd y 0,6 MMbd de la producción de crudo se exporta a través de las Asociaciones, con lo cual Pdvsa exporta en la actualidad 1,5 MMbd, la mitad comparados con 3,0 MMbd en 1997.

La producción de petróleo crudo en el país no ha recuperado el nivel de producción previo al colapso de la producción durante el paro de Pdvsa entre diciembre de 2002 y febrero de 2003. Como lo reporta la Agencia Internacional de Energía, la producción en la actualidad es más de 0,5 MMbd inferior a la producción previa al colapso. En la medida en que la producción de los Convenios Operacionales supera el nivel previo al paro, toda la caída en la producción se atribuye a Pdvsa. En particular, la producción más compleja en el occidente del país, ha disminuido ostensiblemente. La producción actual de Pdvsa se concentra en pocos yacimientos muy prolíferos en el oriente de Venezuela.

La primera pregunta que todo venezolano se debería formular es: ¿qué hay detrás del auge y la declinación de la producción de Pdvsa en los últimos quince años?

La repuesta se inicia por la afirmación de que en una nación petrolera, relativamente madura y con amplia experiencia en el ramo, como en el caso de la venezolana, la producción está íntimamente ligada al nivel de inversión. Debido a la alta tasa de declinación natural de la producción por agotamiento de los yacimientos, el mantenimiento de un nivel de producción en el país conlleva asociada, una cierta inversión: una menor inversión se traducirá inmediatamente en una caída de la producción.

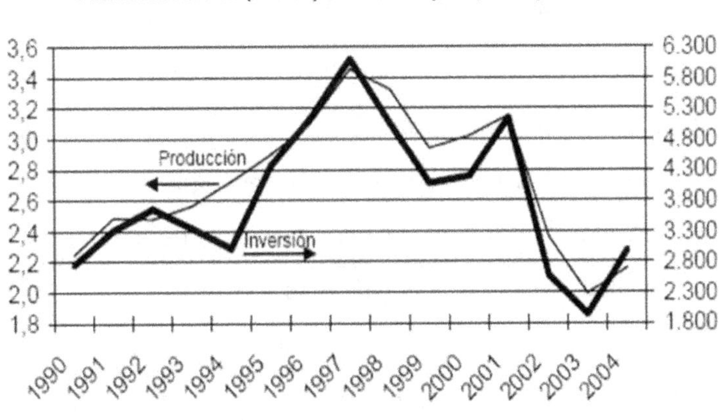

Gráfico 9
Pdvsa: Producción (MMbd) e inversión (MM\$ 2004) 1990-2004

Fuentes: Pdvsa, FMI.

Gráfica tomada de Revista Venezolana de Economía y Ciencias Sociales
v.12 n.1 Caracas abr. 2006

En el análisis de la correlación entre inversión y producción de petróleo en Venezuela se observa cómo el aumento de la producción entre 1990 y 1997 lleva apareada una inversión que, en números absolutos, casi duplica a la producción. Es decir, en 1997, por ejemplo, se invirtieron 6.300 MM\$ para una producción de 3,5 MMbd. De igual manera, la contracción de la producción hasta 2003-2004 lleva asociada una reducción a menos de la mitad del nivel de inversión de 1997. La correlación año a año queda de manifiesto en el aumento puntual de la inversión en 2001, lo cual conllevó el aumento de la producción ese mismo año.

El Presidente de Venezuela anunció en el año 2004, un Plan de Expansión de la producción petrolera en el país, muy en línea con lo que en el pasado fueron los planes de Pdvsa, con una sola diferencia, el país ahora no tiene una corporación nacional capaz de implementar esos planes. El grueso de la producción venezolana actual la realizan empresas transnacionales. Si el país quiere aumentar su producción en los próximos años, deberá recurrir a la capacidad de empresas privadas extranjeras, eso lo saben muy bien quienes llevaron al sector petrolero venezolano a las lamentables condiciones en que hoy se encuentra.

Dado que el superávit operacional se mantuvo constante como tendencia entre 1990 y 2004, el aumento de la inversión hasta 1997 tuvo como contraparte la caída de la participación del gobierno a lo largo de este período. Por el contrario, el aumento de la participación del gobierno hasta 2004 dejó a Pdvsa sin recursos para financiar la inversión y conllevó la caída de la producción a lo largo de este período.

(33)   *****

POLÍTICA PETROLERA DEL PRESIDENTE CHÁVEZ

En el seno de la Organización de Países Productores de Petróleo se aplicó una política de precios que condujo a un notable incremento del valor del barril en los mercados y, por tanto, a un enorme aumento de los ingresos por la venta de crudo, principal fuente de riqueza de Venezuela. El encarecimiento del petróleo se vio espoleado por vicisitudes internacionales, como la guerra de Irak o el embargo a Irán. Sin embargo, para mediados de 2014, los intereses de Arabia Saudí eran otros y Venezuela comenzó a sufrir las consecuencias de un vertiginoso descenso de precios. La revolución chavista, que había ascendido a la cima del poder encaramada en la ola de la alta cotización del barril petrolero, perecía estar sentenciada a muerte.

Según parece, Hugo Chávez fue bendecido por el hado de la buena fortuna, pues, durante su gobierno, el precio del petróleo pasó de un mínimo de 10,5 dólares el barril en 1998, a valer 103,4 dólares el barril en el año 2012. Esta última cifra que representa un incremento de 2,45% respecto a los 101,6 dólares por barril que alcanzó en 2011. De acuerdo con las cifras preliminares, publicadas por el Ministerio de Petróleo y Minería, en el primer trimestre del año, el barril venezolano se cotizó en promedio de 111,99 dólares. El pico más alto se registró en marzo, cuando alcanzó los 116,46 dólares. En el segundo trimestre, el oro negro venezolano tuvo una media de 103,47 dólares por cada barril. (34)

En los catorce años en los que el líder bolivariano estuvo en el poder, Venezuela produjo petróleo por un valor aproximado de un billón (un millón de millones) de dólares. Con unos ingresos tan generosos, el presupuesto venezolano fue también dadivoso en las políticas sociales, a las que en ese tiempo, según las cifras aportadas por el gobierno nacional y no constatada por ninguna fuente independiente, destinó quinientos mil millones, es decir, la mitad de la renta petrolera. Las holgadas finanzas también permitieron al gobierno chavista sustentar una política exterior con clara influencia en la región latinoamericana y caribeña. Esta conducta, a todas luces inconvenientes para Venezuela, fue vista por muchos analistas como una muestra de la inteligencia estratégica de Chávez: fondos de ayuda a las naciones aliadas del continente y petróleo en condiciones favorables para países del Caribe. Incluso, la generosidad chavista alcanzó a ciudades del primer mundo como Londres, Nueva York y otras. En la Gran Manzana, la compañía petrolera Citgo, filial en EE.UU. de la estatal Petróleos de Venezuela (PDVSA) , inició el viernes 8 de enero de 2010, por quinto año consecutivo, su programa de reparto de combustible para calefacción entre la población necesitada de un barrio neoyorquino. Los responsables de la iniciativa, que se realizaban en colaboración con la organización no gubernamental Energy Citizen, esperaban abastecer a 200.000 familias, al igual que hicieron en 2009, según explicó el presidente de la petrolera, Alejandro Granado.

Por sus numerosas acciones benéficas como las descritas anteriormente, Hugo Chávez fue saludado en el mundo como supremo benefactor de los menos favorecidos. No obstante, de cara a la realidad, el difunto mandatario no pasará a la historia de Latinoamérica por haber reducido la pobreza en Venezuela. Nada más lejos de la realidad. (35) (36)

Gran parte del contenido tratado en este capítulo, ha sido extraído del excelente artículo escrito por el Ingeniero industrial venezolano, Ramón Espinasa, titulado "El auge y el colapso de Pdvsa a los treinta años de nacionalización", y publicado en la Revista Venezolana de Economía y Ciencias Sociales v.12 n.1 en Caracas, en el mes de abril de 2006. Desde estas páginas recomendamos ampliamente la lectura del extraordinario trabajo del Ingeniero Espinasa.

*****

.- La ruina de PDVSA

La producción de PDVSA cayó en 2016 hasta un nivel de 2,5 millones de barriles/día, lo que significa una baja de 10 por ciento frente al periodo anterior y se ubica en el mismo nivel de hace más de dos décadas. Para este 2017, la producción también quedará en los mínimos históricos, pues se cree que solo subirá un mínimo de 5.000 barriles por día.

Como se sabe, la economía de Venezuela vive gracias al petróleo, y hoy en día, la recesión que agobia a la nación venezolana, no tiene precedentes: la caída del PIB es del 10 por ciento y se tiene tres años en esa situación. Las reservas internacionales en el Banco Central, han caído al mínimo y limita la capacidad de realizar las importaciones que se requieren para atender las necesidades internas.

Ante esta situación, la petrolera hace ingentes esfuerzos para garantizar el pago a los proveedores, entre los cuales se destacan los vendedores de diluyentes que se necesitan en la operación de crudos extrapesados, así como los planes para mantener las refinerías. Como se sabe, Venezuela comenzó a importar diluyentes en 2015 debido a la caída de su producción de crudo liviano y mediano, pero ha tenido problemas con los proveedores por la escasez de recursos para pagar.

Venezuela vende petróleo a China e India. En el primer caso, opera con un sistema de pago en crudo hasta 550.000 barriles por los créditos otorgados por el gigante de más de 50.000 millones de dólares. En el caso de India, la operación se hace en efectivo y se estima que oscila alrededor de los 350.000 bpd.

El 60% del crudo venezolano va para Asia. Recientemente, el Ministerio de Petróleo y Minería dio a conocer que Venezuela envía diariamente a China e India unos 1,3 millones de barriles. Como no hay estadísticas oficiales, el resto de las cifras deben ser estimadas.

Las ventas a China y la India representan el 54% de las exportaciones totales de crudo, cifradas éstas, actualmente, en unos 2,4 millones de barriles diarios. Si a ello se le agrega un 6% que va a hacia Singapur, pero cuyo destino final es mayormente China, se llega a un 60% del total.

El crudo que se envía a China está destinado mayormente a pagar los créditos rotativos que China le ha concedido al país desde 2007, y el Gran Fondo de Largo Plazo, que en el año 2010, Pekín puso a disposición de Caracas por 10 años. Para rematar el drama, debido a la fuerte caída de los precios del petróleo, Venezuela debió enviar en los últimos tiempos cada vez más crudo a China por el mismo importe en dólares.

En segundo lugar como compradores de petróleo venezolano se hallan Estados Unidos y la India, con sendos 20%. En enero de 2016, Estados Unidos compró a Venezuela 702 mil barriles diarios de crudo y sus derivados. Pero la tendencia es a la baja: en diciembre de 2015 habían sido 899.000 barriles diarios. (37)

PDVSA podría compensar su déficit de diluyente con un mayor mantenimiento de sus refinerías para que produzcan más nafta y reactivar una refinería en Aruba, que opera Citgo, pero ese objetivo podría verse truncado por los problemas de liquidez y los apagones permanentes e interrupciones en la operación. Esta es otra absurda paradoja: uno de los países que tiene la mayor cantidad de petróleo en el mundo, no solo tiene su población en la pobreza, sino que no tiene dinero para operar las plantas que le permitan extraer el petróleo.

En 1943, el gobierno de Venezuela expidió una ley para vivir del petróleo; en 1976, acabó con las concesiones a empresas extranjeras y todo pasó a manos del Estado, y en 1999, con Hugo Chávez, los hidrocarburos pasaron a manos del Gobierno, el gran petrolero, el dueño de la empresa que lo maneja todo, PDVSA. Se estima que el petromandatario manejó a su antojo en 14 años, una cifra superior a los USD 950.000 millones de dólares para fomentar un modelo económico y social que se ideó en lo que es considerado como el más rotundo fracaso de gobierno alguno. Hoy, los venezolanos hacen largas filas para comprar papel higiénico, o harina precocida de maíz, o comprar medicinas y toallas higiénicas. Para muchos venezolanos de escasos recursos, es una vida de mendigos.

La pérdida de calidad de vida en el país es todo un drama y quizá un ejemplo lo dice todo: en el país de la gasolina más barata del mundo, casi no se producen ni se venden automóviles. La industria automotriz está literalmente desaparecida, operando a menos de 10 por ciento de su capacidad. Un sector que alcanzó a producir 170.000 automóviles en 2007, produjo menos de 3.000 unidades en 2016, según la Cámara Automotriz de Venezuela.

En lo que respecta al sector automotriz, en Venezuela, la operación principal es el ensamblaje de automóviles, y para ello, las empresas automotrices necesitan importar gran parte de los materiales. Pero las empresas proveedoras no envían los componentes desde hace tres años porque el país no tiene divisas para pagar las importaciones, pues las filiales locales tienen muchas dificultades para acceder a los dólares oficiales, tampoco pueden repatriar el capital, ni cambiar sus bolívares. Están atados en el peor de los mundos.

Hace diez años la vida era otra, cuando se producían 170.000 carros y se importaba otro tanto. El auto era el símbolo de la riqueza del venezolano. Hoy día, en la ciudad de Valencia, un 75 por ciento de las plantas de ensamblaje de vehículos, están vacías. De los 11.000 trabajadores directos, solo unos 2.000 están activos y las otrora lujosas salas de venta y exhibición se han cerrado, o están en su mínima capacidad operativa.

¿De qué sirve tener la gasolina más barata que una barra de pan, o una botella pequeña de agua, si no se puede tener un carro? Para el venezolano de a pie, poseer un vehículo propio se ha convertido en un lujo muy costoso. Pese a las cifras, puede que no se haya tocado fondo. Aunque a corto plazo aumentaran los ingresos por petróleo, difícilmente el gobierno los destinaría de nuevo al sector si continuara la escasez de alimentos y medicinas, entre otras cosas. (38).

*****

UN AMARGO CHISTE PARA VENEZUELA

Una novedad: PDVSA compró en enero de 2016, 550.000 barriles de crudo a Estados Unidos, algo que nunca antes había sucedido en los 100 años de actividad petrolera de Venezuela. PDVSA adquirió el petróleo estadounidense para diluir los crudos pesados y extrapesados venezolanos, que alcanzan menor precio en los mercados y son más difíciles de vender.

Pero no solo es petróleo. Según fuentes de la agencia Reuters, la estatal venezolana PDVSA importó un embarque de 550.000 barriles de crudo de Estados Unidos para una de sus terminales en el Caribe. El cargamento fue embarcado en la costa estadounidense del Golfo de México y descargado el 28 de enero en la terminal Bullenbay en Curazao, según datos de rastreo de embarcaciones de Reuters. El proveedor del cargamento fue Citgo Petroleum, la unidad de refinación de PDVSA en Estados Unidos, agregaron los operadores. No está claro quién fue el vendedor inicial del embarque de crudo.

Según cifras oficiales del Departamento de Energía de los Estados Unidos, divulgadas recientemente, en diciembre del pasado año (2016), las importaciones de gasolinas y otros productos derivados del petróleo desde Estados Unidos por parte de Venezuela, sumaron 2,853 millones de barriles, lo que equivale a un promedio de 92.000 barriles por día (bpd). Esto significa que el país que encarna los demonios de la retórica incendiaria del chavismo, ya abastece, como mínimo, un 12% del mercado interno de combustibles y otros derivados del petróleo de Venezuela.   En noviembre de 2016, Venezuela le compró a su principal socio comercial otros 5,111 millones de bpd, es decir un promedio de 170.000 bpd.

Esta ha sido una de las cifras históricamente más altas, después que en diciembre de 2012 importó a través de Pdvsa 6,111 millones de barriles (203.000 bpd) en derivados y en septiembre de ese año otros 5,882 millones (196.000 bpd).

Ni siquiera después del paro petrolero iniciado en diciembre de 2002, Venezuela necesitó comprar tanto crudo y derivados del petróleo en otros mercados. Las exportaciones de este renglón de EEUU a Venezuela en febrero de 2003, fueron de 1,534 millones barriles, en tanto en enero de ese año se ubicaron en 709.000 barriles. En total las importaciones desde Estados Unidos en 2002 fueron de 4,130 millones de barriles y en 2004 se ubicó en 4,519 millones de barriles.

El 25 de agosto de 2012 ocurrió un desastroso incendio en la refinería de Amuay, la más importante de Venezuela y una de las mayores del mundo en capacidad instalada de procesamiento de crudos de 645.000 bd.

Según expertos petroleros, Pdvsa nunca se recuperó del todo de aquel siniestro y las instalaciones no han podido volver a trabajar a plena capacidad desde entonces. La petrolera niega esas afirmaciones y dice que trabaja con absoluta normalidad. Pero, de hecho, las importaciones venezolanas de gasolinas y otros derivados del petróleo se han mantenido firmes muy por encima del millón de barriles por mes desde finales de 2012. Las compras en diciembre pasado alcanzaron a 1,292 millones de barriles, que equivalen a 42.000 bd, según el reporte oficial de Estados Unidos (Pdvsa no divulga sus propias cifras).

Al precio promedio en el mercado ocasional que se facturó la gasolina de la Costa Este de Estados Unidos en diciembre de 2016, esos 1,292 millones de barriles costaron 84,9 millones de dólares aproximadamente. Eso es lo mínimo que pagó el país en dólares (sin contar costos de transporte, seguro y posterior distribución).

En enero pasado el precio de la gasolina se ubicó en $1,593 por galón para caer a 1,543 en febrero. Todavía no hay información oficial sobre cuánta gasolina y productos importó Venezuela en los primeros dos meses del año 2017.

La de diciembre de 2016, fue la tercera importación más grande de gasolina desde Estados Unidos, después de los 2,908 millones comprados en diciembre de 2012 (94.000 bpd) y los 2,541 millones en noviembre de ese mismo año (85.000 bpd). Por esa importación en diciembre de 2012, cuando el precio promedio para venta a revendedores en Estados Unidos estaba en $2,565 por galón, Venezuela seguramente debió desembolsar 313 millones de dólares.

En noviembre de 2012, a los precios del mercado, había pagado otros 287 millones de dólares. Venezuela se ha convertido en el segundo mayor cliente mundial de las gasolinas de Estados Unidos, después de México.

El país gobernado por el chavismo compra además importantes volúmenes de naftas necesarias para diluir hidrocarburos, lubricantes y oxigenantes para gasolinas, como el MTBE Metilterbutiléter, que eleva el octanaje). El aumento de las compras de productos y derivados a Estados Unidos ha acelerado la caída sostenida de las exportaciones netas al principal consumidor de energía del mundo.

Según datos aportados por la Agencia de Información del Departamento de Energía, E.E U.U. exportó en 2016 un promedio de 29.600 barriles/día de petróleo crudo a

Curazao, para ser usado por la refinería Isla, que es operada por Petróleos de Venezuela. "Reportes comerciales y el seguimiento de los movimientos de barcos cisternas, indican que las exportaciones de crudo de USA probablemente están siendo usadas para mezclar con crudo pesado venezolano, ya sea para procesarlo en la refinería Isla o para reexportarlo a clientes de Pdvsa", agrega la Agencia. (39)

*****

LA NUEVA PDVSA Y LA "SIEMBRA DEL PETRÓLEO"

Al poco tiempo de tomar el poder, el Presidente Hugo Chávez, a través del entonces Ministerio de Energía y Minas, Rafael Ramírez, comenzó a revisar la gestión de PDVSA, y acusó a la gerencia de la antigua PDVSA, de emplear una estrategia enfocada a arrebatar al pueblo, el control de los recursos petrolíferos, de adoptar una actitud antinacionalista y de estafar a la República. Se le acusaba de diversos casos de corrupción, de falta de transparencia y de perseguir sus propios intereses. De ser ciertas estas afirmaciones, sólo afianzaría la creencia generalizada de las compañías estatales pueden ser selectivas en la retroalimentación de la información y tienen el potencial para mantener al gobierno apenas informado y perseguir intereses estratégicos distintos.

A partir de 2001, cuando fueron aprobadas 49 leyes que afectaban a un amplio sector de la economía, la situación política del país se deterioró gravemente. Una de las situaciones más lamentables tuvo lugar en diciembre de 2002, cuando se produjo la huelga en la industria petrolera que se prolongaría hasta febrero de 2003. Este hecho afectó gravemente a la producción petrolera, que disminuyó desde 3,3 MMbd en noviembre de 2002, a 0,7 MMbd en enero de 2003, y cuyo volumen de producción ha costado mucho restaurar hasta los niveles anteriores a la huelga; aunque sin duda, lo más grave, fue el despido por parte del gobierno de 19.000 trabajadores de la industria que habían participado en la huelga. Estos hechos acentuaron en gran medida la fractura civil y política en Venezuela.

Con todo, el gobierno había emprendido una serie de medidas para que, según afirmaba, "PDVSA volviera a estar al servicio del pueblo". El Ministerio de Energía y Petróleo es ahora el encargado planificar, ejecutar y controlar exhaustivamente toda la industria del petróleo. Al respecto, los responsables de este Ministerio y de la estatal petrolera, presentaron en agosto de 2005, los Planes Estratégicos de PDVSA para el período 2005-2030, bautizados por el Presidente Chávez como "Siembra Petrolera", y cuyo presupuesto de inversiones hasta 2012, ascendía a 56.000 millones de dólares. Los lineamientos básicos del plan en materia petrolera hasta 2012 se dividieron en 5 ejes:

1.- Cuantificación y certificación de las reservas: se pretendía llevar a cabo un estudio integrado de la geología con el objetivo de administrar el recurso natural que se agota. Se había planteado reconocer y demostrar que en la Faja del Orinoco no hay bitumen, sino petróleo.

2.- Proyecto Orinoco, desarrollo de la Faja: se harían desarrollos de servicios y viviendas para garantizar una explotación petrolera adecuada. Fueron seleccionados 27 bloques que serían desarrollados por PDVSA y por empresas de capital privado.

3.- Refinación: en 2005 entró en vigencia una resolución que prohibía el uso del tetraetilo de plomo en todo el país. El aditivo sería sustituido por el etanol que se obtendría a través de la caña de azúcar, arroz y yuca. Para ello se ejecutaría un Plan Agroenergético a desarrollar en siete años. Asimismo, se tenía previsto fortalecer el complejo de refinación existente, particularmente las plantas de Puerto La Cruz y El Palito, que serían ampliadas. Se preveía también la construcción de tres nuevas refinerías para sumar una capacidad de procesamiento de 0,7 MMbd.

En este punto cabe destacar el estruendoso fracaso de lo que sería el "complejo azucarero más grande del mundo": El CAAEZ, que hoy día es una empresa prácticamente cerrada.

4.- Infraestructura: se habilitarían mejores mecanismos de transporte para garantizar el suministro de combustibles en todo el territorio nacional. También se planeó construir un gasoducto que cruzaría la frontera entre Venezuela y Colombia. Para el año 2010, esto aún estaba en la fase de construcción. Sobre este punto volveremos un poco más adelante.

5.- Integración energética: también en 2005 se suscribió Petrosur, con lo que se avanzaba en la planificación de proyectos. Venezuela suplirá, directamente, volúmenes de crudo y productos al Caribe a través de la firma de Petrocaribe, que también prevé la ampliación de la capacidad de refinación en esa zona. Además, se fabricarían 40 nuevos buques cisternas para lograr que al menos el 45% de las exportaciones venezolanas de crudo fuesen transportadas por la flota de PDVSA.

.- Petrosur

Petrosur es un habilitador político y comercial promovido por el gobierno de Hugo Chávez, que, con el apoyo de Brasil, Argentina y Uruguay, establece mecanismos de cooperación e integración sobre la base de la complementariedad, haciendo uso justo y democrático de los recursos energéticos. Petrosur busca minimizar los efectos negativos, que sobre los países de la región tienen los pagos por concepto de energía, mediante la disminución de los costos de las transacciones a través de la eliminación de la intermediación, el acceso al financiamiento preferencial y el aprovechamiento de las sinergias comerciales para solventar las asimetrías económicas y sociales

La estrategia de PDVSA está orientada fundamentalmente a explotar los enormes recursos de la Faja del Orinoco, hasta tal punto que se prevé la creación de una nueva ciudad cerca de la Faja para poder explotarlos. Sin embargo, tal y como se ha explicado anteriormente, la política de valorizar y explotar los recursos de la Faja es algo contradictoria con respecto a la política fiscal de la Ley de Hidrocarburos en referencia a los petróleos no convencionales. En este sentido, quizá se debería flexibilizar más dicha Ley con el objetivo de animar a los inversores privados a participar en el negocio, de manera que se compense, en la medida de lo posible, la inestabilidad política que reina en el país, y que supone un factor decisivo en los planes de inversión de los agentes privados internacionales. Los responsables de PDVSA y del gobierno, saben que sin la inversión privada tardarían muchos más años en explotar los yacimientos, debido principalmente a las limitaciones financieras de la empresa estatal y a que los proyectos a realizar son altamente intensivos en capital.

En cuanto a la orientación comercial de la industria, se produjeron avances en materia comercial con China, mientras que las relaciones con Estados Unidos empeoraron. Efectivamente, la diversificación de la cartera de clientes, incluyendo al segundo mayor consumidor de petróleo del planeta, China, es una estrategia que puede dar grandes frutos a mediano y largo plazo. No obstante, ha de tenerse en cuenta que transportar el petróleo desde Venezuela hasta China es más caro que hacerlo desde Oriente Medio (donde se produce un petróleo más liviano), por lo que a priori, los chinos pueden tener un menor incentivo a comprar petróleo venezolano. Amenazar a Estados Unidos con no venderle más petróleo no parece que sea una estrategia acertada, más aún cuando los estadunidenses poseen las refinerías adecuadas para procesar el crudo venezolano, más pesado y con mayor contenido de azufre, que los de Oriente Medio.

Por otra parte, en materia de cooperación energética, la política petrolera del gobierno actual se ha caracterizado por el cumplimiento de no producir por encima de la cuota establecida por la OPEP (con gobiernos anteriores esto no fue así), y por la integración y cooperación energética con América Latina y el Caribe (ALC). Con respecto a las cuotas de la OPEP, es posible que el objetivo de reclasificar las reservas de la Faja del Orinoco tenga en parte que ver con el aumento de la cuota de producción de la OPEP, ya que al aumentar las reservas de Venezuela, aumentaría su cuota OPEP, y la nación podría vender más barriles de petróleo. Por otra parte, Venezuela ha suscrito acuerdos diferentes de cooperación energética con varios países para el suministro de petróleo. A través del Acuerdo de Cooperación Energética para Países de Centroamérica y el Caribe (Acuerdo de San José), México y Venezuela suministrarán 160.000 barriles (80.000 cada uno) de crudo y productos a precios más baratos que los del mercado a las naciones de Centroamérica y el Caribe: Barbados, Belice, Costa Rica, El Salvador, Guatemala, Haití, Honduras, Jamaica, Nicaragua, Panamá y la República Dominicana. En 2000, se firmaron dos acuerdos más, el Convenio Integral de Cooperación entre Venezuela y Cuba y el Acuerdo Energético de Caracas con países del Caribe. Asimismo, dignatarios del Caribe decidieron en 2005 la creación de Petrocaribe, un órgano habilitador de políticas y planes energéticos, dirigido a la integración de los pueblos caribeños mediante el uso soberano de los recursos naturales energéticos en beneficio directo de sus pueblos. En definitiva, Venezuela, con el Presidente Chávez a la cabeza, está potenciando y liderando un movimiento de cooperación energética en ALC, proporcionando petróleo en condiciones ventajosas a un gran número de países de la región. Sin dudar de las buenas intenciones del gobierno bolivariano ni de las de su Presidente, cabe destacar que este impulso reciente del "paternalismo estatal a escala regional" se produce en un contexto de precios elevados del petróleo.

La conclusión principal que se extrae de los Planes Estratégicos de PDVSA para los próximos años, es que Venezuela va a seguir concentrando todos sus esfuerzos en materia de desarrollo económico en la industria petrolera. No se observa ninguna política definida en materia de investigación y desarrollo, ni tampoco se vislumbra la posibilidad a corto plazo de que PDVSA diversifique su negocio, por ejemplo hacia el campo de las energías limpias (como está haciendo BP, por ejemplo). BP es una empresa que ha diversificado sus actividades desarrollando nuevos negocios en el campo de las energías limpias. Por lo tanto, los esfuerzos venezolanos se aglutinan, una vez más, en el petróleo principalmente, y en menor medida en el gas, con las nocivas consecuencias que esto puede seguir teniendo sobre la industria manufacturera y sobre el sector agropecuario. De momento, PDVSA y Venezuela, tal y como afirmaba en agosto de 2005 el propio Presidente Chávez en el discurso de presentación del plan "Siembra Petrolera", el petróleo será el eje fundamental del desarrollo de la República. Sin duda, Venezuela seguirá siendo un país petrodependiente por muchos años. (40)

*****

EL GASODUCTO VENEZUELA- COLOMBIA

El día 8 de julio de 2006, entre bombas y platillos, los presidentes de Colombia, Alvaro Uribe, de Panamá, Martín Torrijos, y de Venezuela, Hugo Chávez, anunciaban el inicio de la construcción de la interconexión para transportar gas natural entre Colombia y Venezuela. Los tres presidentes, tocados con cascos y provistos de lentes especiales, presenciaron de pie, cómo los soldadores tendieron el cordón de soldadura que unió dos largos tubos del gasoducto. La operación hizo las veces de inauguración oficial de la obra. La tarde de aquel sábado 8 de julio de 2006, era calurosa, pero promisoria. Álvaro Uribe, Hugo Chávez y Martín Torrijos, como los tres mosqueteros, sellaban el comienzo de un acuerdo que podría materializar el sueño integrador del Libertador Simón Bolívar.

El tramo que empezó a construirse ese día, tendría 225 kilómetros de longitud, 89 de ellos en territorio colombiano, y requeriría una inversión de 230 millones de dólares, que serían aportados íntegramente por Venezuela. Una vez terminada, la tubería conectará la costa oriental del Lago de Maracaibo, en Venezuela, con los yacimientos colombianos de Puerto Ballena, al oeste de la península de la Guajira, y podría transportar, diariamente, hasta 200 millones de pies cúbicos de gas metano. De momento, el gasoducto serviría para que Colombia enviara gas a Maracaibo durante cuatro años y luego, una vez conectada esa zona con los yacimientos del oriente venezolano, hecho que ocurriría en el año 2011, serviría para llevar gas natural desde el oriente venezolano hasta la república colombiana.

Estaba previsto que el "Gasoducto Transcaribeño", como se denomina oficialmente, tuviera otros tramos que lo conducirían hacia Panamá, y de allí al Océano Pacífico y al mercado centroamericano. La posibilidad de que Panamá se uniera al proyecto, fue planteada por Chávez a Torrijos durante una visita oficial del mandatario venezolano a la Ciudad de Panamá, el pasado 22 de junio de 2006. Durante el acto no se precisó cuándo podría emprenderse la extensión de la tubería hasta Panamá; luego, atraviese Centroamérica y llegue, según los proyectos que se manejan, hasta la región de Puebla, en el centro de México.

Para aquel momento, Venezuela tenía unas reservas probadas de gas de más de 151,5 billones de pies cúbicos de gas que son las mayores de Sudamérica y las octavas del mundo. Además del "Gasoducto Transcaribeño", el gobierno de Chávez también estaba embarcado en el proyecto del "Gran Gasoducto del Sur" que saldría de los yacimientos de la región oriental venezolana y llegaría hasta Argentina. Existía la posibilidad cierta de que cuando Chávez tuviese la oportunidad de pensarlo un poco, se le ocurriría extender este gasoducto hasta la Antártida, para calentar a las focas y a los pingüinos del polo sur. (41).

El 02 de Enero de 2016, después de 5 años de atraso, era el día que estaba pactado para que Ecopetrol, la empresa petrolera colombiana, comenzara a importar gas desde Venezuela. Pero, la petrolera venezolana PDVSA volvía a incumplir su compromiso de enviar gas a Colombia: el suministro de 39 millones de pies cúbicos del combustible venezolano que entraría al país por cuenta de esta compañía, no llegaron ese día, como lo esperaba el gobierno colombiano. Así lo confirmó el Ministerio de Minas y Energía, quien añadió que, desde 2013, Colombia estaba a la espera de que la compañía venezolana PDVSA, cumpliera con las exportaciones que se pactaron con Ecopetrol. *"La importación de gas desde Venezuela hace parte de un acuerdo entre los dos países cuyo fundamento es establecer una relación de mutuo beneficio y bajo el cual Colombia exportó gas durante aproximadamente ocho años hacia la nación venezolana; ahora Venezuela debe hacer lo propio una vez desarrollados sus proyectos de producción"*, señaló el alto funcionario de Minas y Energía colombiano. Aunque el mismo comunicado señala que Ecopetrol ya le había pedido a PDVSA "informar prontamente la nueva fecha en que podrá iniciarse dicha operación". Esta noticia causó honda preocupación en la industria local. Esto se debía a que el gas venezolano estaba entre las cuentas del gobierno colombiano para evitar un desabastecimiento en el mercado nacional. (42)

.- Preocupación colombiana por un negocio que parecía evaporarse

Ya, desde abril de 2010, se anunciaba que Venezuela enfrentaba dificultades técnicas y diplomáticas para honrar, a partir de 2012, los compromisos de venta de este hidrocarburo a Colombia a través del gasoducto Transcaribeño. Pero también se informaba, con marcado optimismo, que los hallazgos en la costa de Falcón, podrían consolidar la oferta necesaria, posiblemente para el año 2014.

Sin embargo, diez años después de aquella calurosa tarde de julio de 2006, una serie de razones climáticas y diplomáticas amenazaban con evaporar los esfuerzos hechos para que esta iniciativa cumpliera con sus dos objetivos fundamentales: mitigar el déficit de gas en la región occidental del país y dar los primeros pasos hacia la integración entre naciones de América Latina a partir de la comercialización de este hidrocarburo. Hoy día, distintos aspectos técnicos y de infraestructura se han unido formando una mezcla corrosiva que le ha impedido a Venezuela honrar el compromiso de revertir los envíos de gas hacia Colombia a partir de 2012. Sólo la voluntad política y la ejecución puntual del proyecto Rafael Urdaneta, a partir de los nuevos yacimientos de gas recientemente descubiertos en las costas del Estado Falcón, permitirían consolidar la oferta de hidrocarburos necesarios para cumplir con el contrato signado entre las estatales Petróleos de Venezuela (Pdvsa) y Ecopetrol, pero será a partir de 2014. (43)

El día 7 de julio de 2016, seis meses después de lo previsto, y después de muchos inconvenientes, retrasos, recortes, suspensiones y tirantes declaraciones de personeros gubernamentales por ambos lados, el Gobierno de Venezuela anunciaba que en los próximos días estaría listo para iniciar la exportación de gas hacia Colombia. El anuncio estuvo a cargo del Ministro para Petróleo y Minería venezolano, Eulogio del Pino, quien, sin embargo, no especificó cuándo comenzaría la venta del combustible al país vecino. Según el titular de la cartera energética venezolana, dichas exportaciones serían de alrededor de 39 millones de pies cúbicos diarios. La devolución del gas al vecino país, como parte del acuerdo hecho con Colombia, estaba previsto para realizarse desde el pasado primero de enero, pero, según funcionarios del gobierno venezolano, debido a la ocurrencia del fenómeno del Niño, esto no fue posible, ya que el gas existente en aquel tiempo, fue empleado para suplir las necesidades de abastecimiento en Venezuela. De nuevo, la culpa del incumplimiento de los acuerdos internacionales por parte del gobierno venezolano, cuando no es de un tercero, es de la vaca.

El funcionario del Gobierno venezolano explicó que el gas que se espera llegue a Colombia en los próximos días, será producido mayoritariamente en el yacimiento Cardón IV, ubicado costa afuera. Este inició su producción en el 2015, y sus inversionistas son actores privados. De acuerdo con Del Pino, ese yacimiento produce actualmente unos 600 millones de pies cúbicos por día, con lo cual queda completamente cubierta la demanda interna, y por tal motivo es posible realizar la venta de una fracción de ella. (44).

No obstante, el día 28 de septiembre de 2016, una vez más, se hacía el anuncio oficial del inicio de las exportaciones de gas desde Venezuela a Colombia. "Por fin Venezuela comenzará a vender gas a Colombia a partir de diciembre de 2016". *"Este es un gran paso para la industria gasífera nacional, ya que por primera vez en la historia de nuestra industria petrolera exportaremos gas natural por medio de tuberías"*, indicó el presidente de la filial PDVSA gas,

Carlos Henao. Ese día, la compañía PDVSA recordó que construyó en el año 2007 un gasoducto de 26 pulgadas de diámetro y 200 kilómetros de longitud, que conecta el Estado Zulia con el Departamento de La Guajira, de la República de Colombia. Venezuela había importado gas desde Colombia hasta julio del año 2015, y según lo planificado, en esta segunda fase PDVSA iniciará la exportación de gas hacia el vecino país. (45)

En este momento, no estamos en capacidad de informar, si en efecto ya Venezuela comenzó, al fin, a exportar gas natural hacia la vecina Colombia. No obstante, el 30 de marzo de 2017, El Jefe de Estado, Nicolás Maduro, durante su visita al stand que colocó la filial gasífera en la Expo Venezuela 2017, realizada en el Poliedro de Caracas, destacó que hacía apenas algunas semanas atrás, Venezuela había firmado un convenio para exportar gas a la hermana nación de Trinidad y Tobago; hecho histórico que, además de fortalecer las relaciones bilaterales entre ambos países, permitirá el intercambio comercial mediante enormes gasoductos. *"Con proyectos como éste haremos historia en nuestra tierra, en el continente y el mundo"*, expresó.

El presidente Maduro resaltó además que existen las condiciones necesarias para expender este recurso natural a la hermana República de Colombia. *"Tenemos el majestuoso gasoducto Transcaribeño Antonio Ricaurte, una obra construida e inaugurada por el Gigante Eterno, Hugo Chávez, y a través de él surtiremos de gas a la patria colombiana. Este es el legado del padre de la Revolución Bolivariana, continuemos profundizándolo"*, afirmó. (46)

*****

CASO ORIMULSIÓN: ¿TRAICIÓN A LA PATRIA?

Hacia finales del año 2010, el presidente Hugo Chávez anunció su intención de embarcar a Venezuela, con la asesoría de Rusia e Irán, en el proyecto de construcción de una planta nuclear, la cual, estaría destinada a la generación de energía termoeléctrica. El mandatario venezolano afirmó que había iniciado conversaciones con los gobiernos de aquellos países sobre el establecimiento de convenios energéticos, específicamente en la posibilidad de construcción de una planta nuclear con fines pacíficos. La iniciativa del ejecutivo, sin duda, venía a tratar de dar respuesta al severo déficit de generación y transmisión de electricidad que durante aquel año afectó severamente a buena parte de las regiones del país.

Desde hace varios años, pero en particular durante todo el año pasado, 2016, Venezuela ha vivido un largo período de apagones y de racionamientos eléctricos, además del requerimiento de las autoridades en el sentido de que los venezolanos disminuyeran el consumo eléctrico. Estos hechos demostraban que Venezuela estaba al borde de una nueva crisis eléctrica como la que se vivió entre 2009 y 2013. Incluso, el Ministro del Poder Popular para la Energía

Eléctrica y Presidente de Corpoelec, Luis Motta Domínguez, advirtió que el sistema eléctrico podría colapsar en el mes de abril si no se tomaban urgentes medidas de racionamiento. Según el ministro Motta Domínguez, la crisis actual era un problema de carácter "coyuntural" producto de la sequía originada por el fenómeno climático "El Niño", el cual había hecho descender el nivel del agua de la Central Hidroeléctrica del Guri, hasta valores mínimos históricos.

A diferencia del ministro, varios especialistas consultados consideraban que la crisis era de tipo "estructural" y respondía a múltiples factores que se habían producido a lo largo de los últimos 18 años, deteriorando considerablemente el Sistema Eléctrico Nacional (SEN) y afectando la calidad de vida de los ciudadanos. De acuerdo con un informe que el Grupo Ricardo Zuloaga entregó a la bancada de Oposición de la Asamblea Nacional, la situación del sector eléctrico en 2016 "presentaba una condición de insuficiencia, en la capacidad de generación operativa, de mayor gravedad que cualquiera de los años precedentes". De acuerdo al diagnóstico del sector eléctrico presentado el equipo de ingenieros del Grupo Ricardo Zuloaga, durante los años del gobierno de la revolución, se originó una crisis que ha evolucionado a tal punto que el sector eléctrico pasó de ofrecer un servicio continuo en 1999, a brindar un servicio con frecuentes interrupciones en 2007, para finalmente operar, en 2016, como un sistema de racionamiento continuado.

Una de las medidas polémicas que han tomado las autoridades venezolanas desde hace algunos años, ha sido la de imponer el racionamiento eléctrico a los centros comerciales en determinados horarios, solicitando que durante el resto del horario de funcionamiento, autogeneren la energía necesaria. Para el ingeniero hidráulico Jesús Gómez Medina, miembro de la Comisión de Energía de la Academia Nacional de Ingeniería y Hábitat, la emergencia eléctrica actual es "el producto de 18 años de políticas erradas, desconocimiento del SEN, falta de profesionalismo y desidia".

Gómez recuerda que a mediados de la década de los años 40 se crearon los sistemas de planificación en materia eléctrica, y afirma que durante las anteriores cuatro décadas, se establecieron planes congruentes de expansión del SEN, hasta lograr una cobertura superior al 90% del país con una confiabilidad excelente. "Estos proyectos se abandonaron y nunca más se establecieron planes de construcción de plantas de generación y expansión del sistema de transmisión, que fueran en paralelo con el crecimiento de la demanda", denuncia el consultor en materia hidroeléctrica.

Similar opinión comparte el ingeniero electricista Miguel Lara Guarenas, ex gerente general de la Oficina de Operación de Sistemas Interconectados (OPSIS), para quien la situación actual es consecuencia directa del "modelo de gestión aplicado al sector", que privilegia la improvisación, y de una serie de decisiones gubernamentales, entre las que señala enfáticamente la sustitución y desplazamiento de los profesionales de la industria eléctrica por personal sin conocimiento ni experiencia; la falta de mantenimiento adecuado; y la paralización, postergación o retraso en la culminación de varios proyectos de expansión eléctrica. (47) (48) (49).

A propósito de esta situación, es necesario recordar uno de los pocos aportes tecnológicos que ha producido la nación venezolana conocido como la Orimulsión, y que tiene una formidable utilidad cono combustible para el desarrollo de redes eléctricas.

La pregunta de rigor que es necesario responder es: Si tenemos abundantes recursos energéticos y poseemos la tecnología que dio origen a un producto que puede generar una energía primaria de bajo costo, competitivo, eficiente y poco contaminante para la generación de electricidad, entonces, ¿por qué tenemos que recurrir a la peligrosa energía nuclear para solventar nuestro déficit eléctrico?

Estamos hablando de la Orimulsión, un tipo de combustible netamente venezolano, que reúne los impresionantes atributos antes citados.

.- Antecedentes

Durante una comparecencia en la Comisión de Energía y Minas de la Asamblea Nacional, Víctor Poleo, un economista y experto petrolero que inicialmente simpatizaba ideológicamente con el liderazgo del Presidente Chávez, pero no así con su política petrolera, dijo algo muy interesante: *"Se considera un lugar común señalar que es un imposible físico mezclar el aceite con el agua. Sin embargo, un ingeniero venezolano en San Tomé, de nombre Gilberto Zerpa, lo logró en junio de 1981"*. Este es el origen del combustible fósil, llamado Orimulsión.

En efecto, la Orimulsión es un producto energético de creación 100% venezolana, resultado de las investigaciones hechas en Intevep y en la Universidad de los Andes, las cuales concretaron los procesos tecnológicos que hicieron comercial este producto. Básicamente, la Orimulsión es una tecnología para el transporte de los crudos resistentes a fluir.

El bitumen natural, es pegajoso, espeso y se solidifica fácilmente. Tiene grandes propiedades energéticas y se puede utilizar como alternativa frente al carbón, el gas y el petróleo. El trasportarlo fue un enorme problema sin solución hasta que apareció la Orimulsión, una mezcla que combina dos partes de crudo extrapesado, de menos de 10 grados API (American Petroleum Institute), es decir, casi un carbón, y una parte de agua, más aditivos surfactantes que permiten el transporte de la mezcla. La emulsión fue probada con éxito en docenas de plantas termoeléctricas de América, Europa y Asia, y resultó más barata, de mayor poder calórico y más limpia que el carbón. Los expertos afirman que como combustible tiene un alto valor y es enormemente competitivo para ser utilizado en plantas termoeléctricas.

Uno de los objetivos del instituto tecnológico venezolano del petróleo (INTEVEP) consistió en encontrar la manera de transportar los crudos de alta viscosidad (no convencionales) de la Faja del Orinoco con el fin de poder comercializarlos. Sin embargo, los investigadores dieron con un nuevo combustible al darse cuenta de que la emulsión de bitumen con agua podría quemarse directamente y servir como carburante para las centrales eléctricas y otros sectores industriales. Después de diversas pruebas y proyectos pilotos en diferentes plantas, PDVSA decidió iniciar la comercialización de la Orimulsión en 1988, creando para ello una empresa subsidiaria: Bitúmenes del Orinoco, S.A. (BITOR). En 1991, ya había tres centrales térmicas utilizando la Orimulsión como combustible: dos en el Reino Unido, y una en Japón. Fue en 1993, cuando se terminó el primer módulo para la manufactura de Orimulsión (MPE-1), con una capacidad inicial de producción de 5,2 millones de toneladas métricas anuales (5,2 MMTA). Lentamente, y con grandes esfuerzos, comerciales y tecnológicos, el novedoso combustible fue penetrando en el mercado energético mundial, despertando el interés de un buen número de operadores del sector de la energía eléctrica en todo el mundo. En 1996, siete centrales eléctricas ya utilizaban la Orimulsión como combustible y se estaban realizando pruebas en otras cuatro plantas. Se proyectó construir un total de cuatro módulos y expandir la producción hasta 20 MMTA para el año 2006.

En los primeros años del gobierno de Chávez, concretamente en 1999 y 2000, el Presidente promocionó internacionalmente la Orimulsión como un combustible revolucionario producto de la tecnología venezolana. Fue también en 1999 cuando se desarrolló la nueva generación del combustible Orimulsión (en ocasiones denominado Orimulsión 400), más limpio y eficiente. En el año 2001 se firmó un acuerdo con las empresas chinas China National Oil Development Corporation (CNODC) y Petrochina Fuel Oil, por el que se creaba la Asociación Orifuel Sinovensa para la construcción del segundo módulo de Orimulsión (MPE-4), que produciría 6,5 MMTA para el mercado doméstico chino. Un año más tarde, el Ministerio de Energía y Minas dio un gran impulso a la Orimulsión al establecer un plan de promoción del combustible en el mercado eléctrico nacional, afirmando que Venezuela es poseedora de las mayores reservas de bitumen del mundo y que el uso de la Orimulsión en las centrales eléctricas beneficiaría a los consumidores. En junio de 2003, el gigante estatal Petróleos de Venezuela (Pdvsa) presentó la orimulsión como una estrella a 400 empresarios congregados en la meridional ciudad estadounidense de Houston, la capital mundial del petróleo, y en agosto pactó con un consorcio de Corea del Sur producir y suministrar a ese país otras 6,5 millones de toneladas al precio de 45 dólares por tonelada métrica (45 \$/TM).

Posteriormente, en agosto de ese mismo año, sorpresivamente, se decide disolver BITOR, y se anuncia la cancelación del "proyecto Orimulsión". A partir de entonces se generó una polémica entre los expertos petroleros de Venezuela; además, PDVSA fue demandada por 1.700 millones de dólares por incumplimiento de contrato por parte de la planta NB Power (New Brunswick, Canadá). Hasta la fecha, ni desde PDVSA, ni desde el Ministerio de Energía y Petróleo, se ha vuelto a valorar la opción de retomar el proyecto; más bien, se ha hecho lo contrario, ya que, en 2004 se tomó en consideración vender el módulo existente (MPE-1) de BITOR-PDVSA a la Asociación Orifuel Sinovensa.

La Agencia Internacional de Energía había realizado un estudio de las inversiones en el área energética para los próximos 25 años, donde estimaba la necesidad de inversión de unos 10 billones de dólares para el desarrollo de infraestructura en el sector de generación eléctrica. Ante esta realidad, podemos estar claros del colosal valor comercial que la Orimulsión tendría en el futuro, si este producto lograba desplazar al Carbón y al gas natural como combustibles para la generación de electricidad, tal como parecía que sucedería hasta que Chávez decidió, unilateralmente, la eliminación de Bitúmenes del Orinoco (BITOR) como filial de PDVSA, y en consecuencia, de la desaparición de la Orimulsión de los mercados petroleros.

.- Fuera del mercado

En el año 2004, el entonces diputado Roger Rondón, ex Presidente de la Comisión de Energía y Minas de la Asamblea Nacional, llamó la atención sobre el problema de la Orimulsión. En su oportunidad, este parlamentario discrepó frontalmente con el Ministro Rafael Ramírez por haber recomendado, junto a la directiva de PDVSA, la disolución de Bitor como filial de la estatal petrolera para convertirla en un simple departamento de esta corporación en el Oriente del país. Rondón no sólo fue destituido de la Comisión que presidía, sino que, además, fue expulsado del partido político Podemos, por instrucciones directas del jefe de la fracción parlamentaria de esa organización política, para ese entonces aliado del chavismo. Rondón fue expulsado de ese partido por no seguir los lineamientos oficiales. Las opiniones del diputado expulsado, arrojaron elementos que nunca fueron aclarados, toda vez que denunciaba, incluso, un inmenso daño patrimonial para la nación como consecuencia de esta decisión de PDVSA.

Según lo que exponía el diputado Roger Rondón y los expertos petroleros que lo asesoraban, como Víctor Poleo y Rafael Quiroz, lo que había venido ocurrido con la Orimulsión se explicaba por la actitud complaciente que a su juicio tuvieron el Ministro Ramírez y la directiva de PDVSA, frente a los intereses de las corporaciones energéticas asociadas al Carbón y al gas. Según Poleo, por ejemplo, los Estados Unidos tienen reservas de Carbón para los próximos 250 años y este recurso se destina como combustible para atender a la demanda doméstica de generación eléctrica en la nación del Norte. Al parecer, se trataría simplemente de hacer difícil la presencia de la Orimulsión como fuente de energía primaria en el mercado internacional, por el peligro económico que éste representaría para los intereses económicos de las grandes corporaciones energéticas, por la posibilidad de que esta tecnología, netamente venezolana, sustituyera a otros combustibles fósiles como fuente de energía eléctrica.

Se había comprobado que la Orimulsión era un producto altamente competitivo ya que como combustible, tenía un costo menor para plantas termoeléctricas, que sus rivales, el Carbón y el gas natural. Pero además tenía otros atributos: la Organización Mundial de Comercio (OMC), no calificaba al bitumen como petróleo, y por lo tanto, no pagaba los impuestos que pagan los derivados de los hidrocarburos. Por el mismo hecho de no ser considerado petróleo, tampoco su exportación formaba parte de las cuotas de la OPEP.

Pese a la posición de Gran Bretaña, gran proveedor de Carbón para el continente europeo y asiático, países como China, Italia, la India, Dinamarca, Noruega, Japón, Corea del Sur, suscribieron contratos de suministro con Venezuela para que PDVSA les garantizara este producto energético. Italia y China, fundamentalmente, realizaron cuantiosas inversiones para adaptar la tecnología de sus plantas termoeléctricas a la Orimulsión venezolana. Con la desaparición de Bitor como filial, y la cancelación unilateral de muchos de estos contratos, se generó una controversia entre expertos petroleros sobre el tema. Sin embargo, como bien dice Víctor

Poleo, a nivel de la opinión pública nacional, este asunto no se ha ventilado con la profundidad que se requería. Creemos que la mayoría del pueblo venezolano, ni siquiera se enteró de las vicisitudes que rodearon el caso de la Orimulsión. O, ¿será que no le importó para nada?

.-Se decreta el final de una patente venezolana

El 22/09/ 2007, el Ministro de Energía y Petróleo, Rafael Ramírez, anunció que PDVSA ponía fin a la producción de Orimulsión. Según se difundió oficialmente, esta decisión fue el resultado de una revisión exhaustiva del referido producto energético por parte del gobierno, el cual concluyó que la Orimulsión no era un uso apropiado para los crudos extra pesados venezolanos.

Los antecedentes de todo este asunto de la Orimulsión nos remiten al año 2003, cuando el entonces Ministerio de Energía y Minas, Rafael Ramírez, determinó que las reservas existentes en el área de producción asignada a Bitor, eran de crudos extra pesados, y en consecuencia, las reclasificó de esta manera. Por esta razón, en la reforma a la Ley Orgánica de Hidrocarburos, se eliminó toda referencia a los bitúmenes. También se estableció que el mejoramiento de los crudos extra-pesados e incluso la mezcla de los crudos extra-pesados con otros crudos más livianos, resultaban en una mayor valoración del recurso natural, que la transformación del mismo en Orimulsión.

El único documento oficial en el que se exponen las razones por las cuales fue cancelado el "proyecto Orimulsión" es un estudio realizado por el Dr. Bernard Mommer, Director-Gerente de PDVSA en el Reino Unido, a petición del entonces Ministerio de Energía y Minas. El documento, titulado "El mito de la Orimulsión", fue publicado en 2004, y en el mismo se detallan las opciones existentes para valorizar los hidrocarburos de la Faja del Orinoco, concluyendo que la decisión de paralizar el "Proyecto Orimulsión" se debía a la necesidad de "optar por fórmulas más rentables". Asimismo, los responsables de la política energética, así como el Presidente de la República, han manifestado su apoyo incondicional al estudio realizado por Mommer, y, además, en todas las ocasiones en las que han sido consultados por los medios de información acerca del tema de la Orimulsión, las argumentaciones han coincidido con el contenido del trabajo del Director-Gerente de PDV (UK) S.A. En su estudio de fines de 2003, el experto Mommer, estableció que el Estado perdía hasta 600 millones de dólares anuales por utilizar crudos extrapesados para la manufactura de orimulsión, en vez de usarlos para mezclas con livianos que produjesen crudos sintéticos más rentables. Rafael Ramírez precisó que el año pasado, al vender el barril de orimulsión a 4,60 dólares, Venezuela perdió 12,30 dólares por unidad frente al valor que podía haber cobrado por cada barril de superpesado que hubiese mezclado con otros crudos.

Por su parte, el experto petrolero, Rafael Quiroz, indicó que está decisión de PDVSA, fundamentada en cálculos y análisis hechos por el profesor Bernard Mommer, Vicepresidente de PDVSA, es absolutamente errada, y a su juicio, la Orimulsión tiene una amplia capacidad competitiva como combustible para la generación termoeléctrica.

"La orimulsión no es una operación extremadamente rentable, pero es una manera de producir dólares con nuestra moneda devaluada, porque casi todos sus costos de elaboración requieren inversiones en bolívares"", comentó a IPS el ex ministro de Energía y ex presidente de Pdvsa Humberto Calderón. Además, dijo Calderón, la orimulsión "se elabora a partir de hidrocarburos muy pesados, de los que tenemos cuantiosas reservas y para las que se abren, por esa vía, ventanas de oportunidad en los mercados. A su vez, Xavier Grisanti, presidente de la Asociación Venezolana de Hidrocarburos y de empresas transnacionales, señaló a la agencia de noticias IPS que *"los depósitos de petróleos*

extrapesados son tan grandes, que sólo una de las muchas oportunidades de negocios se desarrolla con la orimulsión. Lo mejor sería aprovecharlas todas".

Por su parte, Víctor Poleo, profesor de economía petrolera en la Universidad Central, estima que *"más bien la decisión de abortar la orimulsión fue gestada en Washington y ejecutada por Caracas", porque Estados Unidos, al igual que Alemania y Gran Bretaña, querían desprenderse de un competidor para sus existencias de carbón". "Para mejorar sus ingresos, Venezuela debió rediseñar su esquema fiscal, no cerrar una opción de futuro, porque los mercados eléctricos mundiales son estables y crecientes, además de que "la orimulsión tiene un valor geopolítico, por la posibilidad de llevar electricidad subsidiada a los países del Sur",* comentó Poleo a IPS.

Realmente esta polémica tendría que haber puesto sobre el tapete la inconveniencia de esta última decisión del Ministerio de Energía y Petróleo. En todo caso ya PDVSA había cerrado su planta de producción de Orimulsión en Morichal y cancelado todos los contratos de suministro existentes, lo cual le valió algunas demandas por incumplimiento de estos compromisos con empresas italianas y canadienses. Igualmente, PDVSA otorgó la patente de la Orimulsión a empresas petroleras chinas, en una clara demostración de su desinterés por este combustible. Independientemente de esta polémica, hay que estar claros que este producto es la única tecnología netamente venezolana que se haya generado durante los casi 100 años que tenemos como nación productora de petróleo. Los chinos, con una visión distinta a los de los actuales gobernantes venezolanos ahora son lo que están explotando este producto.

Para concluir este apartado, debemos decir que existían tres alternativas para explotar los hidrocarburos de la Faja del Orinoco: las mezclas, la Orimulsión y los petróleos sintéticos o mejorados. Desde el gobierno se mantenía el criterio de que la Orimulsión no era una buena opción porque no era lo suficientemente rentable, y por lo tanto, para el país, era mejor optar por las otras dos fórmulas de explotación (producción de crudos sintéticos y mezclas). Si se tiene en cuenta que las reservas estimadas de hidrocarburos de la Faja del Orinoco se sitúan en 1,2 billones de barriles de los cuales se estiman recuperables con la tecnología actual 236.000 MMB, y que en aquel tiempo sólo existían cuatro proyectos de mejoramiento de crudos en la Faja y dos de conversión profunda (con lo que el ritmo de explotación era muy lento), justificar la cancelación del negocio de la Orimulsión no parece tener mucho sentido. Realizar pronósticos acerca de cuándo es el mejor momento para explotar los recursos petrolíferos, es siempre una tarea difícil, pero dadas las extraordinarias reservas que posee Venezuela en la Faja del Orinoco, aplicar una política de conservación de las mismas, no parece la mejor estrategia debido a que es muy posible que el valor del recurso en el futuro (cuando todavía queden muchas reservas) sea nulo o muy reducido. Desde el punto de vista de la magnitud del recurso, los tres proyectos de explotación de los hidrocarburos de la Faja del Orinoco podrían haber estado produciendo durante muchas décadas. Adicionalmente, la Orimulsión tenía un mercado muy delimitado en el que los precios eran menos volátiles, y por lo tanto, a diferencia de los otros crudos transformados de la Faja, podría resultar un negocio estable que contribuyese a reducir la vulnerabilidad de la economía nacional ante los vaivenes de los precios petroleros. (50) (51) (52).

La disponibilidad y el manejo de enormes volúmenes de divisas, hizo posible una corrupción igualmente desmedida y sin precedentes en la historia del país, convirtiendo además a Venezuela en el lugar ideal para la legitimización de capitales procedentes del narcotráfico. Ambas cosas fueron propiciadas desde el gobierno chavista, como importantes elementos del fraude y del engaño en que se constituyó el régimen mismo. Los enormes ingresos petroleros sufragaron una revolución bolivariana que se abrió camino a golpe de chequera: electrodomésticos y viviendas para sectores sociales afines, condonación de deuda a Cuba, ayudas a gobiernos ideológicamente próximos al proyecto chavista, importantes compras de armamento a Rusia y otros países, que convirtió a Venezuela en el mayor importador de armas de toda Latinoamérica. De ser una empresa estatal, pero independiente del gobierno, Petróleos de Venezuela (Pdvsa) pasó a ser integrada en la estructura de mando gubernamental y se embarcó en actividades diversas que nada tenían que ver con el negocio petrolero, como la construcción de viviendas y edificios, y la comercialización y distribución de alimentos. Cuando lo requirió para sus políticas, Chávez pudo contar con fondos extras, provenientes de Pdvsa: de manera oficial, a través de la emisión de bonos de la compañía, o por debajo de la mesa, como los primeros cuatro mil millones de dólares de un préstamo concedido por China a cambio de petróleo, que el mandatario se quedó para su libre disposición, fuera del registro y control oficial. Con tanto derroche, las cuentas de Pdvsa comenzaron a fallar. Los males económicos que después padeció Venezuela vinieron principalmente de ese haber desplumado la gallina de los huevos de oro. Ávido por gastar todo lo que entraba en las arcas pública, Chávez no procuró que Pdvsa reinvirtiera convenientemente en los campos petroleros, algo que es vital en el sector, pues los pozos declinan con el tiempo y requieren siempre de una continua puesta al día. Así que la producción descendió: de 3,3 millones de barriles diarios (3,3 MMbd) en 1998, a 2,3 MMbd, en 2013. Mientras el precio del barril estuvo aumentando, los ingresos siguieron creciendo, pero cuando en 2013 el precio se estancó y en 2014 comenzó a caer, Pdvsa y el gobierno entraron en una situación en la que de inmediato sintieron asfixia. Para sostener la estructura clientelar que había trenzado, Chávez acudió a préstamos a cambio de producción futura de petróleo, e hipotecó el porvenir de los venezolanos mediante créditos cuyo pasivo, a causa de la baja cotización del barril petrolero, no ha hecho más que agrandarse día a día, como es el caso de lo que sucede actualmente con China.

Como ya se explico antes, –ver el punto "La ruina de PDVSA"–, el crudo que se envía a China está destinado mayormente a pagar los créditos rotativos que el gobierno de ese país le ha venido concediendo a Venezuela desde 2007, y el Gran Fondo de Largo Plazo, que en el año 2010, Pekín puso a disposición de Caracas por un lapso de 10 años. Para rematar el drama, debido a la fuerte caída de los precios del petróleo, Venezuela ha tenido que enviar, en los últimos tiempos, cada vez más crudo a China, por el mismo importe en dólares.

La agencia de noticias Reuters, en un artículo titulado "Venezolana PDVSA pierde cuota de mercado en India por pago de deudas a China y Rusia" revela que "la compañía estatal venezolana Petróleos de Venezuela (PDVSA) pasó al menos una década intentando mejorar sus relaciones comerciales e impulsar sus ventas a las refinerías de India. Pero ahora, después de tanto esfuerzo, la debilitada firma petrolera sudamericana se ha visto obligada a recortar sus entregas a su importante socio comercial indio, debido a una combinación de factores que incluyen la reducción de su producción de crudo, y a las enormes obligaciones contraídas por medio de los acuerdos financieros con China y Rusia, según datos internos revisados por Reuters y dos fuentes familiarizadas con las operaciones y estrategia de la compañía venezolana".

"La nación sudamericana necesita el petróleo para pagar a Rusia y China, aliados políticos claves que han prestado a Venezuela al menos 50.000 millones de dólares a cambio de crudo y combustible. En el año 2013, cuando las exportaciones y los precios del petróleo estaban altos, PDVSA obtuvo casi 14.000 millones de dólares por sus ventas a India, una de las grandes economías que presenta el crecimiento económico más rápido del mundo. El año pasado, esa cifra cayó a 2.700 millones de dólares, según un análisis de Reuters en base a los datos de PDVSA".

"Ese retroceso significó menos ingresos en divisas para la aislada economía venezolana, lo que profundizó la recesión en un país que vive una escasez crónica de productos de primera necesidad y alta inflación. El petróleo representa casi la totalidad de los ingresos de exportación de Venezuela y muchos de los clientes de esa nación pagan el crudo en especies, con alimentos y suministros médicos, por ejemplo. India es uno de los pocos socios comerciales que compran a PDVSA grandes volúmenes de petróleo y cancelan en efectivo. Por lo tanto, las menores ventas a las refinerías de India erosionan aún más el flujo de caja de la estatal venezolana, así como su capacidad de pagar abultadas deudas a proveedores y contratistas, lo que ha causado retrasos en entregas y cancelaciones a nivel mundial".

"PDVSA enfrentó una disminución de la producción de crudo de cerca de un 10 por ciento el año pasado, cuando el bombeo llegó a 2,38 MMbd, según cifras oficiales comunicadas a la OPEP, debido a la falta de inversión y los retrasos en pagos a proveedores. La caída de la producción significa que PDVSA podría perder cada vez más negocios en India, cediendo terreno a empresas iraníes, iraquíes y brasileñas. El crudo venezolano es pesado y más difícil de refinar. En un mercado con altos inventarios en los últimos dos años, el petróleo de alta calidad es abundante y no tan costoso. *"La calidad actual del crudo venezolano podría incentivar a nuestros socios a buscar a otros proveedores"*, afirmó la misma PDVSA en una sección dedicada a India en un documento interno, que se etiquetó como "amenazas". (53)

53.- Venezolana PDVSA pierde cuota de mercado en India por pago de deudas a China y Rusia

https://lta.reuters.com/article/domesticNews/idLTAKBN16F1E9-OUSLD

*****

LA CORRUPCIÓN CASTRO- CHAVISTA

El dinero fácil, obtenido de manera ilícita – comisiones, sobornos, apropiación de partidas, etc. –, enriqueció a multitud de funcionarios del chavismo. En muy pocos años, de tener orígenes generalmente humildes, los mejor situados para aprovechar la oportunidad, pasaron a ser milmillonarios. Es el caso emblemático de hombres como Rafael Ramírez, presidente de Pdvsa durante diez años y persona clave en el funesto y perjudicial gobierno de Hugo Chávez, Aristóbulo Istúriz, Diosdado Cabello, Wilmer José Ruperti, Alejandro Andrade y muchos más. Hombres que de ser unos simples asalariados, pasaron a manejar respetables fortunas. Una corrupción monumental que generó una enorme bolsa de dinero, luego sobradamente aumentada por operaciones financieras que sabían aprovechar los resquicios de un sistema cambiario controlado por el Gobierno. Al tiempo que declaraban su odio y denunciaban al imperialismo estadounidense, las nuevas fortunas de Venezuela se lanzaban a la compra de jets privados, mansiones y artículos de lujo, principalmente, en Estados Unidos.

El patrimonio que Chávez hizo acumular para sus hijos, se estima en cientos de millones de dólares. De acuerdo a lo que reporta la conocida revista Forbes, María Gabriela Chávez, La hija mayor del extinto mandatario, hoy posee una fortuna personal estimada en 4.200 millones de dólares lo que la convierte en la mujer más rica de Venezuela. Esta gran fortuna es incluso mayor que la del reconocido empresario Gustavo Cisneros. (54) (55).

La corrupción económica fue acompañada de una alarmante corrupción judicial. Jueces y fiscales han obedecido las instrucciones políticas dictadas por el Ministerio Público y por el Tribunal Supremo de Justicia (TSJ), poderes del Estado venezolano que siguen postrados ante los pies de Maduro, en un trabajo de servidumbre incondicional. Ambas instancias se inmiscuyeron indebidamente en multitud de casos, con intervención directa de Chávez, y ahora de Nicolás Maduro, para condenar a inocentes y absolver a culpables, tal como detalla el magistrado Eladio Aponte, expresidente de la Sala Penal del TSJ, huido a Estados Unidos en 2012. Cualquier vulneración constitucional, como la de elevar a Maduro a presidente encargado tras la muerte de Chávez, contó con bendición del TSJ.

La movilización de capital sin precedentes, y sin apenas escrutinio, facilitó el lavado de dinero. Chávez metió a su país de lleno en el narcotráfico. Durante su Gobierno,

Venezuela se convirtió en el punto de salida del noventa por ciento de la droga colombiana, en su viaje a Estados Unidos y Europa. La que se considera una de las mayores filtraciones de la historia, se da a conocer por los reportajes coordinados por los diarios Le Monde, The Guardian, BBC y el Consorcio Internacional de Periodistas de Investigación (ICIJ). Se basan en la información sobre más de 100 mil clientes de HSBC de 203 países, que fue filtrada en 2007 por Hervé Falciani, experto en computación que trabajaba en la sede de HSBC en Ginebra, Suiza. (56) (57) (58) (59)

En un artículo publicado el 19/06/2015, en la página web "Resistencia Venezuela", una publicación de temas que tocan de cerca la realidad venezolana, titulado "ENTRE CIELO Y TIERRA NO HAY NADA OCULTO" aparece la "Lista Falciani", una larga de lista de nombres que ha sido señalados o denunciados como parte del entramado de la gigantesca corrupción que se estructuró bajo la sombra o con el auspicio del gobierno chavista. Allí aparecen hombres pertenecientes al contorno íntimo del Presidente de la República, como también personas que hasta ahora se han mantenido de bajo perfil. Puede consultar la lista accediendo al siguiente enlace:

https://resistenciav58.wordpress.com/2015/06/19/entre-cielo-y-tierra-no-hay-nada-oculto-revelan-riquezas-que-esconden-los-funcionarios-chavistas-en-eeuu/

Carlos G. Hernández R.

A partir del día 9 de septiembre de 2009, el gobierno de Andorra congeló las cuentas de allegados del presidente de Venezuela, Hugo Chávez, como parte de una investigación que adelanta el Departamento del Tesoro de Estados Unidos iniciada en Miami. Se cree que las cuentas pudieran estar vinculadas al financiamiento del terrorismo. Según informó en su primera página el Diari d'Andorra, funcionarios de la Unidad de Prevención de Lavado de Dinero (UPB), bloquearon esos activos "tras las pesquisas correspondientes y certificar la existencia de las cuentas y contrastar la información recibida desde Estados Unidos". Entre los titulares de las cuentas estarían "familiares más o menos cercanos al dirigente venezolano", precisó el diario.

El artículo de prensa indicó que los investigadores estadounidenses habrían confirmado que sólo en Miami "había miles de millones de dólares de procedencia más que dudosa y con posibles vínculos con la financiación del terrorismo". De las organizaciones que pudieran beneficiarse de esta ayuda se mencionan las Fuerzas Armadas Revolucionarias de Colombia (FARC), los grupos islámicos Hezbolá, Hamás y Al Qaida, los Guardianes de la Revolución de Irán y la ETA. (60).

Hace unos pocos días atrás, el 17 de agosto de 2017, se conoció que el dirigente oficialista venezolano, Diosdado

Cabello, el número 2 del régimen chavista, perdió una demanda por difamación presentada el año pasado en un tribunal federal de Nueva York contra los dueños del periódico The Wall Street Journal. La juez federal, Katherine Forrest, desestimó la demanda de Cabello por un artículo publicado en mayo de 2015 en el que se apuntaba que estaba siendo investigado en Estados Unidos junto a otros miembros del Gobierno venezolano por tráfico de drogas y lavado de dinero.

Al presentar la querella, el líder chavista argumentó que el artículo, titulado "Funcionarios venezolanos sospechosos de convertir al país en un centro global de cocaína", contenía "acusaciones falsas y difamatorias", y pedía una compensación. Para el expresidente de la Asamblea Nacional de Venezuela, uno de los hombres más fuertes del chavismo, ese artículo formó parte de una campaña mediática en su contra para empañar la imagen del gobierno, que incluyó otra publicación similar en el diario español ABC.

"Hay grandes pruebas para justificar que (Cabello) no es solo uno de los jefes, sino el jefe del cártel", según las fuentes del Departamento de Justicia que citaba en su artículo el Journal, que añadieron que era "el principal objetivo" de la investigación.

Cabello, de 54 años, representa el ala más dura del chavismo y es actualmente uno de los miembros más influyentes de la plenipotenciaria Asamblea Nacional Constituyente, controlada por oficialistas. (61)

Como dijimos antes, por sus numerosas acciones benéficas como las descritas anteriormente, Hugo Chávez fue saludado en el mundo como supremo benefactor de los menos favorecidos. No obstante, de cara a la realidad, el difunto mandatario no pasará a la historia de Latinoamérica por haber reducido la pobreza en Venezuela. La mayoría de los países del continente registraron triunfos importantes en ese campo durante el mismo periodo, algunos con mayor efectividad que otros, como Perú, Brasil, Chile y Uruguay. Dada la magnitud de los fondos públicos utilizados, en Venezuela cabría haber esperado mayores avances, al menos más sostenibles en el tiempo y mejor orientados. Lo singular de la "obra" de Chávez, aquello por lo que estará en los manuales de historia, es por haber ejercido un autoritarismo en el que su autoridad presidencial se imponía sin los contrapesos, ni la rendición de cuentas esenciales en una verdadera democracia, y por haber cedido el control de su propia nación a los gobernantes de otro país, en un flagrante acto de traición a la patria y de servilismo al extranjero.

*****

CHÁVEZ SE BAÑARÍA EN LAS CRISTALINAS AGUAS DEL RIO GUAIRE

El sociólogo y experto en políticas públicas Juan Bautista González participó en el componente social del saneamiento de río Guaire desde 2005 hasta 2007, fecha en que su empresa, Gerencia de Campañas Públicas C.A. (Gecamp), y además coordinó el componente social del Proyecto de Saneamiento del río Guaire desde el hospital Los Magallanes de Catia hasta Quinta Crespo, sector del municipio Libertador donde desemboca la quebrada Caroata. Fue desincorporada del proyecto pues el Ejecutivo no quería "tercerizar" la atención de las comunidades involucradas en las obras.

González, reveló, en una entrevista concedida al diario El Universal de Caracas el 05/07/2014, parte de las razones del fracaso de un proyecto ofrecido por el fallecido presidente de la República Hugo Chávez, autoridad que anunció que se bañaría en sus aguas en 2006, un año después de iniciada la recuperación del Guaire. El anuncio de la cancelación de tal proyecto fue hecho, en su oportunidad, por la exministra del Ambiente y hoy Jefa de Gobierno del Distrito Capital, Jacqueline Faría, y por el propio presidente Chávez.

Carlos G. Hernández R.

González, profesor de la Universidad Central de Venezuela, relató que las obras de saneamiento del río Guaire tuvieron 14 mil millones de dólares de financiamiento en 2005 y por eso se contrataron distintas empresas privadas que ejecutarían su componente urbano y social, pero estas empresas fueron retiradas del proyecto. Solo sobrevivieron las compañías encargadas del área hidráulica.

"Esos recursos (14 mil millones de dólares) fueron robados. Desaparecieron el dinero aprobado y por lo tanto no se culminó la obra. En 2007 disolvieron los equipos urbanos y sociales y solo dejaron a los encargados de la parte hidráulica para culminar algunas obras. En 2014 debió estrenarse un río Guaire con agua limpia". Explicó González. Y ante la pregunta de un reportero: ¿En dos años desaparecieron tantos recursos? Juan bautista González, respondió: "¡Sí! En 2007 sale Jacqueline Faría del Ministerio del Ambiente y la sustituye la ingeniera Yubirí Ortega, quien desmanteló los equipos de trabajo organizados por Faría, menos el hidráulico, grupo que solo se encargó de unir tuberías por las calles de Los Frailes de Catia. En ese momento habíamos adelantado las obras en la quebrada Caroata. Al menos 80% de los trabajos en Quinta Crespo se ejecutaron, 60% en Caño Amarillo y 60% en Los Flores de Catia. Desde 2005 hasta 2007 había orden y eso es el enemigo de la corrupción".

"En el año 2005,en una reunión efectuada en París, Francia, se acordó separar las aguas de lluvias del río Guaire, de las aguas servidas. Era dejar el Guaire solo con aguas de lluvia. Pero nos enfrentamos a un problema de alto calibre, todos los desarrollos habitacionales que se han hecho en Caracas desde los años 60, descargan sus aguas negras en el río. No son conectadas hacia colectores marginales y ese era el foco principal del proyecto. Muchos colectores se construyeron. La idea consistía en canalizar las aguas servidas y llevarlas a los colectores marginales o afluentes del Guaire. El agua servida debía ser purificada por dos plantas de tratamiento que debieron construirse en Petare. Los colectores descargarían el líquido en ambas plantas de tratamiento y éstas a su vez enviarían el agua limpia al río Tuy. Eso jamás se hizo". "Se perdieron los 14 mil millones de dólares del plan para sanear el río Guaire".

Pero en junio de 2010, la misma Jacqueline Faría declaraba que "Después de más de 100 años siendo el desagüe de la ciudad capital, en 2005 el Ministerio de Ambiente emprendió el Proyecto de saneamiento del río Guaire".

La representante del ministerio del momento, Jacqueline Faria, aseguró que, a pesar de que la limpieza de un río como el Guaire, podría tardar hasta 15 años, el "proceso revolucionario lo entregaría saneado en 2014".

Jacqueline Faría.- @elmilagro38.- "Me voy a lanzar en el río Guaire, pero en el 2014, cuando culmine el proceso saneamiento que adelante el proceso bolivariano".

Un trabajo previo de Javier Brasessco y Elisa Vásquez para El Universal, detalla que solo en el período 2005-2009 el proyecto había representado una inversión de 600 millones de dólares. Un préstamo de 400 millones de dólares, solicitado por Venezuela al Banco Interamericano de Desarrollo, reactivaría el proceso de saneamiento en marzo de 2014. Sin embargo, en marzo de 2015 el viceministro de Ecosocialismo, Pascual Molinaro, indicó que "el 95% del saneamiento del río Guaire depende de la aprobación de un nuevo proyecto 2015-2019". (62) (63)

*****

INJERENCIA CUBANA EN VENEZUELA

Fuera de los venezolanos, poca gente se hace cargo del increíble grado de injerencia de La Habana en los asuntos internos de Venezuela. No como resultado de una invasión violenta o una penetración subrepticia y hostil, a espaldas del Gobierno de Caracas, sino curiosamente, a invitación de este. Con Chávez, los cubanos se erigieron en gestores de los documentos de identidad y pasaportes, así como de los registros mercantiles y notarías públicas; en codirectores de puertos y controladores de seguridad de aeropuertos; en supervisores de las Fuerzas Armadas y de las labores de contrainteligencia. El mismo Maduro fue potenciado por La habana como sucesor de Chávez.

Algo así es impensable en cualquier otro país del mundo, excepto Venezuela. En este país es posible porque muchas cosas se han hecho de espaldas al pueblo: el gobierno de Chávez y ahora de Maduro, han ocultado el número de cubanos en el país y sus funciones. El secuestro de los poderes públicos y las carencias democráticas le han permitido al régimen chavista escabullirse de su obligación constitucional de rendir cuentas ante la opinión pública nacional. Es de conocimiento público que Chávez hizo borrar de la contabilidad oficial, la bicoca de cinco mil millones de dólares que adeudaba la isla antillana. El llamado líder bolivariano decidía hacer un regalo a Cuba con el dinero de todos los ciudadanos, sin que estos lo supieran. Los venezolanos también desconocían los subsidios reales con los que Venezuela beneficiaba a Cuba, a Bolivia, a Nicaragua y otros países; se sabía del envío de unos cien mil barriles diarios de petróleo, pero no había manera de auditar el pago del régimen castrista, que no era económico, sino mediante servicios prestados por médicos, enfermeras, entrenadores deportivos y otros asesores cubanos desplazados a Venezuela. Sin ninguna justificación el gobierno de Chávez utilizaba a Cuba como intermediario en las negociaciones del país con otras naciones. Para cualquier venezolano que medianamente ame a su país, le resulta sumamente vergonzosa la relación de dependencia y de sumisión de Venezuela con respecto a Cuba, construida por el finado comandante golpista desde la presidencia de la República. Tal parecía que en vez de haber nacido en Venezuela, Chávez hubiese nacido en aquella pobre isla antillana.

Carlos Alberto Montaner, un reconocido intelectual cubano, califica la relación cubano-venezolana de «vasallaje contra natura». "¿Cómo una pequeña, improductiva y empobrecida isla caribeña, anclada en un herrumbroso pasado soviético borrado de la historia, puede controlar a una nación mucho más grande, moderna, rica, poblada y educada, sin que haya existido una previa guerra de conquista?". El escritor se hacía esta pregunta en una columna publicada al año de la defunción de Chávez. Para Montaner, Chávez se entregó al régimen cubano a cambio de lo que este podía darle: "una visión, un método y una misión, pero, sobre todo, informes de inteligencia sobre políticos, periodistas y militares. Los cubanos detectaban o magnificaban deslealtades y se las rebelaban a Chávez. La información era poder. Cuba reunía y entregaba toda la información, subrayando los peligros para que Chávez estuviera eternamente agradecido".

¿Por qué Chávez convirtió a Venezuela en el financista a fondo perdido de Cuba? Las razones son varias, pero la más importante es que el teniente coronel encontró en Fidel Castro una suerte de guía espiritual y político que le indicaba lo que tenía que hacer, y cómo y cuando debía llevarlo a cabo. Fidel era su gurú, su padre moral, su protector contra los peligros que lo acechaban en Venezuela y que en abril del 2002 estuvieron a punto de costarle el poder.

Fidel, además, lo dotó de una visión compatible con el marxismo y de una épica misión internacionalista que lo elevaría al sitial más alto de la historia al derrotar para siempre a Estados Unidos y enterrar el capitalismo de manera definitiva. Con la sabiduría y sapiencia de Fidel, enriquecida por tres décadas de aprendizaje de la santa madre soviética, más la impetuosa juventud de Chávez, unida a su caudaloso río de petrodólares, los dos triunfarían en la tarea de salvar al mundo, traidoramente abandonada por la URSS.

¿Cuánto valía para Chávez ese protectorado ideológico, estratégico, policíaco, tan diferente al poco fiable universo de sus propios colaboradores, generalmente corruptos y potencialmente desleales? Valía todo lo que Fidel necesitara y le pidiera. Chávez se entregó al Comandante de pies y manos. Era su única fuente de seguridad. (64).

Chávez se lanzo ciegamente a los brazos de Fidel y Raúl Castro, hasta un punto tal que su propia vida quedó a merced de aquellos. Cuando en 2011 le diagnosticaron cáncer, el presidente venezolano optó por el secretismo que le ofrecía Cuba. Aunque a esas alturas la enfermedad era ya irreversible, pudo haber encontrado mejor tratamiento en otro lugar, lo que habría prolongado algo más su vida y, con la convalecencia necesaria, habría suavizado la agonía que tuvo que sufrir durante meses. Chávez prefirió seguir aferrado al poder y mantener la farsa sobre supuestas recuperaciones de salud. Todo el esfuerzo se centró entonces en llegar vivo a las elecciones presidenciales de octubre de

2012, de manera que una nueva victoria asegurara al chavismo otros seis años en el poder, aunque los debiera completar un sucesor. Chávez llegó a la meta ocultando a los electores el mal estado que le obligaba a apariciones selectivas y mintiendo sobre la perspectiva de su nuevo mandato, que iba a nacer muerto. De hecho existen fundadas sospechas de que el mandatario venezolano falleció mucho antes de la fecha oficial. Tampoco pudo asistir a la nueva toma de posesión de su cargo el 10 de enero de 2013. El Tribunal Supremo de Justicia, contraviniendo su propia esencia, avaló que Chávez asumiera la presidencia después del 10 de enero, cuando se recuperara, y que el Gobierno en funciones, ya ilegítimo para ese momento, continuara en funciones. Ese mismo tribunal, nombrado en su oportunidad por el mismo Chávez, decidió ignorar que el Presidente electo era el hombre que había resultado electo Presidente para **un nuevo período constitucional,** que la Constitución nacional no contemplaba la figura del **Presidente reelecto**; también ignoró que el ejercicio del período presidencial es de seis años, incluso en caso de reelección; ignoró que el ejercicio de la Presidencia requiere la juramentación, e ignoró que el ejercicio ordinario de la Presidencia requiere no sólo la presencia en el territorio nacional, sino la inexistencia de condiciones sobrevenidas que le impidan, incluso, retornar al país. Se optó, pues, por crear una figura que no está contemplada en la Constitución Nacional: la del Presidente reelecto que ejerce el nuevo período sin tomar posesión del cargo, ausente del país y en condiciones que le impedían regresar, pero que no estaba en situación de falta temporal (¡¿?!). Un Presidente que en cualquier caso, podía ser juramentado cuando estuviera en condiciones de realizar el acto (¡¿?!) .

Por otro lado, el artículo 231 de la Constitución, sí aplica al Presidente reelecto, en tanto éste es el candidato elegido. En consecuencia, el Presidente electo debe tomar posesión del cargo mediante juramento. La norma es clara, enfática y taxativa en este punto: el candidato elegido, y por lo tanto, el Presidente reelecto, debe tomar posesión del cargo. Y sólo podrá tomar posesión del cargo mediante juramento el día 10 de enero que es el día que comienza el nuevo período constitucional. Por lo tanto, según el texto constitucional indica claramente que antes de prestar juramento el candidato elegido no puede ejercer el cargo. El juramento es, en efecto, previo al ejercicio del cargo, tal y como se recoge en la vigente Ley de Juramento, que por cierto, no fue invocada en la sentencia de la Sala Constitucional.

Por lo tanto, el 10 de enero de 2013, comenzó el período presidencial 2013-2019 con un Presidente reelecto que estaba ausente del país, pero sin falta, que no ha tomado posesión, pero que ejerce el cargo, y que nunca se juramentó, pero ejerce el cargo. Y como había continuidad administrativa (según el criterio muy acomodaticio del TSJ), se mantuvo el mismo Gobierno correspondiente al período ya vencido. Es decir: todo se mantenía igual. Lo único malo era, que la Constitución resultaba violada una vez más. (65)

.- Identificación de los venezolanos en manos de los cubanos

Desde el año 2010 la prensa venezolana (el diario El Nacional) comenzó a denunciar los detalles sobre cómo Venezuela contrató a Cuba para la ejecución de jugosos proyectos que la isla, ante sus carencias tecnológicas o de material, a su vez subcontrató a otras empresas. De paso, los cubanos, aseguraban, además, el control de los datos de los venezolanos

El acuerdo comercial suscrito entre Cuba y Venezuela para elaborar las cédulas electrónicas –parte del cual fue revelado por El Nacional en julio de 2006– establecía cláusulas que garantizaban que funcionarios cubanos manejaran los datos del archivo de cedulados del país. Los contratos muestran a la isla como intermediaria en un proyecto que costó más de 172 millones de dólares.

En el caso de las cédulas electrónicas, ante sus limitaciones tecnológicas, los cubanos subcontrataron a Gemalto, trasnacional que domina 30% del mercado mundial de identificaciones inteligentes para que les proveyera los programas informáticos y las tarjetas. Esta subcontratación fue por apenas 40,5 millones de dólares, menos de un cuarto de lo que pagó Venezuela por el proyecto.

Entre las tareas de la parte cubana estarán el programa técnico, la captación de los datos y la entrega de los documentos de identificación en las sedes consulares y misiones en el exterior; así como el manejo de los movimientos en los puntos de control migratorio del aeropuerto de Maiquetía, el equipamiento de la sede central del Servicio Administrativo de Identificación, Migración y Extranjería (SAIME) en Caracas, y el suministro de ocho millones de cédulas electrónicas vírgenes. Los funcionarios cubanos abarcan desde el diseño de las tarjetas hasta la campaña comunicacional para su lanzamiento. Además, fue notable el retraso del plan: el contrato fue suscrito en 2006 – durante la gestión de Pedro Carreño en el Ministerio de Relaciones Interiores– y para el año siguiente ya debía estar implementándose.

También se conocieron los nombres de funcionarios venezolanos encargados de ejecutar el proyecto de las nuevas identificaciones para los venezolanos. Por la parte venezolana, Roberto Montero Escalona, funcionario del Ministerio de Relaciones Interior, fue nombrado coordinador general del proyecto. José Javier Morales, ex director de la ONIDEX (actual SAIME) y para ese momento, diputado a la Asamblea Nacional, fue designado como gerente general. Su cargo en el proyecto lo ocupó después Dante Rivas, quien también fue director del SAIME.

La filtración de los llamados "Papeles de Panamá" en el año 2016, también confirmó que el gobierno de Cuba controla, desde 2006, el sistema de pasaportes y cédulas de Venezuela. Fue el banquero peruano Pancho Pardo quien hizo posible el negocio, de acuerdo con los documentos del bufete de Panamá Mossack Fonseca. Pardo era el verdadero beneficiario de Billingsley Global Corp. y otras empresas fantasmas, que permitieron que Cuba revendiera a Caracas la tecnología para los pasaportes cuando el Gobierno de Hugo Chávez decidió actualizar su sistema de identificación en 2005.

Lo curioso del caso, como señala el portal panamapapersvenezuela.com, es que las láminas de policarbonato que La Habana revendió a Caracas se fabricaron en Alemania por la empresa Bundesdrukerei, pero intervino Pardo con sus empresas 'offshore' porque la compañía alemana no quería involucrarse con los gobiernos de Cuba y Venezuela, por "por aquello de la reputación". (66) (67) (68).

Se reveló entonces que la parte cubana tenía la posibilidad de "incluir o borrar información de las bases de datos y hasta expedir documentos de identidad venezolanos en otros países".

*****

¿PLAGIO DE LA FIRMA DE CHÁVEZ?

Los párrafos anteriores nos llevan a tocar otro punto de importancia capital. Desde un primer momento existió la sospecha de que el entorno de Chávez estaba ocultando la verdadera situación del estado físico del mandatario enfermo. Incluso, muchos venezolanos estamos convencidos que la muerte de Hugo Chávez ocurrió mucho antes de la fecha oficial suministrada por el gobierno ilegítimo de Nicolás Maduro. De hecho, en la excelente obra de Emili J. Blasco titulada "Bumerán Chávez", podemos leer lo siguiente: "El esperpento de sus últimas semanas de vida, impropio de la trasparencia debida en una democracia, fue algo indigno para los ciudadanos de Venezuela. El Gobierno estuvo plagiando la firma de Chávez para nombramientos, cuando él era ya incapaz de realizarla, y ridiculizó el sentimiento sincero de miles de venezolanos cuando paseó el féretro por las calles de Caracas sin el cuerpo del finado mandatario dentro. Ni siquiera hubo acta de defunción pública, firmada por un médico, que diera cuenta de la causa, la fecha y lugar del fallecimiento.

Chávez se había hecho consuetudinario visitante de Cuba buscando los consejos de Fidel Castro sobre cómo consolidarse y retener el poder. De sus numerosos viajes a La Habana surgieron la idea de las "Misiones", una treintena de programas de ayuda a las clases menos pudientes, planes de ayuda económica que mejoraban su condición social al mismo tiempo que facilitaban su control político. Estos programas sociales, llamados Misiones, que fueron gestionados al margen de los organismos sectoriales correspondientes, con ingentes recursos financieros y completamente fuera del escrutinio parlamentario, tenían, como asistencia, mayor carácter de obra de caridad personal por parte de Chávez, que de empeño institucional por operar cambios estructurales en la sociedad. Chávez se preocupó de que el número de personas apuntadas a las Misiones y el de trabajadores públicos, alcanzara, en conjunto, al menos la mitad del censo nacional. El discurso del chavismo siempre estuvo dirigido a esa mitad de Venezuela, enfrentándola con la otra mitad, para espolear un resentimiento de clase, que al menos en apariencia, nunca había existido en la sociedad venezolana. O tal vez sería mejor afirmar que nunca se había manifestado en el seno de la sociedad venezolana. En una movilización extremadamente meticulosa, mediante el abusivo uso de medios y organismos gubernamentales, el oficialismo se encargó de que las personas que aparecían en los listados de beneficiarios del Gobierno, se vieran forzados a votar a favor del régimen chavista. Era la máxima expresión de un feroz ventajismo, que incluía prácticas como el abuso del voto asistido, la amenaza de despidos, la negación del censo a la oposición, el retardo en la entrega de los recursos que, por ley, su manejo le correspondía a las Gobernaciones de Estado y a los Consejos Municipales, muchas de ellas en manos de la Oposición, además de la entrega de viviendas, enseres domésticos como cocinas, lavadoras, neveras, etc., a los habitantes de las barriadas populares unos días antes de los procesos electorales.

La designación de ministros era una atribución exclusiva del presidente Chávez. La inconfundible rúbrica del presidente de Venezuela, Hugo Chávez, se convirtió, en enero de 23013, en la protagonista estrella de la última polémica política desatada en aquel entonces en el país.

La firma con el que el mandatario había autorizado decretos, había validado leyes, y decretado más expropiaciones de las que hubiera querido la oposición, también está estampada en el nombramiento de quien sería el nuevo Ministro de Relaciones Exteriores, Elías Jaua. Por lo que, desde que en la anterior Asamblea Nacional, el vicepresidente Nicolás Maduro anunció que Chávez había nombrado a Elías Jaua como nuevo canciller de la República, la expectación se disparó, pues esa es una atribución exclusiva del mandatario nacional.

Y tal diatriba no era en vano, ya que para ese momento, hacía más de un mes que en el país no se sabía de Chávez, más que los comunicados que emitía el gobierno nacional. No había habido imágenes, ni se había escuchado su voz desde que partió a Cuba para su cuarta operación contra el cáncer. Y eso, en un personaje amante de lucirse por horas ante los medios de comunicación, era algo inusual. Lo que informaba el gobierno es que estaba muy delicado, sufriendo complicaciones respiratorias, aunque con "perspectivas favorables".

"Si Chávez puede firmar decretos, que aparezca", se apresuró a exigir el gobernador de Miranda, Henrique Capriles, derrotado por el presidente en las elecciones de octubre.

En Venezuela no eran pocos los que expresaban muchas dudas con respecto a que el mandatario, convaleciente de un cáncer en La Habana, efectivamente haya estampado su rúbrica en el decreto, tal como aparecía en la Gaceta Oficial.

En cualquier caso, una de las inquietudes reales, una de las principales fuentes de dudas, era dónde estaba datada: **"Dado en Caracas"**, dice el pie del texto del nombramiento del canciller. Y el presidente, en principio, no se había movido de La Habana. Otro aspecto irregular lo constituía el hecho de que era público y notorio para los venezolanos y el mundo entero que Chávez estaba en La Habana y en la Constitución se dice "que el poder del primer mandatario se ejerce en la capital de Venezuela, Caracas, o en el territorio nacional".

*****

.- ¿Manipulación de resultados electorales?

Pero eso solo fue una parte de las flagrantes violaciones de la Constitución Nacional cometidas por el gobierno chavista. Ahora hablaremos del truco electoral. Entre la gran mayoría de los venezolanos existe la sospecha, o mejor dicho, el absoluto convencimiento, de que en las elecciones presidenciales de 2013, que tuvieron a Maduro como candidato, hubo una descarada manipulación de los resultados electorales. Fueron activistas del chavismo, en connivencia con el Concejo Nacional Electoral (CNE), los que se encargaron de manejar, en los centros electorales, la maquinaria de identificación de electores y la de votación. Eso facultó alimentar un sistema informático paralelo al del CNE, que daba al oficialismo el conocimiento exacto sobre la evolución del voto durante la jornada electoral, con lo que, de ser necesario, el gobierno podía reaccionar con movilizaciones de última hora o con la activación fraudulenta de las máquinas de votación. Gente conocedora del tema, afirma que ese sistema paralelo estuvo coordinado por Cuba.

El 02 de mayo de 2013, la oposición venezolana impugnó, ante el Tribunal Supremo de Justicia (TSJ), los resultados de las elecciones presidenciales que dieron vencedor al chavista Nicolás Maduro, en medio de un clima de crispación política. El candidato Henrique Capriles había anunciado que presentarían la demanda ante el TSJ, luego de rechazar la auditoría del escrutinio que inició el Consejo Nacional Electoral (CNE) sin incluir los cuadernos de votación, que la oposición considera clave para probar irregularidades en el proceso.

*****

.- Ventas "supervisadas"

Cuando el gobierno chavista se dio a la tarea de intervenir diversos comercios en las principales ciudades del país, bajo la excusa del acaparamiento de los artículos y de enseres, se observó un hecho sumamente curioso: desde horas antes de que se efectuara la "inspección" oficial al negocio afectado por tales medidas, y se procediera a la denuncia oficial de acaparamiento en los negocios intervenidos, en las afueras de tales comercios se formaban interminables filas de gentes, ávidas de hacerse de los artículos y electrodomésticos que eran puesto a sus disposición por las autoridades interventoras a precios de remate. Tales fueron los casos de la cadena de tiendas Daka, JVG, Mundo Samira, Nasri, la cadena de ropa infantil EPK (que se vio obligada a vender su mercancía con un descuento de 70% en las piezas de vestir, decretado por el superintendente nacional, William Contreras), y muchas otras empresas.

En la noche del 12 de noviembre de 3013, en cadena nacional de radio y televisión, Nicolás Maduro anunció la ocupación de las cinco tiendas de la cadena de electrodomésticos, Daka, en la que se habrían detectado aumentos "injustificados" de precios. Sin aguardar a que la presunción se convirtiera en certeza, ordenó confiscar los inventarios de Daka, y ponerlos de inmediato a la venta a unos "precios justos" que las mismas autoridades gubernamentales establecieron de manera sumaria. La subasta de artefactos para el hogar resultó un llamado irresistible para miles de compradores que, con marcada anticipación, se habían agolpado frente a los locales de las referidas tiendas. El tumulto derivó en saqueo en al menos una de las sucursales de Daka, en Valencia, capital del Estado Carabobo, donde se vio a funcionarios militares y policiales correr con parte del botín.

El sábado 16 de noviembre, Maduro extendió la operación de "ventas supervisadas" a otros minoristas de electrodomésticos. Además, anunció que algunos de los gerentes y dueños de esos establecimientos habían sido detenidos por la policía política, Sebin (Servicio Bolivariano de Inteligencia), en cuyos calabozos permanecían a la orden de la fiscalía. Al parecer, el Gobierno habría considerado exitosa la toma de los comercios —tanto como medida extrema de distribución de bienes, como también una heterodoxa forma de frenar la inflación–, ya que el domingo, en una inusual cadena de radio y TV al filo de la medianoche, el presidente Maduro anunció que al día siguiente se iniciaría una ofensiva similar contra expendios de otras categorías: alimentos, calzado, ferretería, juguetes, vehículos y ropa. "Tengan calma y confíen en el Gobierno", instó el mandatario a los cazadores de ofertas, para que en las tiendas donde en lo sucesivo se practicara la toma y fiscalización, no se produjeran las largas filas de ansiosos compradores que, aún hasta el día anterior, persistían frente a los negocios de electrodomésticos. "Así iremos bajando los precios en toda la economía hasta conseguir el equilibrio", aseveró el mandatario en funciones. Durante su alocución dominical, Maduro no descartó que el Estado se viera obligado a retener el control de algunos de los comercios intervenidos "porque sus dueños hayan huido". También apuntó que entonces establecerá por ley márgenes "razonables" de ganancias en todos los ramos de la economía.

Por otra parte, muchos periodistas consultados coincidían que en los diferentes comercios se observaban, generalmente, las mismas personas haciendo cola. Al parecer se encontraban a la espera de que dieran un pitazo que le indicara la llegada de algún producto de gran importancia, cuya adquisición les pudiera generar grandes ingresos al ser revendidos en la calle. Esta es una nueva forma de comercialización estimulada por el gobierno castro-chavista: "el bachaqueo". *"Por supuesto, habían personas que requerían los productos, pero un altísimo porcentaje de la gente lo hacía con fines de contrabando; gente que es pagada por terceros para hacer la cola y sacar los productos de precios regulados"*.

Estos vaticinios nada auspiciosos para las libertades económicas en Venezuela parecían marcar el inicio de una nueva fase de la autodenominada Revolución Bolivariana. Diversos observadores hicieron notar que las confiscaciones en Daka, así como la ocupación, esos mismos días, de una distribuidora de productos lácteos, Agropecuaria Sudamericana, afectaron a comerciantes vinculados a figuras del chavismo, lo que dejaría entrever que semejantes maniobras estarían siendo aprovechadas para cobrar ciertas facturas entre las facciones internas oficialistas.

Pero con independencia del paso dado por el Gobierno, una resaca de quiebra moral parecía estar impregnando a la opinión pública venezolana que se expresaba por las redes sociales. Mientras la anarquía asomaba el rostro en las principales ciudades, muchos venezolanos, tal vez la gran mayoría, atormentados por la débil condición cívica de sus compatriotas, cuestionaban la infame conducta de aquellos que corrían a aprovechar las gangas forzadas por el Gobierno. Muchos alegaban que las medidas oficiales que amenazan con clausurar una parte del comercio y hacer aún más escasos algunos bienes de consumo, que ya faltan con regularidad, de ningún modo contribuían a sembrar la calma en la población venezolana. (69) (70).

*****

LA ASAMBLEA CONSTITUYENTE CHAVISTA: UN CALLEJÓN SIN SALIDA

El proyecto de la Asamblea Constituyente que quiere implementar el gobierno castro-chavista forma de parte de la misma fantasía hueca en que se ha convertido el movimiento bolivariano. La nueva asamblea constituyen chavista ilegalmente forjada por el gobierno nacional no fue creada para ayudar a resolver los problemas del país, sino los problemas del partido chavista, PSUV. Pero los conflictos de la mayoría de los venezolanos, esa tragedia que llamamos "realidad", continúan aumentando, y cada día están peor. La asamblea constituyente chavista no logrará que baje la inflación, ni que se ponga fin a la escasez. Su finalidad es otra, y ha sido delatada, con demasiada obviedad, por el propio Nicolás Maduro: enjuiciar y encarcelar a líderes de oposición; desactivar a la Fiscal General que ya no es cómplice suya y que, entre otras cosas, puede sacar a la luz pública todos los negocios fraudulentos del chavismo (como los de Odebrecht y otros más); censurar a los pocos medios de comunicación que han desobedecido las órdenes de silencio durante estos difíciles meses, legislar y controlar el uso de las redes sociales, entre otras cosas.

Está claro que, para el Gobierno, la nueva e inválida constitución que salga de la ilegal asamblea nacional chavista, deberá ser un manual para el ejercicio legal de la represión. Nada más. Es verdad que la mayoría de la población vive ahora con una gran sensación de derrota. Es verdad que, nuevamente, la dirigencia de la Oposición está obligada a reinventarse, a buscar y proponer nuevas formas de resistencia y de lucha en contra de una dictadura no convencional; pero también es cierto que el oficialismo tiene por delante un panorama muy incierto y complicado. Sus líderes no tienen popularidad, su discurso político está totalmente devaluado, su vínculo con Chávez se desvanece cada día más; han sacrificado las instituciones y la credibilidad del sistema instituido por ellos mismos, han perdido legitimidad internacional, y continúan enfrentados al mismo país, un país que no los quiere, que ya no les cree.

La supuesta revolución bolivariana ya solo es una ficción narrativa, un relato que cada vez se cuenta peor y que cada vez resulta más inverosímil; una tragedia que cada día se mancha más las manos con la sangre de los jóvenes estudiantes que son asesinados por la Guardia Nacional Bolivariana, o que caen por los disparos de los colectivos chavistas que en bandadas motorizadas, recorren las ciudades, amedrentando y aterrorizando a sus habitantes. No hay manera de que el oficialismo esgrima un argumento más o menos coherente, que pueda ser creíble, que tenga alguna pizca de dignidad y honestidad.

Cuando, en el acto de instalación de la nueva asamblea constituyente chavista, la inefable Delcy Rodríguez preguntó: "¿Juran ustedes defendernos de las agresiones imperialistas de la derecha traidora?", es imposible no recordar que su gobierno donó medio millón de dólares para el evento de la toma de posesión de Donald Trump (13) (14) (15). Cuando invoca a la democracia y al "poder originario", es imposible no pensar en todas las denuncias sobre el reciente proceso electoral, empezando por el señalamiento de la agencia Reuters que asegura que en la elección del domingo 30 de julio de 2017, no llegaron a votar cuatro millones de venezolanos. Cuando Rodríguez sentencia que la asamblea constituyente llegó "para hacer justicia", es imposible no traer a la memoria todas las imágenes de la represión salvaje que los militares han ejercido sobre los ciudadanos en los últimos meses. Ya es evidente que, para "los hijos de Chávez", su ideología no es más que una simple adoración y ansiedad por el dinero fácil, puesta en escena por los más conspicuos personeros del chavismo. Ni son revolucionarios, no son demócratas, ni siquiera son de izquierda. El oficialismo chavista no solo se ha quedado sin pueblo. También se quedó sin discurso.

De hecho, Chávez ha pasado a ser ahora un personaje secundario. El intento de crear un suceso simbólico, trayendo de vuelta sus retratos al edificio del Parlamento, no tuvo impacto. Tampoco tuvo resonancia. El comandante eterno ahora funciona como espectáculo. En los últimos dos años, Chávez también ha ido perdiendo presencia y fuerza en la retórica del oficialismo. Solo es un fetiche comercial, al parecer cada vez menos eficaz. La desideologización del oficialismo —si es que alguna vez existió— es una de las consecuencias más palpables de todo este proceso. Tanto nacional como internacionalmente, se asume que ahora el chavismo es, en esencia, una corporación mafiosa a la que le faltan ideas y le sobran armas y dinero, mucho dinero.

Rechazar la negociación e imponer una asamblea constituyente chavista, rastrera y genuflexa, ha llevado al oficialismo a un callejón sin salida. Su gran enemigo sigue siendo la realidad y, frente a ella, el parapeto constituyentista no hará ningún milagro. Las calles seguirán estando potencialmente calientes. El conflicto seguirá allí, en la gente, en las ansias de un cambio que a todas luces se presenta como necesario. Atiborrar las cárceles de adversarios no parece ser una salida inteligente. Es un suicidio político. (71) (72) (73) (74) (75) (76) (77).

Analistas políticos sostienen que el tambaleante Gobierno de Maduro en su debilidad lo que hace es huir hacia adelante. Sin embargo, ha presentado una resistencia inusual. Cualquier otro gobierno latinoamericano ya habría caído, o negociado su salida frente a cuatro meses de protestas en las que han participado millones de personas y arrojado un lamentable saldo de más de 130 muertos. La explicación de esta resistencia reside en que se trata de una dictadura militar con ropaje izquierdista en un país petrolero. El petróleo sigue siendo el centro de gravedad del poder en Venezuela. La renta petrolera es el factor de cohesión de la coalición de gobierno. Facilitó la alianza entre militares de derecha y chavistas de izquierda, permitió las victorias electorales y construyó una geopolítica de protección en el continente y el mundo. No importa cuánto hayan bajado los precios del petróleo y cuánto afecte la crisis a los pobres. Los ingresos siguen siendo suficientes para que la élite gobernante no se sienta afectada, y mantenga viva la expectativa de que si los precios mejoran, podrán quedarse en el poder eternamente. (78)

*****

Colectivos chavistas en adiestramiento "doctrinario"

Colectivos chavistas amedrentando en las calles de Caracas

¿LOS VENEZOLANOS NO REACCIONAN ANTE LAS AMBICIONES CHAVISTAS?

Cualquier lector, por muy optimista e ingenuo que pueda ser, es muy probable que no pueda evitar preguntarse lo siguiente: ¿Qué diablos pudo ocurrir para que los venezolanos se hayan dejado embaucar por un proceso que ya lleva más de 19 años haciendo de las suyas?

La respuesta a esa pregunta tan simple, es harto compleja, pues tiene muchas aristas y todas muy importantes. El fraude de Chávez a sus ciudadanos además de la gigantesca trama de la corrupción a todos los niveles de la administración pública, también abarcó otros ámbitos, como el de la seguridad. En este sentido, Chávez, además de establecer estrechas relaciones con la guerrilla colombiana de las FARC, abrió la puerta de Venezuela al grupo Hezbolá: facilitó la concesión de visados y pasaportes falsos a activistas de la organización terrorista y protegió la presencia de sus células en el país. En 2007 envió secretamente a Maduro, entonces canciller, a reunirse en Damasco con el jefe de esa milicia libanesa de filiación chií, Hasán Nasralá. La principal actividad del extremismo islamista en Venezuela, acordada con el Gobierno, fue la recaudación, el lavado de dinero y el tráfico de drogas. Por otro lado, el fomento de bandas callejeras armadas como contratuerca de la revolución, la asociación con grupos terroristas y el patrocinio del narcotráfico, provocaron un aumento de la violencia y del consumo de drogas que se cebó especialmente en las clases más necesitadas de la población, afectadas también por la inflación y la escasez.

Durante toda su presidencia, Chávez estuvo enviando importantes sumas de dinero a lobbies y agentes de relaciones públicas, así como combustible barato a circunscripciones de determinados congresistas estadounidenses, para mejorar la percepción de su Gobierno en Estados Unidos y ganar apoyos en el Capitolio. Pese a sus incontinentes diatribas contra E.E.U.U., a quien denominaba el "imperio del mar", se daba una situación que tenía mucho de esquizofrénica, pues Venezuela obtenía el grueso de sus divisas por la exportación regular de petróleo a Estados Unidos, que era lo que aseguraba su economía. Este suministro al país del norte nunca se vio afectado, ni amenazado por Chávez. El extinto Comandante su verborrea insípida y de baja estofa, no pasaba más allá de los pequeños insultos.

Si en el Imperio, Chávez contrató despachos de cabildeo, en la antigua metrópoli —España— se hizo con asesores que complementaban la labor de Cuba. La fundación izquierdista, Centro de Estudios Políticos y Sociales (CEPS) –sustrato ideológico del que en 2014 nació el partido Podemos, de Pablo Iglesias –, apenas era conocida por los españoles, pero sus desarrollos conceptuales sobre el llamado Nuevo Constitucionalismo Latinoamericano, tuvieron gran influencia en la transformación de la Venezuela democrática en un Estado autoritario. Otros españoles respaldados por Chávez, fueron más de cuarenta miembros de la banda terrorista ETA, que residen, en el país. A pesar de varios requerimientos desde Madrid, el Gobierno venezolano se negó en la mayoría de los casos a su extradición. Aseguraba no tener noticias de su paradero, cuando fichas de los servicios secretos en realidad recogían sus direcciones, teléfonos y correos electrónicos.

De hecho, el domingo 18/06/2017, según reporta la página web oficialista "La Radio del sur", una multitudinaria manifestación formada por unas 200 o 250 personas, recorrió las calles de Bilbao, España, bajo el lema "Venezuela aurrera. No pasarán", realizada por la Plataforma Vasca de Solidaridad con la Revolución Bolivariana, "Venezuela aurrera", compuesta por 29 colectivos, partidos y sindicatos de Euskal Herria (País Vasco) con la intención de *"llevar a las calles de Euskal Herria la voz que los medios de información del Imperio tratan de callar"*. (79)

79.- Gran movilización en Bilbao en apoyo a Venezuela y la Revolución Bolivariana

https://laradiodelsur.com.ve/2017/06/18/gran-movilizacion-en-bilbao-en-apoyo-a-venezuela-y-la-revolucion-bolivariana-fotos/

Todos estos capítulos fueron elementos del bumerán que lanzó Hugo Chávez, cuya consecuencia es una grave crisis económica, social e institucional insostenible. Las dádivas a Cuba, y a otros países; la naturaleza electoralista de parte del gasto público; el abuso sometido a Pdvsa, y la corrupción están dejando las arcas del Estado en un estado de colapso, sin suficientes reservas internacionales para cubrir la necesidad de crecientes importaciones. En 2012, éstas ya fueron superiores a las exportaciones: una balanza comercial negativa en un país de enorme riqueza energética. Y aún había de llegar el crack petrolero

En el mes de Julio de 2013, la Organización Internacional Human Rights Watch elevó una carta a la Organización de las Naciones Unidas sobre la violencia poselectoral en Venezuela donde solicitaba lo siguiente:

"La posibilidad de emitir una declaración pública sobre los sucesos de violencia ocurridos en Venezuela con posterioridad a las elecciones de 2013. Human Rights Watch ha seguido atentamente la situación en el país desde las

elecciones presidenciales del 14 de abril de 2013. Nos preocupa profundamente que las autoridades venezolanas estén utilizando investigaciones penales como una herramienta política para acusar a opositores, sin la debida justificación, de haber participado en delitos, y que a la vez no investiguen adecuadamente denuncias creíbles que se han formulado sobre graves violaciones de derechos humanos".

"Hasta la fecha no se han efectuado investigaciones serias ante denuncias creíbles de graves violaciones de derechos humanos documentadas por organizaciones de derechos humanos locales. Por ejemplo, una delegación del Foro por la Vida, una red integrada por 18 organizaciones de derechos humanos venezolanas, publicó un informe donde señalaba haber encontrado evidencias de que miembros de las fuerzas de seguridad recurrieron a un uso excesivo de la fuerza para dispersar las manifestaciones a favor de Capriles en el estado de Lara el 15 y 16 de abril. Según este informe, elaborado por miembros de la reconocida organización de derechos humanos PROVEA y el Centro de Derechos Humanos de la Universidad Central de Venezuela, las fuerzas de seguridad detuvieron arbitrariamente al menos a 62 personas que participaban pacíficamente en la manifestación e hirieron a otras 38, incluidos 11 trabajadores de medios de comunicación. Los detenidos indicaron haber sido golpeados violentamente, amenazados con sufrir actos de violencia

sexual y privados de alimentos durante más de 24 horas. Según las organizaciones que entrevistaron a las víctimas, se preguntaba a los detenidos "¿Quién es tu presidente?". Y si no respondían "Nicolás Maduro", les propinaban golpes en distintas partes del cuerpo. Varios testigos señalaron que se aplicaron descargas eléctricas contra una de las personas".

"Diversas organizaciones locales de derechos humanos dijeron a Human Rights Watch que, según la información que pudieron recabar acerca de las investigaciones, las autoridades no han investigado adecuadamente los casos documentados en los informes, a pesar de que en varios de ellos las víctimas habían presentado denuncias. En respuesta a las denuncias difundidas por la prensa de que miembros de las fuerzas de seguridad habían cometido abusos contra personas detenidas en varias manifestaciones, la Fiscal General de la República, Luisa Ortega Díaz, comentó que estos señalamientos eran falsos "porque aquí en Venezuela no se maltrata a las personas que son privadas de libertad". Según fuentes oficiales, de un total de 35 denuncias de abusos cometidos por miembros de las fuerzas de seguridad durante los hechos violentos en el estado de Lara, solamente estaban siendo investigadas dos denuncias sobre presunto maltrato por parte de fuerzas de seguridad".

"A fin de asegurar que su oficina cuente con información suficiente para analizar estos incidentes y el contexto en que se produjeron —además de las denuncias sobre otras violaciones de derechos humanos vinculadas con la elección que no han sido abordadas en esta carta, como por ejemplo actos de discriminación política contra trabajadores del sector público que votaron a Capriles— adjunto los siguientes informes elaborados por la sociedad civil venezolana":

* *"Criminalización de las protestas ocurridas en Venezuela durante el mes de abril del 2013". Autor: PROVEA.*

* *"Informe sobre situación de Derechos Humanos en Venezuela en el contexto post electoral de abril de 2013". Autor: COFAVIC.*

* *"Proceso electoral de Venezuela en abril de 2013. Denuncias y casos sobre el derecho a la libertad de expresión". Autor: Espacio Público.*

* *"Asesinatos en el contexto postelectoral venezolano. Hechos ocurridos entre 15 y el 19 de abril de 2013". Autor: Espacio Público.*

* *"Casos de discriminación laboral con motivaciones políticas". Autor: Centro de Derechos Humanos de la Universidad Católica Andrés Bello.*

"Situación de Derechos Humanos en Venezuela en el marco de la Elección Presidencial del 14 al 30 de abril de 2013". Autor: CIVILIS.

"Marco institucional del 14 de abril de 2013 y de los hechos posteriores". Autor: Carlos Ayala, Director de Derecho Público de la Universidad Católica Andrés Bello.

"Alerta Electoral. Elecciones Venezuela 2012". Autor: Transparencia Venezuela.

"Tendencias de la conflictividad social en Venezuela en abril 2013". Autor: Observatorio Venezolano de Conflictividad Social.

"A la luz de las graves denuncias sobre abusos documentadas por organizaciones locales de derechos humanos, le instamos respetuosamente a que exija al gobierno de Venezuela que investigue de manera oportuna, exhaustiva e imparcial todos estos incidentes y juzgue a los responsables en los casos en que se hayan cometido abusos". José Miguel Vivanco. Human Rights Watch

La Guardia Nacional dispara contra manifestantes en Caracas

En el mes de mayo de 2014, Human Rights Watch volvió a emitir un informe sobre los disturbios que en esos días se estaban produciendo en Venezuela. La organización internacional hizo notar su sorpresa por los hechos de violencia que había presenciado. En ese momento ya se habían producido más de cuarenta muertos, ochocientos heridos y más de tres mil detenidos. No era inusual que en Latinoamérica hubiera protestas antigubernamentales, ni que se produjeran excesos en el uso de la fuerza por parte de elementos de los cuerpos de seguridad. Pero cuando esto último había ocurrido, los presidentes democráticos los habían condenado y se habían depurado responsabilidades; quizás no todas, pero sí algunas.

Mural de los colectivos chavistas en un barrio de Caracas

Pero la actitud del Gobierno de Venezuela era muy distinta: negaba las agresiones, se las atribuía a la oposición –la llamaba «asesina», sin aportar pruebas–, condecoraba a miembros de los cuerpos policiales más destacados en la represión y, con la consigna de Maduro de que «candelita que se prenda, candelita que se apaga», alentaba a grupos civiles armados a proseguir con su violencia.

Protestas en Caracas

El informe de Human Rights Watch, concluyó que los abusos contra los derechos humanos no fueron casos aislados, sino que constituyeron una «práctica sistemática». Admitía que en algunas ocasiones grupos de manifestantes habían atacado las fuerzas del orden, pero constataba que la mayoría de las veces la violencia, y desmedida en grado superlativo, había correspondido al bando policial. Su uso ilegítimo de la fuerza incluyó «golpear violentamente a personas que no estaban armadas; disparar armas de fuego, perdigones y cartuchos de gases lacrimógenos de manera indiscriminada contra la multitud, y disparar perdigones deliberadamente y a quemarropa contra personas que no estaban armadas, incluso, en algunos casos, cuando ya estaban bajo custodia de las autoridades». Luego de los «arrestos arbitrarios», muchas personas sufrieron abusos físicos y psicológicos, dándose algunas situaciones de tortura.

Además, hubo una constante violación del debido proceso, con la «asistencia cómplice» de jueces y fiscales. También se dio la detención sin pruebas del opositor Leopoldo López y, más adelante, la del alcalde metropolitano de Caracas, Antonio Ledezma.

El rostro autoritario del régimen venezolano quedaba definitivamente al descubierto, pero esto no debió haber sido ninguna sorpresa. El chavismo tiene una esencia antidemocrática. Pudo haber hecho un gran servicio a las libertades en Venezuela, como partido de izquierda que recogía las aspiraciones de miles de ciudadanos que tradicionalmente habían sido dejados al margen, pero puso en su horizonte la imposición de una revolución. Las manifestaciones de esa matriz eran múltiples: la glorificación institucional de la original intentona golpista de Chávez, celebrada cada año con desfiles; la obligación de las cadenas de radio y televisión de emitir en directo los discursos –mayores y menores, en ocasiones diarios y durante horas– del presidente, como parte de la mordaza a una libertad de prensa cada vez más famélica, o el continuo hostigamiento verbal de la oposición, en un esfuerzo por presentarla como a un enemigo frente al que hay que estar en continuo pie de guerra. Su objetivo era igualar al estado de suprema felicidad en que vive el pueblo cubano. (80) (81) (82)

*****

LAS OPCIONES DE VENEZUELA

Dada su importancia y sus interesantes puntos de vista, y con la venia del amable lector, nos permitimos transcribir parte del artículo de prensa titulado "Elemental para Venezuela", por el reconocido analista político Joaquín Villalobos, quien fue guerrillero salvadoreño y ahora es un consultor para la resolución de conflictos internacionales. El artículo en cuestión fue publicado en el diario El País, de España el 28 de julio de 2016:

"La escasez y dificultades que afrontaron Cuba, durante el periodo especial, y Nicaragua, durante la guerra contrarrevolucionaria, fueron más graves que la actual situación de Venezuela. Pero tanto en Cuba como en Nicaragua no hubo saqueos y tampoco los barrios populares acabaron dominados por delincuentes. La ineficiencia productiva es una característica común de las revoluciones marxistas; sin embargo, tienen gran capacidad para enfrentarse a momentos difíciles, organizar a la gente y distribuir de forma eficiente lo escaso. En tiempos de abundancia se perdían toneladas de alimentos en los almacenes de los muelles, y ahora, siguen ocurriendo los mismos hechos. Peor aún, en medio de la escasez, ocurren frecuentes saqueos en los comercios. Con la autollamada revolución bolivariana, Caracas se convirtió en la ciudad más violenta del mundo".

"Cuando se juzga al régimen venezolano desde la democracia y el mercado, los vacíos son evidentes. En las actuales circunstancias resulta útil analizarlo desde su propia definición como revolución. No hubo en Venezuela una revuelta popular, ni derrumbe ni refundación de las instituciones preexistentes. El chavismo combinó tres factores: caudillo, votos y dinero. El carisma del caudillo atrajo los votos y la abundancia de dinero hizo el resto. Una mayoría electoral prolongada, sostenida por los elevados precios del petróleo, y los propios errores de la Oposición, le permitieron al régimen chavista controlar las instituciones. En Venezuela, no existe ninguna revolución, sólo un gobiernos electo como en el resto del continente".

"El dinero ha sido el principal factor de cohesión del régimen venezolano; en vez de un partido revolucionario construido con voluntarios unidos por la mística, el espíritu de sacrificio, la ideología y la capacidad de organización, los chavistas son una fuerza política que mezcla radicales ideológicos con personas que solo buscan enriquecerse a como dé lugar. La inexistencia de un partido revolucionario es la razón por la cual la situación es más dramática que en los casos de Cuba y Nicaragua".

"Todas las revoluciones marxistas han generado escasez, emigración y mercado negro. La diferencia es que en Venezuela gran parte del mercado negro y de las actividades criminales que afectan a la población, son controladas por los propios colectivos chavistas en íntima connivencia con policías y guardias bolivarianos. La situación de miseria en las capas de abajo, coincide con opulencia en las elites dirigentes bolivarianas. El dinero como factor de cohesión "revolucionaria" derivó en un oportunismo de características más delictivas que políticas dentro del propio partido de gobierno. Por ello, los Comités Locales de Abastecimiento y Producción (CLAP) que Maduro presentó como solución fracasaron rápidamente. Ahora ha anunciado la "Gran Misión Abastecimiento Seguro", que será manejada por los militares. Pero los altos oficiales venezolanos también padecen el mismo mal que sufren hoy los que pertenecen al partido castro-chavista: el excesivo amor por el dinero. Una pasión que les induce a tratar de ponerse en mucho dinero con poco esfuerzo y en poco tiempo".

"Para resolver la crisis humanitaria, Maduro necesitaría recuperar la confianza del mercado después de haber expropiado más de 1.200 empresas".

"Los chavistas se compraron, a muy buen precio, la idea de que eran una revolución y otros les hicieron creer que así era. Ahora el régimen está atrapado entre esa supuesta revolución que, según ellos, les da derecho de permanencia en el poder, y la pérdida de la mayoría electoral, que les obligaría a dejar el Gobierno. El Gobierno de Maduro no puede ni atender, ni resolver, la emergencia humanitaria. Para atenderla necesitaría un partido con disciplina, en vez de colectivos fuertemente contaminados por delincuentes. Para resolverla, necesitaría recuperar la confianza del mercado después de haber expropiado más de 1.200 empresas. Sin ser revolución ni democracia, no hay ninguna posibilidad de que Maduro atenúe la crisis. Lo seguro es que Venezuela seguirá empeorando con graves resultados para los venezolanos, para Latinoamérica, e incluso, para el futuro político del partido chavista".

"En Cuba, donde sí hubo revolución y no ha habido elecciones en medio siglo, la posibilidad de un cambio ordenado y pacífico descansa, en última instancia, en el control que tiene el régimen y en la inexistencia de una oposición fuerte. Allí, para lograr una liberalización política es necesario primero liberalizar la economía. En Venezuela, por el contrario, ha habido 19 elecciones en 17 años, existen partidos políticos y la oposición es ahora mayoría. Allí, para reactivar la economía es indispensable primero un cambio político. Las guerras de Centroamérica, las crisis de Perú y Argentina en el 2000 y muchos otros conflictos o preconflictos en el mundo acabaron en elecciones. Es por lo tanto elemental, la salida más ordenada y pacífica a la crisis de Venezuela es realizar un referéndum revocatorio a la mayor brevedad posible, tal como establece su Constitución". (83)

Una de las mayores preocupaciones para una gran parte de los venezolanos que viven y sufren los despropósitos del gobierno castro-chavista, aparte de, por supuesto, la resolución del problema socio-político-económico vigente, es lo relacionado a la recuperación moral de la sociedad venezolana y su retorno, como mínimo, a los estándares morales y éticos que presentaba hasta el año de 1998, fecha del advenimiento del gobierno de Hugo Chávez.

No se puede negar que el movimiento castro-chavista surgió como una consecuencias de la irresponsabilidad de la clase política venezolana y su cada vez más evidente desapego de los principios y valores democráticos exhibidos por aquella clase política que surgió de las luchas clandestinas contra las dictaduras de Juan Vicente Gómez y de Marcos Pérez Jiménez y que es conocida como "la generación del 28".

El Analista Político, Aníbal Romero, en su excelente trabajo titulado "Venezuela y la Revolución Bolivariana", afirma que: *"el fin del sistema político imperante en Venezuela entre 1958 y 1998 fue un proceso gradual, y no ocurrió de manera abrupta y tajante. Se trataba de un sistema con ciertos rasgos particulares, que en no poca medida le distinguieron, por un buen tiempo, de otros regímenes de raigambre populista en América Latina. El principal factor de diferenciación con respecto a otras realidades regionales, fue la abundancia de recursos fiscales provenientes del control del petróleo por parte del Estado; abundancia que hizo posible, por años, evadir complejos dilemas y postergar decisiones difíciles. El segundo factor, fue la sólida concertación entre las élites —políticas, empresariales, laborales, militares y jerarquía católica—, que predominó durante los tiempos de formación del nuevo régimen y se prolongó hasta las postrimerías de la década de los ochenta. Esa concertación, al tiempo de proporcionar estabilidad al sistema, le hizo también renuente al cambio".*

"El deterioro en la eficacia de estos dos factores, considerados como elementos integradores de sustentación del régimen democrático, constituyó la causa fundamental de su decadencia y agotamiento. En primer término, si bien el petróleo siguió suministrando importantes recursos a los diversos gobiernos democráticos, en medio de los recurrentes vaivenes del precio del crudo en los mercados mundiales, el modelo de desarrollo basado en las grandes inversiones públicas y la multiplicación de la burocracia estatal como fuente de empleo, acusó síntomas de asfixia desde la propia década de los setenta. Numerosos estudiosos han destacado a Venezuela como un caso especialmente grave de "enfermedad holandesa", un mal que se patentiza a través de los efectos perniciosos que el avasallante predominio de un recurso natural ocasiona al resto de las actividades económicas. De hecho, en Venezuela se puso de manifiesto, con particular fuerza a partir de 1974-75, una dinámica patológica mediante la cual mientras más petróleo producíamos y a más altos precios le vendíamos, más se distorsionaba la economía y más crecía el empobrecimiento de las mayorías".

"Ante las evidencias de su retroceso socio económico, las frustraciones de una población que en los primeros años de la IV República, se había forjado grandes expectativas de mejoramiento económico y progreso social, convencida de

que el país era inmensamente rico debido a su petróleo y otros recursos naturales, comenzaron a aumentar a medida que la dirigencia democrática se empeñaba en repetir sistemáticamente sus errores. Por una parte, el error de creer que el Estado, prácticamente por sí sólo, y a través del gasto público inflado por el petróleo, era capaz de desarrollar la economía y proveer eficazmente empleos, servicios sociales y seguridad a una población empujada al parasitismo por el propio paternalismo gubernamental. Por otra parte, la dirigencia democrática, a lo largo de diversas campañas electorales entre 1973 y 1993 no hizo sino reforzar de manera exagerada las ilusiones de la gente, mostrándose todos los candidatos de los partidos políticos fundamentales, como incapaces de llevar a cabo una labor pedagógica con respecto a un pueblo confundido, apegado al mito de que la riqueza no es algo que se crea mediante el trabajo y el esfuerzo, sino que es una dádiva de la naturaleza, que debe ser distribuida con equidad por gobernantes justos y sabios".

"Diferentes estudios de opinión indican claramente que la erosión del apoyo popular hacia el régimen democrático comienza a reflejarse de manera clara a principios de los años ochenta, en tanto que empieza también a agudizarse el retroceso en los niveles de vida de las mayorías. Dicho en otros términos, el apoyo al régimen democrático y a los dos partidos clave del mismo

(socialdemócrata y democratacristiano), se sostuvo a niveles bastante elevados en tanto se prolongó el proceso de expansión económica y movilidad social ascendente, hasta fines de los setenta. Desde entonces, se inició un declive, que alcanzó su culminación en 1998. Esos dos grandes partidos tuvieron en sus manos la responsabilidad fundamental en el diseño constitucional y desarrollo operativo-político del sistema democrático desde 1958-59. Se trataba, en sus comienzos, de partidos con fuerte contenido ideológico, pluriclasistas y con fuertes arraigos a lo largo y ancho del país. Sus principales líderes, conscientes de la necesidad de conciliar intereses y construir una democracia pluralista con base en el consenso, promovieron una democracia "pactada" orientada a sostener la convivencia de diversos sectores dentro de un marco de prosperidad alimentado por el dinero petrolero".

"Estas ideas y concepciones iniciales tenían, sin embargo, dos fallas: Por un lado, el modelo de desarrollo basado en el petróleo, que si bien fue capaz, por un tiempo, de impulsar un importante crecimiento, llevaba dentro de sí los virus propios del exacerbado peso de un sólo recurso en el proceso económico: el desbordado intervencionismo estatal, la asfixia del sector privado, la burocratización y la ineficacia que se derivan del centralismo y la constante multiplicación de las actividades gubernamentales en todos los ámbitos. Por

otro lado, los pactos de élites, si bien tuvieron la ventaja de armonizar intereses, a veces contrapuestos, también intensificaron los controles políticos "desde arriba", pasando así los partidos políticos, de ser instrumentos de articulación y representación de intereses plurales, a convertirse en meras maquinarias clientelares, destinadas a satisfacer apetencias de una élite y ejercer la demagogia".

"En Venezuela, la cultura política alimentada durante cuatro décadas por los partidos políticos y sus líderes, fue una cultura rentista y parasitaria, ajustada a esperar respuestas de parte de gobiernos paternales y dispendiosos, carentes por completo de un sentido de los límites presupuestarios, aun en condiciones de erosión del precio del petróleo y aumento de la carga de la deuda pública. Se trataba de una cultura de derechos y no de deberes, de colectivismo y no de responsabilidad individual en la construcción del destino propio. Esa cultura política mesiánica y providencialista no sólo sobrevive, sino que de hecho se ha exacerbado en los tiempos de la "revolución bolivariana". (84)

Por otro lado, hoy, es necesario reconocerlo, el venezolano está mostrando una gran facilidad de adaptación a todo lo que huela a dinero fácil, y un desmedido gusto por las riquezas logradas con poco esfuerzo. El régimen castro-chavista no solo ha destruido el aparato productivo y las institucionalidad democrática venezolana, sino que también desarticuló la estructura moral y ética de una gran porción de venezolanos, que si bien no podían ser considerados como santos, al menos públicamente se cohibían de cometer actos éticamente cuestionables. Al menos, eso es que ocurría con la gran mayoría. Hoy, se podría afirmar, sin temor a equivocaciones, que el venezolano necesita ser reeducado como ciudadano útil para su patria, por su propio bien, por el bien de sus hijos y por el bien de nuestro propio país.

Los venezolanos deberán repensarse desde aquella Venezuela de las décadas de los años cuarenta, cincuenta y sesenta, cuando éramos una de las naciones más prometedoras y de mayor crecimiento poblacional del mundo, con la confluencia de familias de Europa, Asia y de la propia América Latina, todas viviendo en paz y armonía. Hombres y mujeres que vinieron a establecerse en este territorio, y que, con diversidad religiosa, creencias y costumbres, crearon miles de familias venezolanas, que con su trabajo, su emprendimiento y su constancia, propiciaron un formidable proceso de desarrollo socioeconómico y cultural.

A la construcción de aquella nación próspera, le faltó ponderar mejor, o entender más acertadamente, la valía del paradigma clave de la libertad económica, y del papel determinante del trabajo y del esfuerzo propio por parte del trabajador y su familia, para el sostenimiento del sistema democrático. Le faltó entender, correctamente, el papel del Estado como garante de la libre actividad económica de la sociedad, y no tanto como un controlador que pretende sustituirla. Era necesario un mayor esfuerzo clarificador desde dentro, y hacia fuera, de sus instituciones educativas sobre el papel de la economía libre para la prosperidad, para el orden y para la justicia. Esclareciendo, y superando también, la concepción errónea de dicho Estado como propietario de la riqueza, que la redistribuiría, con supuesta eficacia y justicia, favoreciendo la parte de aquella sociedad que permaneciera culturalmente postrada.

La democracia ha sido secularmente el antídoto universal contra las enfermedades del cuerpo social. Pero si la democracia no forma demócratas, como obviamente so olvidó hacer en Venezuela durante los 40 años que duró su vigencia, la virulencia de la enfermedad dominará la débil estructura moral del pueblo que, entonces, tiende a culpar a la democracia de sus sufrimientos, porque no está debidamente formado para situar la culpa en los gobiernos de la democracia que él mismo ha elegido, básicamente influenciado no por la sindéresis, sino por sus emociones. Recordemos el caso de Hitler para no reproducirlo nunca más no solo en nuestro país, sino tampoco en ningún país de América y el mundo.

Así, debido al control que asume de la sociedad toda, ese modelo de Estado socialista, demagógico y populista, debe ser concebido como no apto por la misma sociedad para regir su destino. La misma sociedad debe asumir, a través de su libre concurso, la solidaria responsabilidad de sacar adelante a sus conciudadanos más pobres, porque al final, la verdad resultante es que, a partir del control absoluto del poder por parte del Estado, resulta el botín, con el cual se crea el círculo vicioso de la pobreza: Estado rico- país pobre- pueblo subyugado.

La fallida idea del Estado-rey-dictador, con derecho de arbitrar la felicidad de su pueblo, que, en pleno siglo XXI, aún permanece en las mentes atrasadas de algunos dictadores, como los Castro, Chávez, Mugabe, Maduro, etc. lograron incluir a Venezuela en la nefasta lista de naciones donde los ingresos del Estado provienen de la explotación de algún mineral específico, como el rentismo petrolero en el caso venezolano, o que provienen del secuestro, por parte del Estado, del esfuerzo de sus ciudadanos, transformados en cuasi-esclavos de éste, como sucede tristemente en los casos de Cuba, Corea del Norte y otros pocos países del mundo. Hoy, Venezuela es una especie de trofeo pírrico que el régimen castro-chavista comparte junto con corruptos e hipócritas gobiernos de países aliados, beneficiarios del desastre chavista y que tristemente actúan como meretrices hambrientas que se venden al primero que llame a sus puertas: los Evo Morales, los Daniel Noriega, los Rafael Correa, Los Kirchner, Los José Mujica, etc.

En Venezuela, la justicia y la política deberán marchar juntas para lograr la convivencia y el progreso. En Italia, hace 25 años, el fiscal Antonio Di Pietro inició una tenaz lucha contra la corrupción conocida como "Manos Limpias". Más de 1.200 empresarios y políticos fueron condenados, la mitad del Parlamento italiano estuvo bajo investigación; ni el Vaticano quedó libre de culpa. Entonces, Silvio Berlusconi se convirtió en el redentor y salvador de los italianos, y los partidos que habían gobernado Italia desde 1948, fueron destrozados políticamente. A posteriori, los resultados de aquel huracán de moralidad fueron fatales para la economía, la política y los ciudadanos italianos; Hoy, Italia sigue sin recuperarse completamente, y todo indica que la corrupción cabalga libremente en territorio italiano.

Guatemala fue intervenida internacionalmente para perseguir genocidas, corruptos y criminales. A finales del 2015 el presidente, el general Otto Pérez Molina, promotor del proceso de paz, fue destituido por corrupción. El resultado fue que el partido de los militares genocidas tomó el poder con el comediante Jaime Morales como candidato. Familiares de Morales se enfrentan ahora a cargos por corrupción. Guatemala tiene a los genocidas en el Gobierno y el crimen es más fuerte que nunca.

En Brasil, la lucha contra la corrupción derrumbó un Gobierno, estableció una polarización que puede arruinar al país por muchos años y se está hablando de una amnistía general porque la corrupción abarca a todos los partidos.

*****

AQUÍ NO HA PASADO NADA

En Venezuela, a finales de los ochenta, a causa de la desbordada corrupción, los medios de comunicación, los llamados intelectuales y miembros de los poderes económicos, atacaron al sistema político venezolano. En 1989 tuvo lugar una gran movilización popular y en 1992, la telenovela "Por estas calles" llegó a ser la más exitosa de la televisión nacional; ambos sucesos tuvieron por tema la corrupción. El viejo sistema de partidos fue despedazado y Hugo Chávez se convirtió así en el redentor. Un grupo de corruptos oportunistas con banderas revolucionarias en sus manos, tomó el poder. Al igual que los casos antes mencionados, Venezuela sufre ahora las consecuencias de aquella situación.

Lamentablemente, en Venezuela, los medios de comunicación junto con un pequeño grupo de intelectuales que fueron conocidos como "los notables", tal vez sin darse cuenta de lo peligroso de sus acciones, y olvidándose de sus propias responsabilidades, en medio de su afán de denuncias contra la malversación y la corrupción política en todos los niveles de la administración pública, se dedicaron a apostrofar de la democracia venezolana. (85)

De acuerdo con la opinión de Max Weber, un notable sería un individuo que por su situación socioeconómica, se encuentra en posición de dirigir y administrar de forma continua, un grupo, siempre como profesión secundaria, sin recibir un salario por ello. En la Alemania nazi, intelectuales de gran talento se comprometieron con el nazismo, como Carl Schmitt con su doctrina de amigo-enemigo, y otras tesis que socavaron la estabilidad de la República de Weimar, el gran filósofo Martin Heideger, quien se encandilo con la ideología totalitaria del Tercer Reich, el reconocido Psicólogo Carl Jung, y muchos otros.

En Latinoamérica tenemos el caso de México, que además de sus partidos que son verdaderas instituciones políticas como el PRI y el PAN, ha poseído notables e intelectuales de prestigio como Daniel Cossío Villegas, Octavio Paz, y Carlos Fuentes quienes ejercen un poder de convocatoria en la sociedad civil mexicana. En Colombia, la mayoría de los ex presidentes siempre están alertando y orientando a la opinión pública colombiana.

En nuestra querida Venezuela, país díscolo, casi siempre con instituciones, y constituciones provisionales y cambiantes, se puede afirmar que los notables no abundan. Y si existen, pocos nos hemos dado cuenta de ello. Pero cuando Carlos Andrés Pérez ejerció por segunda vez a la presidencia de la República, salió en su contra un grupo denominado "los notables" encabezados por Arturo Uslar Pietri, Ramón Escovar Salom, y Rafael Caldera, cuya labor de zapa contra el sistema democrático fue terrible. ¿Quiénes eran estos "notables"?

En primer lugar, tuvimos a Arturo Uslar Pietri, un caso raro y extraño de odio y amor contra Acción Democrática. Exilado por el Golpe de Estado del 18 de octubre de 1945, volvió de nuevo a figurar en la política como Senador de la República en el lapso 1959-64, cuando Rómulo Betancourt estaba de nuevo en la presidencia de la República, pero esta vez cubierto de una legitimidad incuestionable lograda a base de elecciones libres. Fue electo en 1958 senador por el Distrito Federal en las listas del Partido Unión Republicana Democrática (URD), como candidato independiente. También, el destacado literato fue candidato a la Presidencia de la República siendo derrotado limpiamente por el candidato de AD, Raúl Leoni, y por uno o dos años cooperó con este presidente en un gobierno de coalición. Después, cuando Carlos Andrés Pérez fue presidente por primera vez, el escritor y novelista fue nombrado embajador de Venezuela ante la UNESCO, con sede en París, un puesto exquisito para un intelectual. Con este historial, nos resulta un tanto incomprensible su actitud de su animadversión contra el puntofijismo, o la democracia inaugurada en 1958.

De igual forma, Ramón Escovar Salom, fue Ministro de Justicia en el gobierno de Leoni, llevado a ese cargo por la mano de Uslar Pietri. Sería removido de allí por el escándalo de la operación "Oriente contra las drogas", mal manejada por subalternos suyos. Luego, cuando llegó Carlos Andrés Pérez a la Presidente en su primer gobierno, se le otorgó primero, el cargo de ministro de la Secretaría de la Presidencia, un puesto clave y de confianza. Posteriormente, fue nombrado ministro de Relaciones Exteriores, y como salió a viajar en una época en que CAP se encontraba haciendo cambios en su gabinete, tuvo la mala suerte de salir del cargo cuando estaba en el exterior. Esto lo consideró una ofensa gravísima y se hizo enemigo jurado de Carlos Andrés Pérez. Cobró una dura venganza cuando era Fiscal General de la República y allí aceleró el juicio contra Carlos Andrés Pérez por el caso de gastos pagados a Violeta Chamorro con los fondos de la partida secreta que todos los gobiernos anteriores siempre habían dispuesto.

Quizá, el más dañino de todos estos "notables" fue Rafael Caldera. Presidente de la República por primera vez en el lapso 1969-74, gobernó bien en este período, pero quedó atrapado por la manía y su incontrolable ego, que lo llevó a lanzarse continuamente como candidato a la presidencia de la República, olvidándose de ser un estadista a carta cabal. Así fue derrotado por Jaime Lusinchi, y quiso una vez más de nuevo ser candidato de COPEI. No lo logró por los anhelos de Eduardo Fernández figura emergente y brillante de la generación de 1958. Posteriormente, en la ocasión en que CAP fue presidente por segunda vez, y se produjo la asonada del 4 de febrero de 1992, se adornó con un populista discurso en el Congreso de la República que fue televisado a todo el país y en el cual, afirmaba que "cuando la democracia no le daba de comer al pueblo, éste no tenía porque defenderla". También afirmó tajantemente: "El pueblo tiene hambre". Olvidándose palmariamente de que él mismo, había sido Presidente de la República, Presidente de la Cámara de

Diputados en los años iniciales de la democracia, y todavía le hacía este reclamo a un régimen en el cual había participado ampliamente durante toda su vida política, y del cual había uno de sus grandes beneficiarios. Con esta treta demagógica y el apoyo de una izquierda siempre ávida de poder, consiguió ser presidente por segunda vez, y su gobierno resultó uno de los peores de la historia: crisis bancaria, devaluación, e inflación. El descontento fue terrible.

La marcha de Caldera hacia su segunda presidencia comenzó con un notable discurso el 4 de febrero de 1992, fecha del primer intento de golpe de Estado de ese año. Sin excusar a los golpistas, mostró comprensión en torno a sus motivos: la degradación y el deterioro de las condiciones materiales de vida de un gran número de venezolanos, y de las inmateriales de su convivencia en sociedad y en democracia, como resultado de la aplicación de las políticas de ajuste desde comienzos de 1989 y de los desaciertos, corrupciones y errores de los gobiernos habidos desde 1958 en adelante. Este discurso decidió la diferencia de votos a favor de Caldera y marcó profundamente el proceso electoral. Las expectativas hacia su candidatura, y posterior gobierno, constituyeron, probablemente para muchos, el único motivo para seguir creyendo en la democracia.

Hoy no tenemos notables, ni siquiera expresidentes, porque hasta el "valiente" Chávez no está entre los vivos. Los "notables jurídicos" que auparon la asamblea constituyente chavistas, de reciente forjamiento, han caído en un gran descredito ante la grave violación del Estado de Derecho en que han sumergido a la nación venezolana con su sumisión ante el poder ejecutivo. Los dirigentes sindicales de la CTV que tanto hicieron por la paz laboral en muchos años, ya no existen o no tienen capacidad de convocatoria. Los excelentes gerentes de empresas del Estado como lo fueron Rafael Alfonso Ravard, Leopoldo Sucre Figarella, José González Lander y otros, tampoco existen. Como dice una vieja monserga ya muy gastada, el mundo viejo ha muerto y el nuevo no termina de nacer.

*****

DEMOCRACIA FRÁGIL Y NECESITADA

A lo largo de 1993, quizá en forma más dramática que en 1992 –con sus dos pronunciamientos militares–, la gran mayoría de los venezolanos percibía que la democracia tenía un futuro muy incierto, y realmente no había razones para lamentarlo mucho. Esa mayoría sentía que las instituciones democráticas se tambaleaban, no creía en el Congreso, desconfiaba del Consejo Supremo Electoral (CSE), veía a los partidos políticos no como actores fundamentales del sistema democrático, sino como organizaciones ajenas a su condición ciudadana. Tenía alguna confianza en los medios de comunicación social, pese a que −o precisamente porque en sus páginas y emisiones editoriales y en sus secciones políticas informaban y publicaban artículos y noticias sobre el acontecer nacional que contribuían al desprestigio del mundo político en general. Las organizaciones corporativas, y los partidos políticos, demostraban en sus prácticas cotidianas, que no representaban a quienes pretendían representar. Sus liderazgos se percibían como unas mafias o castas cuyo único objetivo era perpetuarse para el mantenimiento de sus privilegios a través de la monopolización del poder político. Hasta el Estado, otrora percibido como gran benefactor por su función de distribuidor de la renta petrolera, estaba cuestionado, por su creciente y cada vez más palpable incapacidad de responder a las demandas de los ciudadanos. Tales tendencias a la disolución del espacio político, no encontraban contrapeso en el fortalecimiento de la sociedad civil; más bien al contrario, resurgida en los años 70 y parte de los 80, ésta había sucumbido ante los efectos disolventes de la globalización sobre los actores colectivos tradicionales y el galopante individualismo que subyacía —y subyace en las políticas de ajuste ejecutadas entre comienzos de 1989 y mediados de 1993. El resultado fue una apatía generalizada.

Una vez elegido Caldera, muy pocos venezolanos, incluso entre quienes no votaron por él, dudaban seriamente de que el primer objetivo del nuevo gobierno —de cualquier gobierno en tales circunstancias— debía ser el restablecimiento de la calma en el sistema político y de la estabilidad democrática. Quizás esta necesidad fue percibida y compartida por Caldera, pero en esta nueva oportunidad tampoco hizo gran cosa para remediar aquella situación de malestar. Su segundo gobierno fue de los peores de la IV república. (85)

En los primeros días del mes de julio de 2017, cuando comenzamos a escribir este libro, la crisis política venezolana era noticia en diarios y portales de muchos países de América y Europa. Después de las recientes medidas tomadas por el gobierno venezolano, radicalmente autoritarias, tanto la Oposición venezolana como diversos países protestan, tratando de frenar el avance dictatorial del gobierno castro-chavista de Nicolás Maduro y reclamando el llamado a elecciones generales como la vía óptima para dirimir el agudo conflicto político que vive el país.

Una de las principales piedras de tranca, en este camino de retorno a la democracia, es el grado de hegemonía que tiene la coalición gobernante en los poderes públicos de Venezuela. Esta coalición, conocida como "el castro-chavismo" debido al rol que han jugado tanto el extinto presidente Hugo Chávez, como los hermanos cubanos, Fidel y Raúl Castro en su configuración, ha conseguido dominar el poder ejecutivo, el poder judicial, el poder electoral y el poder moral con sus instituciones: la Contraloría General, la Fiscalía General y la Defensoría del Pueblo. En todas estas arenas institucionales, el castro-chavismo domina con absoluta discrecionalidad, actuando como un solo bloque bajo las órdenes del Presidente de la República y su núcleo ejecutivo. Los pocos poderes en los cuales la Oposición tiene presencia relevante, la Asamblea Nacional y algunas gobernaciones y alcaldías, han sido sitiados presupuestariamente y sus decisiones han sido sistemáticamente bloqueadas o evadidas por sentencias de un genuflexo Tribunal Supremo de Justicia, nombrado a dedo por la Presidencia de la República.

Venezuela es hoy un caso extremo de ejercicio hegemónico del poder en el continente americano; poder que actúa sin medidas y sin contrapesos institucionales. Un poder que está articulado para anular y hacer estériles los intentos de avances electorales que exige la Oposición al gobierno chavista. La pregunta que surge a continuación es entonces ¿cómo ha sido posible que el gobierno venezolano haya podido configurar unas instituciones que sustenten, bajo una apariencia de legalidad, esta ausencia de contrapesos institucionales y concentración absolutista del poder político?

Esta es una pregunta crucial, no solo para quienes desde la tribuna ciudadana sufrimos, con más o menos intensidad, por la ausencia de mecanismos que corrijan (o ayuden a corregir) el dramático rumbo económico y social del país, sino especialmente, para los actores políticos y las élites intelectuales que, como protagonistas directos del juego, no fueron capaces de detener esta deriva autoritaria cuando estaban a tiempo de hacerlo. Responder esta pregunta de manera exhaustiva no es solo importante para comprender el pasado, sino por entender, mirando hacia el futuro, cómo es posible anticipar y prevenir el surgimiento de dinámicas políticas que cercenen los mecanismos esenciales de la democracia.

Esta discusión es de importancia capital cuando suponemos que los procesos de anulación de la democracia, de conculcación de las posibilidades de revisión mayoritaria del rumbo, de respeto por las minorías, no son accidentales, ni inevitables, ni tampoco forman parte de un destino escrito desde antes. Sólo son una consecuencia de hechos y decisiones que se tomaron en algún momento histórico. Estos procesos, más bien, son causados por la acumulación de determinadas conductas, de jugadas políticas deliberadas, y por la repetición histórica de ciertos resultados, en los cuales algunos sectores se sienten como los perdedores habituales, como atrapados por un sistema injusto o como víctimas de trampas de segregación continuada. Esta autocrítica es clave para que evitemos las repeticiones de la historia, para prevenir a nuestros hijos o nietos de los riesgos que conducen a ciertas arenas movedizas, como estos pantanos autoritarios en los que ha estado atrapada Venezuela en los últimos años.

*****

ANTIPOLÍTICA Y CESIÓN VOLUNTARIA DE ESPACIOS INSTITUCIONALES

Un primer conjunto de coadyuvantes del actual proceso autoritario fueron las maniobras que podemos etiquetar como "antipolíticas", llevadas adelante tanto por factores clave de las élites económicas e intelectuales, como por personajes políticos concretos.

La antipolítica se inició en Venezuela durante las décadas de 1980 y 1990. En aquellos años, comenzó a consolidarse un discurso que denigraba de los políticos en general y de la política partidista, que invocaba el surgimiento de liderazgos "no-políticos", cuyo modelo más repetido era la idea de un "gerente", de un personaje que pudiera "resolver" los problemas socioeconómicos de la manera como los gerentes ejecutan los planes estratégicos y tácticos de las empresas.

Esta narrativa fue inicialmente elaborada por un grupo de intelectuales que se autodenominaron como "los notables", y que estaban movidos por la idea platónica de que los intelectuales poseen una comprensión especial de los problemas y sus posibles soluciones, y que esta sabiduría no estaba al alcance de los políticos representativos de los partidos más exitosos electoralmente hablando. Estos "notables" se dedicaron a denigrar, sistemáticamente, de las características personales de los políticos y de las transacciones o negociaciones típicas de este ámbito. La idea de que hubiese que negociar entre distintos intereses, que hubiese que juntar votos para aprobar legislaciones, todo esto, resultaba indeseable para estos grupos. Así, el foco era puesto en las características personales de los políticos y en el funcionamiento de las estructuras partidarias, más que en las instituciones políticas y sus vasos comunicantes con las instituciones económicas, como factores explicativos de los resultados económicos y sociales observados.

Fueron estos grupos, alrededor de los cuales se reunían un conjunto de personas con distintas visiones ideológicas, pero que compartían un desprecio hacia los políticos tradicionales, quienes auparon, directa o indirectamente, el surgimiento de la oferta populista encarnada por Hugo Chávez, y jugaron un rol clave en su primer triunfo electoral. De hecho, este resentimiento antipolítico de "primera generación" fue clave en la manera como Chávez llevó a cabo su primer diseño institucional orientado a la hegemonía, mediante la Asamblea Constituyente de 1999.

Cuando se inicia el gobierno de Chávez, esta visión antipolítica estaba tan instalada en la sociedad venezolana que las primeras búsquedas de liderazgos opositores al nuevo gobierno se orientan a reclutar gerentes y empresarios, bajo la premisa de que su conocimiento de las técnicas y habilidades gerenciales sería clave para organizar una Oposición política efectiva. Es bajo esta impronta que se conciben las jugadas del golpe de Estado de abril del 2002, el paro petrolero de diciembre de ese mismo año y la estrategia abstencionista posterior al referéndum revocatorio del 2004. En todos estos casos, sectores con una formación gerencial, más que política, imprimieron un sesgo voluntarista a las decisiones estratégicas sobre cómo enfrentar al proyecto político liderado por Hugo Chávez.

Fue entonces aquella conjunción de un "grupo de gerentes jugando a la política", con los intereses oportunistas de algunos dirigentes políticos que habían perdido capacidad para la interlocución social, veían a sus partidos venidos a menos y no querían mostrar su poca capacidad de convocatoria, lo que desembocó en los llamados a la abstención y no participación en las elecciones parlamentarias de 2005. Esta jugada permitió al chavismo hacerse con el dominio absoluto del parlamento y, por esa vía, terminar de constituir tanto las reglas como la composición de las instituciones políticas que serían clave para su dominio hegemónico del poder.

Aquella retirada de la arena parlamentaria desconoció la idea de que cada voto en un parlamento es valioso y, en ciertas ocasiones, las minorías parlamentarias son decisivas para formar súper mayorías; esto, sumado a la subestimación táctica de las ventajas de tener voz frente a los interlocutores del adversario, y que esa voz pudiera quedar registrada en las minutas parlamentarias, resultó una jugada funesta para la vida republicana del país. El abandono de las posiciones en la Asamblea Nacional le otorgó así al chavismo una gran comodidad para crear reglas a la medida, y completar el tejido de una densa red de hegemonía institucional con una base de legalidad no disputada parlamentariamente.

Fue así como una serie de jugadas llevadas a cabo por la Oposición, influenciadas por lo que hemos llamado antipolítica, operó como uno de los factores clave para que el chavismo pudiese anular los elementos de control y contrapesos institucionales, y alinear a todos los poderes del Estado bajo la dirección del Ejecutivo. Pero esto no es todo lo que explica la deriva autoritaria de Venezuela. También hay hipótesis que podríamos llamar "de demanda", esto es, explicaciones basadas en cómo ciertas mayorías circunstanciales de los electores venezolanos "compraron" esta concentración de poder. En otras palabras, habría también que entender por qué los electores venezolanos se inclinaron, en diversas oportunidades, por un proyecto político que proponía desmantelar los mecanismos que limitan las acciones del poder ejecutivo. Porque la explicación no estaría completa si adjudicamos esta deriva autoritaria sólo a ciertos errores estratégicos de quienes dominaron el quehacer diario de la Oposición.

*****

UN ERROR MUY CARO PARA EL PAÍS

Entre 2006 y 2009, las corrientes opositoras venezolanas, fuera de la Asamblea Nacional, no pudieron objetar absolutamente nada en el debate parlamentario.

Para el venidero 7 de octubre del presente año están convocadas las elecciones para alcaldes y gobernadores en la República de Venezuela. Aunque una profunda decepción reina en una buena parte de la población opositora, y pese a que la desconfianza en el trabajo del Consejo Nacional Electoral (CNE) por parte de los partidos políticos que hacen oposición al gobierno castro-chavista de Nicolás maduro, está intacta, los dirigentes opositores venezolanos no están dispuestos a repetir la experiencia del retiro de las elecciones de la Asamblea Nacional (AN) de 2005.

"Fue un error" es una frase común entre quienes estuvieron de acuerdo y en contra de aquella decisión de abandonar la contienda electoral hace casi 10 años, promovida principalmente por Acción Democrática (AD) y Copei, y a la que se plegaron, luego de intensas discusiones, toldas como Proyecto Venezuela, Primero Justicia (PJ), Un Nuevo Tiempo (UNT) y el Movimiento Al Socialismo, entre otras.

"Es lo que el electorado opositor quiere", decían otros, tras la divulgación, con consecuencias funestas, de la lista de firmantes a favor del referendo para revocar el mandato del presidente de la República, Hugo Chávez en 2004, entre otras irregularidades denunciadas.

El uso de las llamadas "morochas" (sistema de votación que afectaba a las minorías), el uso de máquinas capta huellas –aunque finalmente el CNE había aceptado su retiro–, dudas con el sistema automatizado y un gran ventajismo oficial, se contaban entre las razones que esgrimió la dirigencia adeco-copeyana para cancelar, el 29 de diciembre de 2005, las candidaturas propias, y las apoyadas a tales elecciones. La decisión de no participar en aquellos comicios, fue apoyada por el resto de las organizaciones políticas opositoras que se mostraban renuentes a declinar.

El resultado de los comicios del 4 de diciembre de 2005, fue la obtención de la totalidad de los cargos (167 diputados) con 96% de los votos para el Movimiento Quinta República (MVR) y sus aliados y, por ende, un poder legislativo con absoluta mayoría roja durante cinco años.

En esa oportunidad, la abstención alcanzó el 75%, lo cual habría demostrado, según dirigentes como Henry Ramos Allup de AD, que una mayoría de votantes no estaba motivada a acudir a las urnas electorales por falta de condiciones que garantizaran su transparencia, y que ni siquiera los simpatizantes del chavismo habían atendido el llamado.

"El no haber participado en las parlamentarias de 2005 nos dejó lecciones: que el mejor antídoto contra el autoritarismo es la participación electoral y que la conducción política se hace con racionalidad y no con emocionalidad. Los partidos políticos debemos estar preparados para que las matrices de opinión, que en este caso promovían el retiro de las elecciones, no nos arrastren", reflexionó el diputado nacional (PJ), Alfonso Marquina.

El parlamentario, quien encabezó las candidaturas por lista a la AN en el estado Sucre para 2005 por AD y posteriormente fue obligado a renunciar, recordó que su postura a favor de seguir en la carrera electoral, en aquel entonces, le valió su expulsión de las filas del partido blanco.

A esas "matrices de opinión" aludió Ramos Allup en 2013 para justificar, en parte, la postura de los partidos que los llevó a no participar en los comicios.

Según el secretario general de AD, Henry Ramos Allup, durante un acto de una empresa televisiva, personalidades de peso en la opinión pública nacional les sugirieron no presentarse en las elecciones porque la gente no quería votar. "Y eso se demostró con una abstención del 75%. La población no quería votar, así como en un momento quiso el paro petrolero. Nosotros nos sumamos a ese clamor, pero la moraleja es: "los políticos a veces tenemos que tomar decisiones impopulares con tal de que sean necesarias".

Para el dirigente político Carlos Tablante, miembro del partido UNT, dicha abstención en modo alguno legitimó el retiro de la oferta electoral opositora, sino que aquella debe interpretarse como una desmovilización que facilitó aún más la reelección de Chávez en los comicios de 2006. "Se tomó una decisión equivocada porque al final lo que se hizo fue facilitar los abusos de poder desde el gobierno nacional", acusó el exgobernador del Estado Aragua.

En diciembre de 2010, el entonces primer vicepresidente de la AN, Darío Vivas (PSUV), daba cuenta de 200 leyes sancionadas (aprobatorias e iniciativa legislativa) por la mayoría chavista convertida en la bancada del Partido Socialista Unido (PSUV) desde 2007. Este desempeño fue considerado como un "récord mundial" en rendimiento.

Entre 2006 y 2009, la Oposición, fuera de la Asamblea Nacional, no pudo objetar en el debate parlamentario la designación de los integrantes del poder ciudadano (2007) y de rectores del CNE (2006 y 2009). Dirigentes aseguraron que fueron escogidos por comités de postulaciones en procesos poco transparente y para servir sólo a los intereses del Ejecutivo.

Si bien desde la llamada Mesa de la Unidad (MUD), el organismo que agrupa a todas las corrientes opositoras de Venezuela, se asegura que no se repetirá la "equivocación" de 2005, el analista político Oscar Bravo considera contradictorio que mientras se ha llamado a votar en los distintos procesos electorales, la dirigencia opositora no ha cesado en sus descalificaciones contra el árbitro electoral.

"No se ha superado esa mala estrategia de vender la imagen de un CNE no confiable y a la vez llamar a sus electores a participar. El resultado de esto ha sido negativo en el pasado y puede ser contraproducente con unas elecciones en puertas (parlamentarias de 2017), porque el ciudadano opositor siente que no vale la pena ir a votar. (86)

Surge una interesante pregunta: ¿Por qué los electores venezolanos se inclinaron por desmantelar los mecanismos de chequeos y contrapesos que limitaban al ejecutivo nacional?

Analizando los casos de Hugo Chávez en Venezuela, Evo Morales en Bolivia y Rafael Correa en Ecuador, se encuentra que en todos ellos, existen elementos comunes de mayorías electorales aprobando reformas a las constituciones que remueven, "de manera alegre y entusiasta", los mecanismos institucionales previamente diseñados para limitar la capacidad de los presidentes de perseguir sus propias agendas, capturar rentas o maximizar sus propias funciones de "utilidad ideológica". Así ocurrió con la nueva constitución venezolana del año 1999, la cual entre otras cosas eliminó el senado, diseñando un congreso unicameral con el objetivo de limitar la capacidad de los parlamentarios de controlar al presidente, y entregó al presidente poderes en materia económica y financiera que previamente estaban en manos del parlamento. Esta nueva constitución fue aprobada en un plebiscito en diciembre de 1999, con el 72% de los votos. Casos similares han sido documentados en Ecuador y Bolivia.

CÓMO DESTRUIR UN PAÍS: caso Venezuela

Siempre existe la posibilidad cierta de que en un país en el cual hay una mayoría de pobres, una pequeña élite de ricos y unas instituciones políticas débiles, las relaciones entre los poderes pueden facilitar que esta élite trate de influir en la aprobación de políticas que la favorezcan, usando medios como el lobby, el financiamiento de las campañas de parlamentarios y los sobornos. En este caso, la eliminación de esos equilibrios de poderes podría ser vista por los electores como un medio para que un presidente locuaz, que convenza a la mayoría de pobres que él –una especie de Robin Hood moderno–, es una suerte de guardián de sus intereses, pueda aprobar políticas que favorezcan a esa mayoría de pobres, sin los obstáculos y bloqueos implicados por la separación de poderes. En otras palabras, la votación por la eliminación de la separación de poderes tendría como objetivo "eliminar las cadenas" con las cuales las élites oligarcas "inmovilizan" a los presidentes, impidiendo que éstos las favorezcan.

¿Acaso hubo algo de esto cuando Hugo Chávez logró convencer a las mayorías pobres de Venezuela, de que él quería generar políticas que los favorecieran, pero las élites, "la oligarquía", se valía de todas las maneras posibles para amarrarlo y evitar así que él favoreciera a los más pobres?

Cualquier persona con mediana sindéresis puede argumentar que las políticas llevadas adelante por Hugo

Chávez fueron, a la larga, negativas para las mayorías de escasos recursos. Estas políticas destruyeron el aparato productivo y generaron escasez e inflación (y esto explica el clima de insatisfacción existente en la actualidad). Pero la pregunta clave acá es cómo fue el desempeño de los políticos en las décadas previas a Chávez (años 1970s, 1980s y 1990s) y cómo aquellas políticas generaron tales insatisfacciones y resentimientos de forma tal que las mayorías vieron en el discurso de Chávez "una posibilidad de salvación". Incluso, yendo un poco más allá, ¿acaso no pocos de aquellos pobres pensaron (o aún piensan) que aunque Chávez se equivocara, "lo hizo intentando favorecerlos y devolverles a ellos aquello que las élites les habían escamoteado"?

Reflexionar sobre estas preguntas no es algo trivial. Por el contrario, es de una importancia capital. Cuando existe la posibilidad (a corto o largo plazo) de que ocurra una transición y la etapa chavista sea superada, ¿acaso el diseño de una nueva institucionalidad no debería tomar en cuenta las causas profundas por las cuales las mayorías venezolanas le entregaran todos los poderes a Hugo Chávez para que los salvara? ¿Cómo debería regularse la influencia de los empresarios en la política? ¿Cómo evitar que los partidos políticos se conviertan en vehículos de los intereses de las élites? ¿Cómo hacer que los contrapesos y los equilibrios de poderes, limiten la arbitrariedad de los presidentes sin convertirse en las "plataformas de las élites" para lograr políticas que solo las favorezcan a ellas?

Todas estas preguntas son relevantes a la hora de diseñar unas instituciones políticas y económicas que permitan superar la aniquilación de todos estos años de gobierno castro-chavista, pero sin regresar a aquello que fue percibido como injusto, como "comprado por la oligarquía", al extremo que hizo que los electores se entregaran ciegamente a un mesías, con la promesa de que ese mesías haría pagar a aquella oligarquía por los daños infligidos. Ojalá que la entendible desesperación por superar las inmensas calamidades que hoy vive Venezuela no impida la reflexión política sobre estos temas. Ojalá que el deseo de relanzar económicamente a Venezuela no cause que las respuestas, en un eventual o remoto próximo gobierno, sean exclusivamente económicas y se ignoren estos importantes asuntos políticos e institucionales.

La corrupción como un virus social, está dominando simultáneamente en varios países latinoamericanos: México, Argentina, Brasil, Venezuela, etc. La existencia de este fenómeno indica que debe existir un problema estructural cuyas causas deben ser entendidas y atendidas. La política continental ha pasado por tres temas centrales: derechos humanos, liberalización económica e inclusión social. Hemos visto que en democracia, gobiernos de derecha e izquierda se han alternado y con ello la corrupción, que siempre ha existido, dejó de ser invisible. Pero sin democracia, la política se hace barata y los partidos, los parlamentarios y los jueces, se tornan irrelevantes, y los poderes económicos instrumentan al Estado y nadie puede competirles. Ahora estamos frente a una nueva realidad en la que factores objetivos, y hasta culturales, generan corrupción: la financiación de la política, la gobernabilidad con Parlamentos de composición complicada o genuflexos, la existencia de recursos estatales sin controles y el surgimiento de nuevas élites económicas que consideran tener el derecho de utilizar al Estado para fortalecerse, porque eso fue lo que hicieron las antiguas élites. Esto ha ocurrido cuando la democracia estaba independizando y empoderando a la justicia. No se trata entonces de una lucha de "buenos" contra "malos", sino de un reto que requiere considerar todo el contexto; de nada sirve atacar los síntomas si no se resuelven las causas. Reducir la corrupción requiere abordar los temas señalados de forma abierta y pragmática y esforzarse porque la justicia y la política avancen juntas.

Tal vez los debates sobre institucionalidad resulten aburridos y que los linchamientos sean excitantes; o que el enfoque estrictamente moral, judicial y mediático de esa misma institucionalidad, pueda resultar contraproducente.

Pero si la justicia no tiene en cuenta el contexto histórico, corre el riesgo de caer en la politización y entonces perderá su independencia. Sin acuerdos políticos nacionales que aborden el tema de la corrupción, la estabilidad macroeconómica y la inclusión social, como se hizo con los derechos humanos, hay riesgo de un ciclo interminable de venganzas que deslegitimaría la democracia representativa, generaría vacíos de poder, fortalecería la antipolítica y abriría de nuevo el camino a los redentores.

No se trata de avalar la corrupción, sino de resolver sus causas. Cada país es diferente, pero los riesgos de equivocar la ruta están en todas partes. En Latinoamérica, y en especial en Venezuela, pese a creer lo contrario, no tenemos democracias maduras con electores ilustrados; el resultado final del enfoque estrictamente moral fue considerar que todos los políticos eran unos ladrones; y el que no lo era, entonces, debía ser un estúpido. El progreso es siempre relativo, gradual e imperfecto; lo contrario es imposible. Las acciones deben juzgarse siempre por sus resultados, nunca por sus intenciones, porque, como bien dicen, de buenas intenciones está lleno el camino del infierno. (87)

El pueblo venezolano debe reafirmar sus valores cívicos y su esperanza de cambio hacia la democracia, impulsado por un pueblo rescatado de la ignorancia y que abandona el culto a los héroes militares y se propone a construir una genuina republica civil, que resalte la importancia de impulsar la educación y la cultura como herramientas de ese cambio necesario para construir un país sin exilados, ni presos políticos, sin gobiernos autoritarios, sin mezquindades ni odios políticos y con elevado desarrollo cultural y progreso para todos. Un país en el que el ejercicio militar estuviese siempre sujeto a un orden civil. Un país donde exista una verdadera independencia de los poderes públicos y en lugar del culto al caudillo de turno, se practique el pleno respeto a las instituciones democráticas como garantes de la justicia y contrarios a todas las formas de corrupción y abusos de poder. Debemos enterrar definitivamente el caudillismo. (88).

.- ¿Un gobierno militarista?

Los grupos paramilitares chavistas, llamados "colectivos revolucionarios" –antes se denominaban "círculos Bolivarianos"–, se han encargado de sembrar el terror en todas las protestas de la Oposición. Por otro lado, el castro-chavismo obliga a los empleados públicos a participar en sus marchas y manifestaciones para demostrar un supuesto poder de convocatoria, llegando incluso, a amenazar con despidos a quienes no presenten su apoyo al gobierno nacional. Pero el gobierno chavista ha perdido legitimidad y credibilidad ante la población y según encuestas recientes, existe más del 80 % de rechazo, de ahí que la estrategia chavista es de no convocar a elecciones. Veamos la materialización de esta estrategia; se robaron el referéndum revocatorio 2016, no convocaron a elecciones regionales de diciembre de 2016 y están empecinados en seguir el libreto cubano de anular definitivamente las elecciones. En tales circunstancias al gobierno chavista solo le queda mantenerse en el poder por la fuerza militar, situación que recuerda y que no se diferencia en nada a los regímenes militares que gobernaron muchos países de América Latina, incluyendo a Nicaragua y a El Salvador que fueron países sometidos a la dictadura militar y que hoy día apoyan al gobierno dictatorial venezolano.

Al día de hoy, mediados de septiembre de 2017, La permanencia de Nicolás Maduro en el gobierno de Venezuela parece depender esencialmente de los militares. Por eso los mima y los consiente. De los 32 ministerios, 11 están a cargo de militares en servicio activo, o retirados. De las 23 Gobernaciones del país, también 11 están en manos de uniformados. Hoy, el ejército maneja la distribución de comida, el negocio más grande en la actualidad. Para tenerlos a todos en el bolsillo, Maduro se la pasa nombrando generales. En un solo día ascendió a 195. Venezuela, que tiene 31 millones de habitantes, ya tiene 2.000 generales. Estados Unidos, que tiene 325 millones de habitantes, y que tiene que patrullar el planeta entero y librar guerras en varios frentes, tiene solo 900 de ellos. Parece que Maduro, al igual que muchos venezolanos, se ha creado en su imaginario la idea de eficiencia en manos cuartelarias, menospreciando así la labor de los civiles como verdaderos constructores de la civilidad y la democracia. Tal vez esa actitud sea una muestra de su escasa inteligencia y capacidad de raciocinio, o tal vez sea una muestra de su extraordinaria sagacidad política cuando asegura su continuidad en el poder al mantenerlos comiendo en su propia mano. (89)

*****

¿GUERRA ECONÓMICA O PÉSIMA GESTIÓN FINANCIERA?

En enero de 2008, cuando se comenzaban a notar los efectos de la crisis financiera internacional sobre el petróleo, el entonces Presidente Hugo Chávez afirmó que Venezuela podía soportar incluso el desplome del precio del barril. El difunto mandatario, con su proverbial estilo de guapetón de barrio, exclamaba: *"Póngame el precio del petróleo a cero y Venezuela no entra en crisis, pónganmelo a cero. La crisis es del capitalismo, no del socialismo"*, dijo entonces.

En el mes de octubre de 2014, su heredero, Nicolás Maduro, en una reunión del Consejo de Ministros, ante la posibilidad de que la caída de los precios del crudo afectara al país, repetía con tono retador: *"Un gobierno revolucionario con poder económico como el que yo presido, tiene planes para pasar cualquier situación, así tiren los precios de petróleo a donde los tiren"*.

15 meses más tarde, Maduro decretaba la emergencia económica, una forma de Estado de Excepción prevista en la Constitución para hacer frente a la crisis que sufre el país.

Según cifras oficiales, Venezuela registró en 2015 la inflación más alta del mundo: 180%.

Y en su discurso anual ante la Asamblea Nacional, el 15 de enero de 2015, Maduro se refirió a la situación como "una verdadera tormenta, catalogando de "catastróficas" las cifras sobre el desempeño de la economía de Venezuela. La crisis se presentaba luego de que el país viviera un extendido periodo de bonanza económica gracias a años de altos precios del petróleo, principal producto de exportación de Venezuela

La inflación de Venezuela llega al 180% y se confirma como la más alta del mundo, y sus ciudadanos tienen que hacer largas filas para comprar los productos más básicos.

Recordemos que entre 1999 y 2014, Venezuela recibió 960.589 millones de dólares. "Un promedio de US$56.500 millones anuales durante 17 años". Para tener una idea de las comodidades financieras de las que dispuso el gobierno de Chávez, sólo basta compararlo con los ingresos registrados en el periodo constitucional anterior. Durante el mandato de Rafael Caldera, quien gobernó Venezuela entre 1993 y 1998, el ingreso promedio por exportación de petróleo, fue de 15.217 millones de dólares anuales. Casi una cuarta parte de los que manejó el gobierno de Chávez.

.- Recursos extraordinarios para alimentar un proyecto

Adicionalmente a los ingresos por exportaciones petroleras, durante el período 1999-2014 Venezuela recibió varios miles de millones de dólares en ingresos adicionales por la vía del endeudamiento externo. El gobierno aprovechó el ciclo de precios altos del petróleo para financiarse a bajo coste. Entre 1999 y 2011, se emitieron US$54.327 millones en bonos de la República y bonos de la petrolera estatal Pdvsa. Parte de ese monto ya se ha pagado.

En 2012, el gobierno aumentó el gasto público para apuntalar la campaña de Chávez por la reelección. Según estimaciones de Ecoanalítica, como consecuencia de estas emisiones, Venezuela enfrenta compromisos hasta 2027 por 92.750 millones de dólares para pago de intereses y capital.

Adicionalmente, Venezuela contrajo deudas con países como Rusia y China. Según cifras del Banco Interamericano de Desarrollo, desde 2007 Pekín ha hecho varios préstamos a Caracas que suman US$65.000 millones. Parte de ese dinero ya se ha pagado con el envío de cargamentos de petróleo. Los ingresos petroleros también permitieron a Venezuela aumentar sus reservas internacionales, que alcanzaron su nivel máximo en 2008, cuando se ubicaron en 43.127 millones de dólares. En la actualidad apenas suman 15.000 millones de dólares.

Al justificar la declaración de emergencia económica, Maduro culpó de la crisis a la "guerra económica" que -según dice- promueven actores internos venezolanos junto a Estados Unidos, al que responsabiliza por la caída de los precios del petróleo. Según el mandatario, Venezuela es objeto de un boicot económico que, entre otros, incluye ataques contra la moneda y el control de cambios, la fijación de precios especulativos y el contrabando de gasolina y de productos básicos, hacia otros países. "En Venezuela, el sector capitalista se ha declarado en huelga de inversión y se ha declarado en huelga de cooperación con las leyes y con sus obligaciones en los sistemas distributivos, comercializador y de fijación de precios de la economía nacional", dijo Maduro en su discurso anual ante la Asamblea Nacional el pasado 15 de enero de 2015.

David Paravisini, "experto petrolero" cree que la razón fundamental de la crisis venezolana es la "brutal" caída de los precios del petróleo. "De un ingreso petrolero de US$40.000 millones en 2014 se pasó a US$12.000 millones en 2015. El precio del petróleo estaba cerca de los US$90 el barril en 2014 y este año está en torno a los veintitantos dólares", dijo a BBC Mundo.

El "analista petrolero", aseguró que 150 mil barriles de petróleo salen diariamente del país por contrabando vía terrestre, pero también marítimo. Según Paravisini, se debe hacer una modificación en el sistema petrolero que permita mayores controles del transporte de crudo en el país y enfatizó que Petróleos de Venezuela (PDVSA) conoce del sistema de extracción que se está ejecutando.

Por otra parte, Paravisini consideró que es responsabilidad del Gobierno Nacional generar calidad de vida. El gran reto, para el especialista, es que existe una situación política en la que la propuesta socialista se encuentra "amenazada" por la mayoría "circunstancial" en la Asamblea Nacional. (¡¿?!). Paravisini asegura que cuando Maduro indicaba que estaba preparado para la disminución de los precios del petróleo era porque "pese a esa caída, Venezuela ha podido cumplir con sus compromisos internacionales en el pago la deuda y mantiene aún el sistema de apoyo y de inversión social". (90)

Por el contrario, el economista venezolano Ricardo Hausmann, director del Centro de Desarrollo Internacional y profesor de la Escuela Kennedy de Gobierno de la Universidad de Harvard, considera que la raíz del problema está en el gasto desmesurado de los recursos.

Según Hausmann, Venezuela no dispondrá este año de los recursos para importar los bienes que necesita. "Venezuela no usó el boom petrolero para ahorrar para la época de vacas flacas, sino para quintuplicar la deuda externa. Ese dinero se lo gastaron y ahora tendrá que conformarse, retando, como dice el refrán: que le quiten lo bailado". "Básicamente, el gobierno lo que hizo fue eliminar la capacidad de producción propia y ocultó temporalmente esa destrucción con gasto público e importaciones", dijo Hausmann. Y añadió: Maduro tiene ahora un Estado que no puede financiar con un déficit gigantesco. "Esta crisis es producto del manejo irresponsable de la economía". Como ejemplo del gasto excesivo, el economista señaló lo ocurrido en 2012 cuando, pese a que el precio promedio del petróleo venezolano estaba en US$103, el gasto público tuvo un déficit de 17% del Producto Interno Bruto. "Es decir, que Venezuela gastó como si el petróleo hubiera estado en US$197 el barril", apuntó.

2012 fue justamente el año en el que Hugo Chávez ganó su última elección, para lo cual —según confesó el exministro de Planificación Jorge Giordani en una carta pública—, hubo que hacer un gran "esfuerzo económico y financiero" para lograr la consolidación del exgolpista en el poder.

Como ejemplo de lo que se hizo ese año, Giordani cita entre otras medidas las subvenciones a *"empresas públicas con grandes déficits operacionales para velar en el corto plazo por el empleo y los salarios", "y el mantenimiento de la tasa de cambio, lo que favoreció las importaciones y redujo las exportaciones, ya limitadas de la economía privada"*.

Las cifras del petróleo venezolano

US$960.589 millones ingresaron entre 1999 y 2014.

US$56.500 millones recibió el país en promedio entre 1999 y 2014.

US$15.217 millones fue el ingreso promedio anual durante el gobierno de Rafael Caldera (1993-1998)

US$103,5 es el mayor precio promedio anual que alcanzado por la cesta petrolera venezolana (2012).

US$300.000 millones es el monto que, según el exministro Jorge Giordani, pudo haber sido malversado en la última década.

El gobierno venezolano dispuso durante muchos años de "recursos extraordinarios", esto es, fondos que no estaban previstos en el presupuesto de la nación, gracias a una subestimación de los precios del petróleo. Así, por ejemplo, el presupuesto de 2013 se elaboró sobre la base de estimar el precio del petróleo a US$55 por barril, pese a que en 2012 se había ubicado en US$103,42.

El Ejecutivo afirmaba que se trataba de cálculos conservadores para evitar problemas fiscales, mientras que la oposición decía que se trataba de una maniobra para aumentar la capacidad del gobierno de hacer uso discrecional de los fondos. Según cálculos de Econanalítica a finales de 2011, por ejemplo, estos fondos contenían unos 18.000 millones de de dólares, más una cantidad de bolívares equivalentes a 34.000 millones de de dólares al cambio oficial del momento.

*****

CONTROLES, EXPROPIACIONES Y CORRUPTELAS

En 2003, el gobierno de Hugo Chávez tomó dos medidas que marcarían el rumbo de la economía venezolana hasta ahora: la instauración de un control de cambios y de un control de precios. En su momento, ambas medidas fueron presentadas como temporales. Las autoridades aseguraron que eran necesarias para enfrentar la fuga de capitales y la inflación derivadas del paro petrolero que vivió el país entre finales de 2002 y comienzos de 2003.

"Lo único que ha generado el control de cambios, es una completa distorsión", aseguró Carlos Miguel Álvarez, de Ecoanalítica. Explicó el analista, que al mantener durante tanto tiempo el tipo de cambio casi fijo mientras en el país crecía la inflación, se generaron incentivos para que las empresas prefirieran más importar, que producir en Venezuela, porque resultaba más económico.

Afirmó que el control de precios también derivó en distorsiones para la producción, pues como los precios pasaban mucho tiempo sin ajustarse en una economía con tanta inflación, los productos se volvían demasiado baratos y se disparaba su demanda sin que hubiera producción suficiente para suplirla. Al mismo tiempo, eso generaba incentivos para el contrabando porque el precio de esos productos controlados en Venezuela se vuelve muy inferior al costo en otros países.

La otra política económica que, según los economistas, marcó el desarrollo de la economía venezolana fueron las expropiaciones o estatizaciones. Según cifras de la patronal Confederación Venezolana de Industriales, entre el año 2002 y febrero de 2015 se produjeron 1.322 intervenciones de este tipo. La mayor parte de ellas, entre los años 2007 y 2011.

Las expropiaciones afectaron desde pequeños comercios hasta las inversiones que tenían en Venezuela grandes multinacionales como la cementera mexicana Cemex, el español Banco Santander, la cadena hotelera Hilton, el fabricante de envases de vidrio estadounidense, Owens-Illinois y las petroleras Exxon Mobil, Total y Conoco Phillips, entre muchos otros. Con frecuencia, las autoridades venezolanas justificaron la intervención de estas empresas con el argumento de que pertenecían a sectores "estratégicos" como la alimentación, las telecomunicaciones, servicios básicos, la construcción, siderúrgicas o el petróleo.

En otros casos, la justificación era proteger los derechos laborales de los trabajadores o convertir estas compañías en empresas socialistas.

"Los trabajadores estaban esperanzados de que a través de estas compañías ellos iban a poder realizar la actividad empresarial y contribuir con sus comunidades", dijo la economista Anabella Abadía, coautura del libro "Gestión en rojo", publicado en 2011, donde se valora los resultados del modelo socialista aplicado en Venezuela en tres tipos de empresas: expropiadas, nacionalizadas y otras creadas por el gobierno. *"Descubrimos que las empresas no eran financieramente sostenibles, pues todas dependían de recursos procedentes del gobierno"*, dijo Abadía. A su vez, el dirigente del oficialista Partido Socialista Unido de Venezuela, Freddy Bernal, admitió los malos resultados en la gestión de las compañías estatales. *"Por alguna razón no supimos gerenciar adecuadamente (...) las empresas expropiadas y las llevamos al fracaso"*, dijo en una entrevista en televisión en junio de 2014. (91) (92)

"Este es un gobierno que destruyó la economía del país. Expropió la siderúrgica Sidor y la quebró; expropió el sector del cemento y lo quebró; expropió la cadena de supermercados Éxito y la sustituyó por los Abastos Bicentenario, que poco tiempo después Maduro reconoció que eran un desastre y que hoy ya no existen", dijo Hausmann. Maduro reconoció la existencia de una red de corrupción en los Abastos Bicentenario, creados después de la expropiación de la reconocida cadena privada de supermercados CADA.

La empresa siderúrgica Sidor produjo 4,3 millones de toneladas de acero líquido en 2007, el último año que estuvo bajo control de la empresa argentina Ternium. En 2008, fue estatizada por el gobierno de Chávez. En 2015, reportó una producción de 1,11 millones de toneladas. Según afirman analistas independientes, muchos trabajadores de Sidor estuvieron a favor de su estatización.

David Paravisini dijo a BBC Mundo que los fondos que el país recibió fueron destinados principalmente a programas sociales. Afirmó que el número de personas que reciben pensiones se incrementó desde 280.000 en 1998 hasta 3.000.0000 en la actualidad y que el sistema de atención de salud pública atiende al 80% de la población. También recordó que durante su discurso ante la Asamblea Nacional, Maduro había afirmado que los gobiernos chavistas habían construido un millón de viviendas y que el número de estudiantes universitarios en el país se incrementó de 500.000 a 2.000.000 entre 1999 y 2015.

Además, se refirió la creación del sistema nacional de empleo que, en su opinión, ha permitido mantener el desempleo en torno al 6%-7%, a pesar de la crisis económica.

Además de mantener un enorme gasto público, el gobierno destinó grandes fondos a otros países de América Latina y el Caribe a los que les vende petróleo en condiciones preferenciales. Como consecuencia de ello hay cuentas pendientes de cobro por 148.000 millones de dólares.

Por su parte, Stephen Hanke, profesor de Economía de la Universidad John Hopkins (Estados Unidos), considera que gran parte del dinero se perdió por la ineficacia del aparato del Estado y otra parte se desvió por la "enorme corrupción". "Mucho dinero fue a los bolsillos de los políticos y otra parte fue a los bolsillos de las personas que apoyan al gobierno", dijo el experto, en conversación con BBC Mundo.

Según cálculos de Ecoanalítica, sobre la base de cifras oficiales, entre 1999 y 2014 se destinaron US$554.000 millones a las importaciones. Estas no fueron del todo limpias, a juzgar por la denuncia que realizó en 2013 la entonces presidenta del Banco Central de Venezuela, Edmée Betancourt, quien dijo que de los US$59.000 millones de dólares otorgados en 2012 a través del sistema estatal de control de cambios, entre US$15.000 y US$20.000 millones habían sido otorgados a empresas fantasmas. De acuerdo con una información de iReport CNN, aún no confirmada, el FBI habría detenido a la ex ministra de Comercio, Edmée Betancourt, en relación a un desfalco de 66 millones de dólares. No se ofrecieron más detalles sobre la detención de Betancourt, pero se entiende que habría sido en relación al caso de sobornos y corrupción en el Banco de Desarrollo Económico y Social de Venezuela (BANDES).

En esa misma línea, los exministros chavistas Jorge Giordani y Héctor Navarro anunciaron a mediados de febrero de 2016, que pedirán una investigación penal, pues estiman que del billón de dólares que ingresó Venezuela durante la bonanza petrolera, unos US$300.000 millones habrían sido malversados. Aún se esperan los resultados de esa investigación.

En marzo de 2015, el gobierno de Andorra intervino la Banca Pública de Andorra, tras recibir acusaciones del Departamento del Tesoro de Estados Unidos sobre la existencia de depósitos hechos a través de empresas fantasmas para supuestamente ocultar y lavar allí unos US$2.000 millones de la estatal petrolera venezolana PDVSA.

*****

¿HACIA EL FINAL DE LA CRISIS?

En febrero de 2016, Maduro anunció un conjunto de medidas para enfrentar la llamada emergencia económica y para "impulsar el nuevo modelo productivo". Entre estas se incluía una devaluación de la moneda, una flexibilización del control de cambios y una subida en el precio de la gasolina por primera vez en 20 años.

"Esas medidas no alcanzarán para evitar la catástrofe. Venezuela tiene un problema de falta de divisas y con esto no se resuelve. Este año, los ingresos por exportaciones equivaldrán a unos US$22.000 millones y hay que pagar US$16.000 millones de deuda externa. Entonces, no quedan fondos para las importaciones requeridas", explicó Carlos Miguel Álvarez, economista de la consultora Ecoanalítica, en conversación con BBC Mundo. El economista considera que Venezuela necesita asistencia financiera internacional y, probablemente, deberá reestructurar la deuda.

"La recesión económica es aguda, con una caída de 10 por ciento en su PIB, la inflación ronda el 700% y la especulación cambiaria alcanza niveles increíbles. Resulta increíble que teniendo tan enormes reservas de crudo, sus

habitantes enfrenten serios problemas de pobreza y escasez de los productos básicos, como medicinas y alimentos".

La desesperación de los ciudadanos alcanza límites extremos, lo cual se expresa es la alta inseguridad y brotes de inconformidad sin antecedentes, mientras el Gobierno es cada día más incapaz de enfrentar la crisis. Los aumentos del salario mínimo por decretos presidenciales son del orden de 40 % o más, y se han llevado a efecto cinco veces durante el último año. (93)

El descalabro económico venezolano, desde el punto de vista contable, se explica fácilmente, tal como lo hace el "experto" oficialista, Paravisini: los precios del petróleo en los mercados internacionales cayeron dramáticamente a 20 dólares por barril, lo que fue agravado con el descenso sistemático de la producción interna a raíz de medidas adoptadas años atrás.

Pero cuando se aborda con amplio sentido de la realidad, el asunto tiene otra explicación. Luego de cuatro años en el poder, Chávez tomó dos medidas que marcarían la ruta: siguiendo la línea de modelo intervencionista decidió imponer un estricto control de cambios e intervenir los precios. Su idea era atajar la fuga de capitales y la supuesta especulación con los precios al detal de los productos de consumo masivo. Las medidas gubernamentales siguieron al paro petrolero que se vivió a finales de 2002 y comienzos de 2003, por parte de los trabajadores petroleros y que marcaría un punto de inflexión de la economía venezolana.

Por un lado, el Gobierno inicio una purga en la estatal petrolera PDVSA al despedir una gran cantidad de trabajadores sin consideración alguna sobre la calidad del talento en la industria, lo cual fue el comienzo para que se diera una caída en la producción de crudo. Se inauguró así la PDVSA al servicio del socialismo con un daño irreparable sobre la economía local. Los expertos dicen que se despidieron a más de 19.000 calificados trabajadores.

Por otro lado, el control de cambios indujo a la aparición de estímulos a las importaciones legales y de contrabando, y a prácticas de corrupción en el gobierno por la estrechez de divisas a que eran sometidos los distintos sectores productivos.

Los problemas de abastecimiento e inflación se hicieron más contundentes y la respuesta oficial fue acentuar la intervención del gobierno y las acusaciones a los empresarios de liderar maniobras para "conspirar" contra las políticas públicas. Concretamente se inició un plan de expropiaciones y estatizaciones.

De acuerdo con la Confederación Venezolana de Industriales, entre el 2002 y el 2014 se hicieron más de 1.250

acciones, afectando no solo a grandes empresas y sucursales internacionales sino a pequeñas y medianas firmas. (94)

.- Aplicación de la ley en la actualidad.

"¡Exprópiese!", fue una de las tantas expresiones que popularizó el presidente Hugo Chávez. La palabra, jocosa en momentos de gloria para el mandatario, resumía una política de Estado que comenzó, tímidamente en 2002, y se mantuvo hasta su muerte, oficializada el 5 de marzo de 2013. Si bien durante el gobierno de su sucesor han disminuido las intervenciones a las empresas privadas, Nicolás Maduro no ha vacilado en amenazar a las industrias y utilizar las confiscaciones como mecanismo sancionatorio, El gobierno castro-chavista no ha brindado garantías de que van a cesar las expropiaciones. Todo lo contrario, la nueva ley de precios justos la utiliza como una sanción.

"El sector público ha expropiado varias empresas en diferentes sectores de la economía durante los últimos 16 años. Si revisamos los resultados concretos de esas expropiaciones, encontraremos que se tomó la principal empresa eléctrica del país y la situación del sector se ha tornado claramente negativa. Se expropiaron todas las empresas cementeras y la producción de cemento cayó, el abastecimiento es irregular, y las empresas constructoras se han visto obligadas a hacer maromas y pagar sobreprecios para obtener su principal materia prima, afectando su capacidad productiva. Se expropió SIDOR y la empresa se encuentra en una situación deplorable: financieramente quebrada, con su producción en el piso y conflictos laborales explosivos y el mercado de las cabillas, tal como el del cemento, o peor. Igual o peor situación atraviesan otras empresas básicas ubicadas en la región industrial de Guayana: Bauxiven, Alcasa, Venalum, Carbonorca, etc. Se expropió Agroisleña y se batió un récord en destruir un sistema y una empresa. Se expropiaron varios centrales azucareros y no hay azúcar. Se expropiaron varias torrefactoras de café y no hay café. Lácteos Los Andes quedó para envasar leche importada cuando suenan las campanas, y la situación de Aceites Diana da pena ajena."

El gobierno estableció acuerdos con países "aliados" para montar plantas de producción y "convertirnos en una potencia industrial". La planta iraní de harina de maíz sólo ha tenido actividad relevante en las ya varias ocasiones en que ha sido inaugurada. Y de la planta de automóviles sólo supimos en una visita presidencial. Los parques industriales del país están llenos de chatarra que alguien importó recientemente a dólar barato, y nadie nunca puso después a funcionar. (95)

Carlos G. Hernández R.

Con respecto a las empresas básicas de Guayana, es significativo un artículo publicado el 28/03/2016, en la página web oficialista "Aporrea", titulado "Las empresas básicas de Guayana están en etapa terminal". En el artículo podemos leer lo siguiente:

"Ya son varios los años repitiéndose la historia de las empresas básicas. Se habla de debacle, desastre, corrupción, incapacidad y deficiencia gerencial, además de la mala administración de los funcionarios militares en los últimos años. Allí se han constituidos mafias que trafican con los productos terminados, que han elevado el costo de todo material de construcción de viviendas y otras actividades que tengan que ver con materiales metálicos de acero, hierro y aluminio. Aquí no se vislumbra un futuro para las empresas básicas de Guayana... Los números presentado en los últimos años, por la prensa regional de Guayana y las Memoria del Ministerio de Industria son balances tétricos, las cifras y guarismos en los balances son rojos, hay una tendencia que las empresas están produciendo y utilizando no más del 30% de su capacidad instalada".

"Desde el año 2014 se ha venido planteando que la situación de las Empresas Básicas de Guayana es muy grave, actualmente tienen baja producción por falta de suministros de materias primas a causa de las enormes deudas entre empresas y la falta de adecuación tecnológica por la falta de inversiones. Esta es una cadena que tiene efecto dominó e involucra a cada una de las empresas de Guayana y del país. Las empresas no pueden producir a su capacidad instalada. La máxima capacidad operativa, y siendo muy optimistas, apenas alcanza a un 35%. La falta de mantenimiento y de insumos, stocks de repuestos, y las deudas de pasivos laborales, ponen en peligro la estabilidad de los trabajadores y la continuidad operativa de las mismas".

"La raíz del problema de las empresas básicas se ha agravado ante la alta rotación gerencial y de juntas directivas, además de la falta de planificación para fijar el curso concreto de acción que ha de seguirse, estableciendo los principios que habrán de orientarlo, la secuencia de operaciones para realizarlo y la determinación de tiempo y número de trabajadores necesarios para su realización. Los cambios permanentes de ministros de Industrias, presidente de la CVG y de las empresas mismas, va creando una especie de parálisis ejecutiva en las operaciones de las diversas empresas, porque el que llega recién nombrado, no le da continuidad a la gestión del anterior, además, todas las directrices y recursos se tramitan y mueven desde Caracas y el burocratismo no hace avanzar en las tomas de decisiones. La improvisación es lo normal. Lo común es realizar acciones sin tenerlas previstas, preparadas o planeadas".

"Igual que el 2010, según palabras del gobierno nacional y su publicidad, el fenómeno meteorológico "El Niño" nos vuelve a castigar, ante la ineficiencia e incapacidad gerencial y la carencia de una planificación para activar otras fuentes de energía para producir electricidad, diferente a la hidroeléctrica. Se ha denunciado que, a todo lo largo del territorio nacional, hay plantas termoeléctricas en desusos por no haber terminado la obra, y otros por malos manejos administrativos. La corrupción nos está apagando la luz. En noviembre 2009 el Ejecutivo nacional dio la instrucción de reducir en 200 megavatios, el consumo de electricidad en la Siderúrgica del Orinoco (SIDOR), el 28 de diciembre de 2009 fueron cerradas las líneas I y II de ALCASA y VENALUM adelanta la parada progresiva de 360 celdas".

"Ahora nuevamente SIDOR sufre la paralización de sus hornos de Acerías, Palanquillas y Planchones, paralizadas desde mediados de enero, no arrancarán en los próximos días (28/02/2016) como tenía previsto la directiva de la industria, debido a la crisis eléctrica que ha. Llevado al embalse de la central hidroeléctrica Simón Bolívar en Gurí, a menos de seis metros del colapso, "Solo estarán laborando la planta de pellas (una sola línea) y Midrex". (96) (97)

En los primeros días de Diciembre de 2015, los representantes de 153 consejos comunales de las cuatro parroquias del municipio Machiques de Perijá, del estado Zulia, dirigieron una carta dirigida al ministro para el Trabajo, Jesús Martínez, donde le exponen la desastrosa situación en la que se encuentra la empresa estatal Lácteos Los Andes, expropiada por el Gobierno bolivariano.

En el informe sobre situación de Lácteos Los Andes, Machiques, los denunciantes afirman, entre otras cosas, lo siguiente:

1. En la actualidad, es casi nulo el arrime de la materia prima (leche cruda), por parte de los productores de la zona y no existe una política, y menos un plan, para el mejoramiento del mismo por parte de la gerencia de la planta. Hoy día existe un arrime de menos de cinco mil litros diarios (5000 l/d), cuando la planta tiene una capacidad de procesamiento de un millón cuatrocientos mil litros diarios (1.400.000 l/d). Por otro lado, lo poco que se recibe se está procesando para elaborar leche condensada, además parte de la leche importada que se recibe para ser empacada para el consumo del país, también se utiliza para elaborar el producto antes mencionado. 2. El gobierno nacional, ha asignado una gran cantidad de recursos económicos para la activación y mejoramiento de la producción de dicha planta, pero los mismos no llegan ni se ejecutan para tal fin. 3. Se ordenó el cierre de la quinta línea de producción de la planta

(UHT), según la gerencia por falta de materia prima y recursos. 4. Extracción de maquinarias, equipos e insumos, sin justificación alguna, y las mismas hacen falta en la planta, como por ejemplo pasteurizador, homogeneizador, productos químicos, latas, bombas de agua, tuberías, entre otras. (98).

La crisis económica continúa y el Gobierno continúa sin tomar las medidas pertinentes. Según las cifras que manejan distintos grupos empresariales, la escasez de alimentos en Venezuela ya se ubica entre 50 y 80%, dependiendo de los rubros, reseña el diario El Nacional.

El ingeniero y experto en el tema agroalimentario, Rodrigo Agudo, señaló que la mayoría de los productos que escasean, se producían en empresas que el gobierno expropió.

"Si hoy existe desabastecimiento, el Gobierno nacional es el gran corresponsable: 70% de las procesadoras de café, están en sus manos, y no hay café; es dueño de 50% de la capacidad instalada de pulverización de leche, y no hay leche en polvo; es dueño de 55% de la capacidad instalada para la producción de harina de maíz precocida, y no la hay tampoco; es dueño de 10 de las 16 centrales azucareras del país, y produce sólo 20%, mientras que los 6 privados producen el 80% restante; es dueño de 70% de la capacidad instalada de las envasadoras de atún y sardina, y no se consigue ninguno de los dos.

Aseguró el experto, que al gobierno no le gusta hablar de escasez sino de acaparamiento, y que el primer paso que debe dar Nicolás Maduro, es reconocer que se equivocó en el modelo económico para generar la necesaria confianza que requiere para sacar a Venezuela de la "más grave crisis alimentaria que ha sufrido en su historia republicana".

Asimismo, dijo que el Decreto de Emergencia Económica genera más desconfianza y aleja más la solución económica o el inicio del proceso de recuperación del país: "Estamos en una situación muy, muy crítica. No hay capacidad nacional para producir los insumos agrícolas que serían transformados en alimentos por la industria, lo cual nos obliga a importar, pero los dólares para importar tampoco los tenemos. Por lo tanto, estamos en presencia de una situación de escasez y, si no se toman las adecuadas medidas de emergencia, vamos a tener una situación de hambre nunca vista en la historia republicana venezolana", concluyó. (99)

En materia económica, el socialismo que ha intentado imponer el Gobierno bolivariano, ha dejado más fracasos que logros. En vez de llamar a los inversionistas extranjeros, el gobierno de Nicolás Maduro, se ha encargado de espantarlos por medio de controles, expropiaciones y políticas inadecuadas que les perjudica en gran manera. Obviamente, las empresas extranjeras prefieren marcharse antes que continuar siendo víctimas del socialismo absurdo del siglo 21.

En lo que podríamos considerar como otro funesto logro del chavismo, la empresa de alimentos Gruma (Monaca), de origen mexicano, comunicó a finales de diciembre de 2015, que asumirá un cargo de 4,362 millones de pesos (unos 255 millones de dólares) en sus resultados del cuarto trimestre debido a la cancelación de su inversión en Venezuela.

La compañía perdió en el 2013 el control de sus unidades Monaca y Demaseca tras ser expropiadas por el gobierno de Venezuela, pero el valor en libro se seguía registrando en su balance general pese a que había dejado de consolidar las operaciones. (100)

.- Planta Procesadora de Arroz Cristal, Cargill de Venezuela, S.R.L.

En enero del 2009, la empresa estadounidense Cargill fue intervenida al ser acusada de atentar contra la ley de producción de alimentos al controlar los precios. Esta planta, ubicada en el Estado Portuguesa tiene la particularidad de haber sido diseñada para manufacturar cereal parboiled o vaporizado. El 2 de marzo de 2009, diversos entes gubernamentales establecieron regulaciones mínimas a cumplir por la agroindustria, que, en el caso del arroz, se fijó que el 70% de la producción debía ser arroz blanco paddy, y el restante de las demás variedades.

Dos días después, Richard Canán, a la sazón viceministro de Agricultura, inspeccionó la planta informando que no cumplía con las cuotas de producción en arroz blanco sujeto a la regulación de precios. Alegando que esto había provocado escasez de arroz en el estado Portuguesa se procedió a expropiarla el 31 de marzo de 2009. Obviamente, para febrero de 2010 esta procesadora continuaba produciendo el 100% de arroz vaporizado como fue diseñada.

Además los trabajadores manifestaban molestias por los retrasos en el pago y una merma en la producción. De manera extraoficial comentaron a los investigadores que en vista de lo exigente que era el mantenimiento de las máquinas de las máquinas y la ausencia de expertos en el área, temían la próxima paralización de sus actividades.

.- Industria Venezolana Endógena de Papel (Invepal)

En 2002, las deudas acumuladas por Venepal C.A llegaban a los 173 millones de dólares por lo que, a inicios de 2003, comenzó a vender sus activos para liquidar a 900 trabajadores. En 2005 fue expropiada luego de ser declarada en quiebra a fines del año anterior. Entonces nace Invepal bajo un modelo de cogestión Estado-trabajadores representados por la Cooperativa Venezolana de Industria de Pulpa y Papel (Covinpa) y con un capital inicial de 13,2 millones de Bsf. Cuatro años después, Ramón Lagardera, presidente de la cooperativa, informó que la producción seguía siendo muy baja pese a que la materia prima provenía de Chile pero no en los volúmenes adecuados.

El gobierno otorgó a esta empresa un crédito adicional por 24 millones de bolívares, con lo que asumió el control mayoritario de la empresa (82,7%). Cuatro meses después, volvía a presentar dificultades en el acceso a la materia prima por lo que dejó de operar por 120 días.

Lagardera advirtió que Invepal estaba produciendo el 20% de la producción mensual necesaria para alcanzar las 30 mil toneladas previstas para ese año. También alertó que la empresa arrastraba pérdidas por el orden de los 72 millones de Bsf. a causa de irregularidades cometidas. (101).

*****

SITUACIÓN DE EMPRESAS ESPAÑOLAS EN EL PAÍS

Para las empresas españolas Venezuela es una "tormenta perfecta". Tres años seguidos de contracción del PIB, inflación de tres dígitos, falta de divisas e imposibilidad de repatriar capitales, es lo que enfrentan los ejecutivos de las casi cien compañías españolas en suelo venezolano.

"Tenga cuidado con lo que me responda porque usted me está diciendo que el banco no está en venta, pero yo se lo puedo expropiar inmediatamente, si quiero, en función del interés nacional". Esa fue la amenaza que en 2011 Hugo Chávez lanzó en plena transmisión televisiva al entonces Presidente del Banco Provincial, perteneciente al grupo español BBVA. El desafío quedó en una de las tantas polémicas del fallecido mandatario, pero dibuja la relación de las empresas españolas con la Venezuela del chavismo.

El grupo BBVA continuó con las operaciones del Banco Provincial, que se mantiene como una de las principales instituciones financieras del mercado venezolano. Pero cuando Chávez soltó la advertencia, habían transcurrido tres años de la "nacionalización" del Banco de Venezuela, perteneciente al Grupo Santander. *"Yo estoy interesado en comprar y vamos a nacionalizar el Banco de Venezuela, así que yo le hago un llamado a los señores dueños para que vengan por aquí y empecemos a negociar"*, ordenó Chávez en 2008.

Para las compañías españolas, la situación en Venezuela está lejos de tranquilizarse

La del Banco de Venezuela fue de las primeras expropiaciones que decretó el expresidente venezolano, espoleado por el boom de los ingresos petroleros, para levantar el denominado "socialismo del siglo XXI", que hoy parece naufragar. El Grupo Santander negoció y cobró por sus activos. Sin embargo, otros inversionistas españoles no corrieron la misma suerte ante la ola estatizadora emprendida por Chávez. (102)

Muchos funcionarios chavistas que denuncian el imperialismo y la explotación del hombre, son los mismos que se benefician de transacciones multimillonarias en el mercado mundial. Vistos los resultados, el socialismo del siglo XXI que propone el chavismo, no es más que una vulgar retórica que sirve para mantener una empresa criminal de intereses asociados con el capitalismo financiero. Por ello resulta extremadamente paradójico que quienes denuncian al imperialismo yanqui, la explotación del hombre por el hombre, y quieren implantar un Estado comunal, sean los beneficiarios de transacciones multimillonarias en el mercado mundial, incluyendo el tráfico de drogas y las operaciones financieras con los bonos soberanos de Venezuela y de la petrolera PDVSA.

El análisis de la situación financiera venezolana ayuda a comprender la infernal dinámica política que está devorando al país y produciendo una onda de choque en la región de las Américas. Los banqueros venezolanos, muchos de ellos cercanos al régimen desde los tiempos del fallecido Hugo Chávez, han hecho millones de dólares al amparo de negocios con el Gobierno. Lo mismo pasa con muchos empresarios –viejos y nuevos–, quienes, pragmáticos, han decidido alinearse con el gobierno y se han beneficiado de importaciones y contrabandos que el régimen ha promovido para destruir a la industria privada local.

En el corto plazo, los intereses financieros están influyendo en las decisiones de actores políticos, tanto del lado de la dictadura de Maduro como de la llamada Oposición. En octubre y noviembre, se deben pagar unos dos mil millones de dólares en intereses de los bonos soberanos venezolanos y de PDVSA. El régimen de Maduro y la petrolera estatal han cumplido religiosamente con los pagos de intereses de la deuda, aunque eso haya significado reducir drásticamente las importaciones de alimentos y medicinas, generando más sufrimientos a los venezolanos, como lo ha señalado el economista Ricardo Haussman.

Esos intereses financieros también van moldeando las decisiones electorales, incluso las de la Oposición. La ilegítima asamblea constituyente chavista, ha anunciado que las elecciones de gobernadores, que debieron celebrarse el año pasado, se realizarán en octubre próximo. Ya varios partidos de la coalición opositora agrupados en la MUD han anunciado que participarán. Lo mismo ha dicho los candidatos de la dictadura. Las campañas electorales cuestan dinero y los políticos también "comen", así que hace falta levantar recursos, que seguramente vienen de esos operadores financieros que, gustosos, hacen sus aportes (en un país en el que no hay ningún tipo de control de esos gastos).

*****

GOLDMAN SACHS COMPRA BONOS PDVSA CON DESCUENTO DE 69 %

Según un artículo publicado en The Wall Street Journal, el 29 de mayo de 2017, Goldman Sachs compró bonos de Pdvsa con descuento de 69%. La firma estadounidense acordó pagar al Banco Central de Venezuela 865 millones de dólares por la adquisición de los títulos emitidos en el 2014, y con vencimiento en 2022. El grupo financiero estadounidense compró aproximadamente 2.800 millones de dólares en bonos de Petróleos de Venezuela S.A. (Pdvsa) que habían estado en poder del Banco Central de Venezuela (BCV), según informaron fuentes relacionadas con la operación a The Wall Street Journal. De acuerdo con el artículo publicado por el rotativo, la firma estadounidense acordó pagar al BCV 865 millones de dólares —31 céntimos por dólar— por la adquisición de los títulos emitidos en 2014 con vencimiento en 2022, lo que representa un descuento de 69 % en el valor de los títulos.

Goldman Sachs, cerró el trato pagando un descuento descomunal, del 68 %. Lo cual implica, en palabras del Diputado José Guerra, a través de su cuenta Twitter: "Goldman Sachs invirtiendo 856 millones de dólares hoy, pero recibiría 3.747 millones en 2022. Una ganancia de 333%..." Cabe señalar, que el tiempo de maduración de esa inversión es de apenas cinco años, es decir, "casi efectivo".

Expertos relacionados con la operación indicaron al diario que Goldman Sachs apuesta por un "cambio en el Gobierno" que pueda duplicar el valor de la deuda que negocia a tasas muy bajas, con rendimientos que rondan un 30% debido a los "temores" permanentes de default. Igualmente, mencionaron que la transacción no fue realizada directamente por el Gobierno Nacional, sino a través de un corredor cuyo nombre se desconoce.

"Esta es una mala decisión no sólo desde el punto de vista ético, sino también desde la perspectiva del negocio", dijo a The Wall Street Journal el diputado a la Asamblea Nacional y miembro de la Comisión de Finanzas, Ángel Alvarado, y añadió que un nuevo Gobierno dirigido por la Oposición, si accediera el poder, se abstendría de hacer negocios con Goldman Sachs, cuya sucursal de administración de activos gestiona 1,3 billones de dólares, de los cuales aproximadamente 40 mil millones de dólares los destina a los mercados emergentes.

"Los títulos de deuda de Venezuela también forman una gran parte de los índices de bonos que los principales fondos de renta fija miden por su desempeño en contra.

Venezuela tiene que pagar 4.600 millones de dólares para cancelar su deuda durante el resto del año. Para hacer los pagos, el Gobierno, con escasez de dinero, ha tenido que recurrir a una serie de medidas ad hoc, incluyendo hipotecar a Citgo Petroleum Corporation", destacó el reporte de Wall Street Journal.

Los bonos de Pdvsa 2022, comprados por Goldman Sachs la semana pasada —puntualizó el medio norteamericano— habían estado hasta hace poco en poder del BCV. "Las reservas internacionales del Banco Central de Venezuela saltaron de 442 millones de dólares a 10.800 millones de dólares el jueves, el día en que se completó el acuerdo de bonos, según cifras oficiales". El presidente de la Comisión Permanente de Finanzas y Desarrollo de la Asamblea Nacional, José Guerra, ha expresado en reiteradas ocasiones que cualquier deuda que contraigan los entes financieros con el Gobierno actual será "nula" en una administración futura, al no contar con la aprobación del Parlamento.

.- ¿Cómo quedan Venezuela y Goldman Sachs?

Aceptar un descuento de tal magnitud, 68%, envía al mercado señales negativas sobre la salud financiera de la nación. Existe, obviamente, una desesperada necesidad de liquidez cuando eso pasa. En caso de no superarse la urgencia, se tendrá que recurrir nuevamente al mercado en busca de liquidez. Pero ¿A qué tasa de descuento se haría? ( ) ( )

¿Se puede dejar de pagar esa deuda? El diputado opositor, y Presidente de la Asamblea Nacional, Julio Borges, advirtió que se revisará la operación. Añadió que la misma, es incluso contraria al código de ética de Goldman Sachs. Según el cual, el banco de inversión, identifica potenciales violaciones de derechos humanos antes de hacer una transacción. Pero, más allá de lo que arroje la "revisión" anunciada por Borges, seguramente el comprador ya previó esta posibilidad. Estará preparado para el litigio correspondiente, y si bien quizá tenga que incurrir en costes judiciales, al finalizar la querella todavía obtendrá una buena ganancia.

Sin embargo, Goldman Sachs, no podrá librarse a corto plazo del daño recibido en su imagen corporativa.

Según los analistas, la empresa ha incurrido en un costo de reputación elevado. (103) (104)

Otra cara de la hipocresía del castro-chavismo es la que revela las propiedades y activos que tienen muchos personeros del régimen, tanto civiles como militares, en Estados Unidos, Panamá y en varios países europeos. Miami, Madrid, Ciudad de Panamá, Vancouver, entre otras ciudades, se han convertido en lugares favoritos donde viven y se pasean estos corruptos y sus familias. Muchos generales y altos funcionarios prefieren que sus esposas e hijos vivan lejos de Venezuela, llevando una vida de reyes.

La más reciente revelación de los negociados turbios que se han hecho en tiempos de revolución bolivariana tiene que ver con la confesión de los propietarios de Smartmatic, empresa proveedora del Consejo Nacional Electoral (CNE) de la tecnología para las elecciones automatizadas. El mismo presidente de la compañía, Antonio Múgica, ha dicho que el gobierno ha inflado las cifras de participación en la ilegal elección constituyente. Sobre Smartmatic se han hecho fundadas denuncias de corrupción, que incluye el pago de coimas y comisiones a altos personeros del chavismo, incluyendo a autoridades del Distrito Capital. Cuando termine este gobierno, que algunos califican de dictadura, saldrán a flote muchas historias grotescas sobre las mentiras en las que se fundó, y se ha alimentado, una ideología que ha arruinado a Venezuela. (105).

.- Para el recuerdo

.- "Vamos a llenar a Venezuela de gallineros verticales. Vamos a sembrar las ciudades de micro huertos organopónicos, hidropónicos, para dar ejemplo". Hugo Chávez. 15/02/2002

.- "Venezuela se va a autoabastecer y va a exportar alimentos para ayudar a otros países".

Hugo Chávez. 02/04/2009

.- "Tenemos que producir los alimentos que nuestro país consume, esa es una meta que vamos a lograr con el apoyo de nuestros hermanos de Brasil y Argentina". N. Maduro. 18/01/ 2013

.- "Vamos a producir los alimentos que necesita Qatar, que necesita el mundo árabe, donde hay desierto, vamos a producirlo en Venezuela". Nicolás Maduro. Qatar. 12/01/ 2015

*****

VENEZUELA NECESITARÁ AYUDA INTERNACIONAL

Frente a la difícil situación por la que atraviesa Venezuela, sería conveniente que naciones hermanas, como México, Colombia y Chile, explorasen la posibilidad de impulsar una política exterior, coordinada con otros países de la región, para buscar, entre todos, evitar el colapso total de Venezuela. Afortunadamente algo de eso ha venido ocurriendo en las últimas semanas. Hace unos meses atrás, el mundo presenció la expulsión de miles de colombianos ordenada por Maduro, inculpados de ser responsables de la plaga de contrabando que es resultado inevitable de una serie de políticas insostenibles. Siempre es fácil culpar de todo lo negativo al extranjero, y por eso miles de colombianos tuvieron que regresar a su país, cargados de todos sus enseres. Esas imágenes fueron perturbadoras, pero la cosa se pondrá todavía peor si la economía venezolana se colapsa y los que comienzan a vadear ríos y atravesar fronteras, son los propios venezolanos, buscando refugio en Colombia o en Brasil. Importa que los países latinoamericanos ejerzan algún liderazgo para contribuir a evitar una situación así.

El segundo aspecto pendiente, tal vez menos urgente, pero aun así muy relevante, es la necesidad de una reflexión crítica del caso venezolano desde la izquierda internacional, que apoyó con tanto entusiasmo a Hugo Chávez, un supuesto caudillo al que se le atribuyeron propiedades taumatúrgicas y hasta divinas, pero cuya magia dependió al final de los altísimos precios de petróleo que lo beneficiaron, y de la quiebra moral del sistema de partidos políticos que precedió su ascenso al poder. No es correcto, ni tampoco justo, asignar la culpa de todo a Maduro y dejar perfumado a Chávez, el hombre que se hizo reelegir sabiendo que tenía un cáncer incurable para dejar en la presidencia a un hombre que, además de autoritario e incompetente, ha tenido la mala fortuna de tener que administrar al país monoexportador que dejó Chávez ante el desplome de los precios del petróleo. La corrosión institucional a la que sido sometida Venezuela durante todos estos 19 años de gobiernos chavistas, es un aspecto clave del colapso inminente que amenaza nuestra república. (106)

*****

EL PACTO DE PUNTO FIJO

En la Venezuela de la segunda mitad del siglo XX, tuvo una gran influencia el tipo de democracia que resultó del llamado Pacto de Punto Fijo, que fue un acuerdo entre las principales fuerzas políticas del país –Acción Democrática (AD), Comité de Organización Político Electoral Independiente (Copei) y Unión republicana Democrática (URD)–, que, al mismo tiempo que eliminaba la posibilidad de cualquier tipo de interrupción militar que atentara contra la vida de la naciente democracia, también excluía a las fuerzas minoritarias, dejando fuera del juego político, a importantes sectores de la sociedad. El pacto de Punto fijo fue un acuerdo que implicaba un acuerdo para actuar conjunta y solidariamente en torno a aspectos como la defensa de la constitucionalidad y del derecho a gobernar según los resultados electorales. Se establecía que las fuerzas políticas que no resultasen victoriosas en las elecciones, no podían contemplar el uso de la fuerza para cambiar dicho resultado. También se apelaba a la conformación de un "gobierno de unidad nacional" a partir de un "gobierno de coalición", donde ninguno de los tres partidos podría tener total hegemonía en el gabinete ejecutivo. Este entramado político, sumado a las posibilidades brindadas por la renta petrolera y a un Estado que se configuró alrededor de la misma, hizo de Venezuela un caso muy particular dentro del ambiente latinoamericano.

El éxito del puntofijismo fue ampliamente difundido en Latinoamérica y presentado como un modelo de virtuosa democracia parlamentaria, que garantizaba un desarrollo social en paz. No hay que perder de vista que tal difusión ocurrió en paralelo a un período de intensas movilizaciones populares en América Latina, signada además por la proliferación de los gobiernos dictatoriales en el subcontinente. Frente a dicho escenario, a Venezuela le bastó con aislar el fantasma de la revolución a partir de un consagrado pacto entre sus cúpulas partidarias.

Pero desde el punto de vista económico, también ocurre que junto al rol de la renta petrolera como el elemento estructural para la vida política y económica del país, va a tener lugar el afianzamiento del paradigma neoliberal en Venezuela, con el inconveniente de que el mismo va a ocurrir en un país con un perfil productivo centrado, preferentemente, en industrias complejas y menos volcado al mercado interno, y además, con un fuerte protagonismo central del Estado, lo que establece, de nuevo, una situación esencialmente diferente a la de otros países de la región.

De igual modo, y por sobre las particularidades antes señaladas, Venezuela compartiría el derrotero común regional que se ha presentado cuando tras la incursión de una fuerte intervención estatal, ha sobrevenido un período neoliberal clásico, similar al aplicado en el resto de América Latina. Y, tal como sucedió en otros países del subcontinente, dicho viraje despertó la resistencia de un amplio sector de la sociedad –que incluyó la fundamental participación de una fracción de las Fuerzas Armadas –que abriría, en el mediano plazo, las grietas por donde se presentaría la inédita experiencia de la revolución chavista.

De este modo, la explosión social conocida como el Caracazo, abriría un campo de disputa por la hegemonía, caracterizado por una constante movilización social que se distinguía por las numerosas protestas y conflictos populares, que, aunque carentes de un proyecto definido y de una conducción que las nucleara y homogenizara, marcarían el pulso de los acontecimientos que se aproximaban dentro de la escena política del país. Los sectores populares empezaron a ocupar la escena política tanto real como simbólicamente. Estos sectores empiezan a contar con la posibilidad real de construir un nuevo tipo de poder.

La destrucción violenta de imágenes y objetos representativos, como fue la destrucción de vidrieras, el saqueo de electrodomésticos y distintas mercancías que en la mayoría de las veces, resultaban ostentosas e inalcanzables para muchos de quienes se manifestaban, equivalía a eliminar una jerarquía que ya no se admitía, equivalía a suprimir las distancias establecidas. (107).

EL COMIENZO DE LA ACTUAL TRAGEDIA

La historia republicana de Venezuela, que ha pasado por 4 períodos –desde la primera República hasta la actual quinta República–, nos dice que el país prácticamente no ha conocido, en ese periodo histórico, las bondades de un verdadero régimen democrático, ya que, salvo por breves períodos de tiempo, casi siempre ha padecido los rigores de un poder despótico, desconectado de los intereses populares y altamente militarizado.

Uno de esos breves períodos de tiempo, puede ser asignado, con todos sus aspectos positivos y negativos inherentes al mismo, a lo logrado a través del Pacto de Punto fijo. Este fue un acuerdo de gobernabilidad entre los partidos políticos venezolanos AD, Copei y URD, firmado el 31 de octubre de 1958, pocos meses después del derrocamiento de Marcos Pérez Jiménez, y antes de las elecciones de diciembre de ese mismo año, que permitió la estabilización del incipiente sistema democrático representativo, el cual imperó a lo largo de cuatro décadas. Sin embargo, algunos historiadores sostienen que primero hubo un pacto anterior, el Pacto de Nueva York, firmado el 20 de enero de 1958 por Rómulo Betancourt, Jóvito Villalba y Rafael Caldera, los máximos exponentes de las tres fuerzas políticas citadas anteriormente. Al contrario de lo que generalmente se cree, el derrocamiento del gobierno del general Marcos Pérez Jiménez no concluyó inmediatamente en un régimen civil democrático y con la salida de las Fuerzas Armadas de la política venezolana. Adicionalmente, no todas las tendencias que contribuyeron a la caída de Pérez Jiménez, deseaban instaurar un régimen democrático. Por el contrario, algunas de ellas seguían prefiriendo un gobierno de las Fuerzas Armadas. De hecho, durante el año 1958, se llevaron a cabo varios intentos de Golpes de Estado contra la Junta de Gobierno recientemente formada. Los peligros concretos de una regresión militar conllevaron a la formación de un Frente Civil para encauzar el camino hacia la normalización democrática. Una gran cantidad de tensiones llevaron a cambiar la primera Junta de Gobierno a pocas horas de su instalación. La incorporación de dos elementos demasiado cercanos a Pérez Jiménez, fue rechazada por la Junta Patriótica y por los seguidores del Coronel Hugo Trejo. Como resultado, los dos personajes fueron excluidos de la Junta y se incorporaron a dos empresarios. Posteriormente, el Ministro de la Defensa, Jesús María Castro León, se alzaría en el Cuartel Bolívar de la ciudad de San Cristóbal, pero el pueblo en la calle, y manifestaciones a favor de la democracia, evita que se consuma el retroceso. Diversos conatos de Golpes de Estado, llevan a dudar de la estabilidad del gobierno electo, mientras los líderes políticos intentan moderar y calmar los ánimos de la población. Ciertos miembros de las elites militares pretenden pescar en río revuelto y alzarse con el poder. El Coronel Hugo Trejo, por ejemplo, prácticamente es sacado del país mediante la argucia de un cargo diplomático.

En síntesis, el Pacto de Punto Fijo buscaba consolidar una estructura que pudiera dotar al país de estabilidad en términos políticos, económicos y sociales. Un verdadero acuerdo que estableciera la alternancia en el poder de los partidos mayoritarios, dejando por fuera de este pacto al Partido Comunista de Venezuela (PCV), una de las principales organizaciones que luchó contra la dictadura del general Marcos Pérez Jiménez. La marginación del PCV del pacto, se debió, según opinión de los entendidos, a la dinámica de la Guerra Fría, al rechazo a ese partido por parte de la Iglesia católica y de COPEI, así como su dependencia del Partido Comunista Soviético. Para ese entonces, el PCV contaba con una importante influencia en vastos sectores de la sociedad venezolana, producto de su posición de liderazgo en la resistencia contra la dictadura militar de Pérez Jiménez. Así, al salir del gobierno dictatorial, y luego del PCV, Venezuela enviaba una clara señal para la burguesía local y para los Estados Unidos respecto a los parámetros que se respetarían en la nueva etapa que se iniciaba. El Pacto de Punto Fijo permitió que se realizaran las elecciones del 7 de diciembre de 1958, resultando electo como Presidente, el candidato de AD, Rómulo Betancourt.

Posteriormente, URD se retira del pacto en 1962 por estar en contra de la política exterior del Presidente Rómulo Betancourt, quien impulsaba sanciones contra Cuba en el seno de la Organización de Estados Americanos, y de la exagerada injerencia de los Estados Unidos en la política interna venezolana, como es el caso del tratado Betancourt-Kennedy donde Venezuela cancela el Plan Ferroviario Nacional dejado en marcha por Pérez Jiménez. El pacto, en la práctica, creó un bipartidismo entre AD y COPEI, pues URD progresivamente perdió influencia en el sistema político establecido. Aunque teóricamente sólo duró hasta el primer gobierno de Rafael Caldera, en la práctica se mantuvo hasta 1999.

No pocos venezolanos sostienen que el pacto de Punto fijo representó una derrota profunda para las aspiraciones de emancipación de la sociedad, ya que se perdió una buena oportunidad de abrirle cauce a un proceso de cambio radical en la estructura del Estado que beneficiara, en primera instancia, al grueso de la población venezolana.

Cuando se vino abajo el régimen dictatorial de Pérez Jiménez en 1958, surgió la posibilidad de establecer una democracia realmente auténtica, de sólido contenido social y político, pero eso se frustró porque los factores que posteriormente han ejercido el poder en el país, no han tenido vocación, ni tampoco interés, en   establecer verdaderas instituciones democráticas en el sentido liberal-burgués. Se podría afirmar, sin temor a equivocaciones, que la clase política venezolana nunca ha mostrado mayor interés en democratizar, de manera auténtica, la sociedad, y de asumir la solución real de los innumerables problemas de la nación. Después de la caída de la dictadura perezjimenista, los factores de poder se aliaron y conspiraron contra la posibilidad de que en Venezuela se abriera una democracia directa que asumiera las necesarias transformaciones. Ni siquiera La izquierda de aquel entonces, representada por el Partido Comunista de Venezuela (PCV), fue capaz de levantar un proyecto alternativo frente al Pacto de Punto Fijo. Asi mismo, La Fuerzas Armada Nacional, que siempre ha sido un factor de poder, que apoyó la dictadura militar de Pérez Jiménez de principio a fin, en esta oportunidad también intervino para ponerle freno a la posibilidad de que el pueblo venezolano, movilizado, echara a andar un auténtico proceso de cambio.

.- El Poder y el Petróleo

El interés básico del político venezolano es acceder el poder, y en Venezuela éste pasa por el control del Estado. Esta es una economía rentista, y el dueño del ingreso petrolero es el Estado. Los factores de poder luchan por el control del Estado, que es el poder político institucional. Durante décadas, la oligarquía manejó la renta petrolera como si fuera una hacienda particular. Y a pesar de lo abundante de esa renta, no se construyó una economía efectiva, sólida, productora de bienes y servicios de calidad.

Desde 1958, lo que se debía garantizar con el pacto, era una alternancia pero en sentido restringido, al tiempo que AD y COPEI cohabitaban conjuntamente el aparato estatal. Así, independientemente de quién ejerciera el turno de gobierno, se garantizaba el acceso común a mecanismos clientelares y a la disposición de herramientas públicas como el empleo estatal, los planes sociales, los subsidios, las becas, las ayudas, etc. así como mecanismos de financiación a partir del reparto de la renta petrolera, articulando los funcionarios públicos pertenecientes a estos partidos, con los grupos económicos, tanto nacionales como extranjeros. A su vez, como suele ocurrir con estos acuerdos de gobernabilidad, por fuera de los mecanismos de control que suponía el pacto, quedarían un conjunto de organizaciones populares a partir de un esquema delineado –que incluía procesos de cooptación y represión– que podría verse, por ejemplo, en repartos de tierras públicas, combinadas con desalojo de tierras ocupadas.

Nota: La cooptación es un sistema de selección o reclutamiento de nuevos miembros por nominación interna, por el cual una asociación cualquiera de personas, nombra internamente a sus miembros nuevos por nominación de los miembros antiguos, sin dependencia de criterios externos.

****

REALIDAD CULTURAL VENEZOLANA

Aún hoy día, Venezuela es una sociedad que necesita superarse, atrasada cultural y políticamente. En los inicios del siglo XIX, el analfabetismo superaba el 90% de una población que apenas llegaba a los 3 millones de personas. La sociedad venezolana era muy pobre. La población escolarizada era ínfima. Sólo los hijos de las clases acomodadas iban a la escuela.

Sin desconocer los méritos alcanzados durante los 40 años de democracia, creemos que la actual situación política que vivimos, o sufrimos –depende de la óptica desde que se mire–, es la personificación institucional del atraso cultural que los venezolanos hemos padecido a lo largo de nuestra historia. Eso no cambió durante la Cuarta Republica, y aún hoy, permanece prácticamente constante. De hecho, se puede decir, que ha empeorado. La huella del atraso y de la ignorancia, sigue articulada en la estructura actual de la sociedad venezolana.

En nuestra humilde opinión, si los venezolanos necesitamos un cambio urgente, en profundidad, este consiste en tomar noción del rasgo más marcado que nos ha signado como pueblo: la mediocridad. Es la mediocridad en lo económico, en lo cultural, en lo político. Creemos que aún nos falta mucho para convertirnos en verdaderos ciudadanos.

.- ¿Por qué persiste el atraso político en Venezuela después de 40 años de democracia?

Venezuela cuenta con una población que mayoritariamente es menor de 30 años. Por lo que la mayoría de los venezolanos vivimos la herencia del bipartidismo adeco-copeyano que dirigió los destinos del país durante 40 años. Entre nosotros persiste la cultura cuartarepublicana. Los partidos políticos –y en especial, el principal de ellos, AD –, se quebraron como instituciones político-partidistas, pero dejaron sembrada su impronta en lo más profundo de la psiquis de esta sociedad. Particularmente, en AD se resumió, cuando tuvo la hegemonía política en el periodo histórico que analizamos, el contenido y la dinámica anómica* que la sociedad venezolana acumuló, y eso sigue estando allí. Actualmente, la mediocridad, la degradación y la corrupción imperan en todos los niveles de la sociedad venezolana. Por eso es necesario que el pensamiento crítico hurgue profundamente en esa situación, y se convierta en un factor de cambio profundo.

*Anomia: Para la psicología y la sociología, la anomia es un estado que surge cuando las reglas sociales se han degradado o se han eliminado, y ya no son respetadas por los integrantes de una comunidad. El concepto, por lo tanto, también puede hacer referencia a la carencia de leyes.

La inestabilidad en el país sigue teniendo vigencia. El problema político, institucional, económico, continúa. Y la Fuerza Armada Nacional sigue siendo un factor fundamental en la presente situación. La posibilidad de nuevos pronunciamientos militares no está cerrada. Tampoco podemos descartar que la actual situación pueda tener como desenlace, la implantación de un régimen parecido al de

Francisco franco en España o de Augusto Pinochet en Chile, y quién sabe si hasta más radical.

Entre lo que permanece, y lo que cambia, más es lo que ha permanecido y sigue estando allí, que lo que ha cambiado. La economía sigue siendo rentista. El Estado burocrático sigue estando allí. En la medida en que el pueblo no participe masivamente en su propio destino, el Estado seguirá siendo burocrático. Un Estado burocrático que le sirve tanto a la vieja burguesía que se ha entendido con el gobierno actual, como a la nueva boliburguesía* que se ha forjado al amparo del gobierno chavista. Un Estado burocrático que le sirve a los factores dominantes, pero no al pueblo.

*Boliburguesía: Contracción de las palabras bolivariano y burguesía. Es un neologismo que describe a varios empresarios y funcionarios públicos vinculados al gobierno del ex presidente de Venezuela, Hugo Chávez, y de su heredero, Nicolás Maduro. Es un término muy usado por los críticos para referirse a los que se han beneficiado económicamente de la "Revolución Bolivariana".

En el caso venezolano, es necesario resaltar el rol que ha jugado el petróleo como el elemento estructural para la vida política y económica del país. En efecto, el Estado capitalista venezolano no solo es el elemento que permite garantizar el desenvolvimiento de un patrón de acumulación, sino que, además, es allí donde se produce dicha acumulación gracias al peso de la renta petrolera. El resultado de ello ha sido un perfil industrial menos volcado al mercado interno por el potencial de su producción, y más centrado en industrias complejas de capital intensivo* y con un protagonismo decisivo por parte del Estado, con el cual las diversas fracciones de la burguesía local se han articulado constantemente. Así, las empresas que empezaron a aparecer en, y desde los años sesenta, eran directamente impulsadas desde el Estado en asociación con el capital privado y extranjero.

*Capital intensivo se refiere a una tarea o proyecto que requiere una gran cantidad de capital para emprenderse. Un proyecto o negocio que es capital intensivo a menudo tiene mucho más riesgo, ya que se requiere una mayor inversión de dinero en efectivo o activos tangibles.

Cuando se nacionalizó el petróleo, durante el primer gobierno de Carlos Andrés Pérez, entonces este modelo alcanzaría su máxima expresión en cuanto a la lógica de acumulación: la porción cada vez mayor de la renta petrolera apropiada desde el Estado era derivada, en parte, a través de caminos indirectos, hacia las empresas privadas. El hecho decisivo de este período sería la creación de la compañía estatal Petróleos de Venezuela —PETROVEN— que más adelante será PDVSA, la cual asumió con el tiempo, rasgos de Estado dentro del propio Estado.

El primer gobierno de Carlos Andrés Pérez contó con los mayores ingresos provenientes de la extraordinaria renta petrolera, al mismo tiempo que favoreció el mayor endeudamiento externo que se había conocido hasta entonces. Dicha bonanza económica resulta paradójica –sobre todo a la distancia– si se toma en cuenta que el país no logró establecer las bases para romper con la economía monoproductora fuertemente dependiente del petróleo. Por el contrario, la riqueza obtenida creó una fuerte ilusión de prosperidad capaz de ocultar una estructura económica deficiente e impotente para hacer derivar la riqueza petrolera hacia una economía productivamente diversificada e independiente, en términos económicos.

Esta fue la época de la "Gran Venezuela", también denominada la "Venezuela Saudita", en alusión al aumento de la renta petrolera, el financiamiento de grandes proyectos desarrollistas, así como también a la asistencia de actores emergentes –sectores financieros y económicos– y la aparición de los denominados "nuevos ricos", que encarnaban una nueva elite surgida durante este período, ante las oportunidades que brindaron las riquezas que emanaban del "boom petrolero", así como también a raíz del clientelismo que caracterizó a los partidos políticos de la época, especialmente AD y COPEI.

Así, Carlos Andrés Pérez, gracias a los cuantiosos recursos económicos disponibles para ofrecer a los distintos sectores sociales, pudo dotar de una gran capacidad política y económica al sistema que ya se había institucionalizado a partir del Pacto de Punto Fijo. Al mismo tiempo, la capacidad del sistema de generar la subordinación de las luchas populares mediante las dádivas, dio un nuevo salto cualitativo. Esos mecanismos, junto al restablecimiento de relaciones con Cuba y el activo protagonismo de Pérez en la Internacional Socialdemócrata –con miras a convertirse en su principal expresión en Latinoamérica–, fortalecía la posición del gobierno nacional a tiempo que generaban efectos devastadores en buena parte de la izquierda venezolana.

Entre el primer gobierno de Pérez y el de Luis Herrera Campins (1974-1979) (1979-1984), comienzan a vislumbrarse los signos de un sistema político económico en declive, con fuertes limitaciones en el mediano plazo, las cuales llevarían a una crisis que, en poco tiempo, cambiaría la estructura económica, política y social del país. El "despilfarro" y la "corrupción" –dos elementos distintivos del primer gobierno de Pérez–, llevaron a Luis Herrera Campins, a fundamentar su campaña electoral a partir del eslogan: "¿Dónde están los reales?", interpelando acerca del destino de los vastos recursos económicos que habían ingresado al país en el período anterior.

Carlos G. Hernández R.

Luis Herrera Campins asume la presidencia de un país que, para ese momento presentaba la mayor deuda externa que había tenido en toda su historia republicana, y con un modelo de desarrollo económico agotado. A partir del año 1981 y hasta 1983, los ingresos fiscales del país se vieron fuertemente disminuidos como producto de la baja en los ingresos petroleros, al mismo tiempo que gran parte de las divisas que ingresaban al país se fugaban al exterior, situación que se prolongaría al menos durante dos años.

El anuncio de la devaluación del Bolívar por parte del gobierno de Herrera Campins, el 18 de febrero de 1983 (el viernes negro), y con él, el cambio de paridad cambiaria, constituyó un duro despertar a la cruel realidad en cuanto a la sobrevaluada situación de dos elementos sustanciales para la democracia venezolana: un bolívar sobrevaluado que no reflejaba en absoluto la realidad económica del país, y una democracia que encontraba fuertes límites a la participación política. Ese día, fue la cristalización de una serie de fenómenos que venían desarrollándose en el contexto de la década de la bonanza petrolera. Los elementos que convergieron en ese momento fueron tres: la incontrolable y creciente deuda externa (con la particularidad que en 1983 el país debía cancelar una suma equivalente al 50% de su deuda), la fuerte fuga de divisas y la caída de los precios del petróleo, que era, y aún es, el elemento clave para una economía que dependía y se estructuraba sobre la renta del petróleo.

Las medidas asumidas por Herrera Campins profundizaron la complicada situación de insatisfacción en vastos sectores de la ciudadanía, generando una situación de deslegitimación del gobierno. La población venezolana empezaba a dar muestras de un descontento cada vez mayor, no solo con los partidos políticos tradicionales, sino – lo que era más grave– con el sistema institucional democrático venezolano.

La sociedad venezolana, que durante los años previos había logrado una alta tasa de urbanización, un crecimiento económico persistente, un importante incremento de la densidad demográfica (con alta concentración poblacional en los llamados "polos de desarrollo"), un fuerte impulso de las actividades económicas no agrícolas, una significativa reducción del analfabetismo, una fuerte penetración de los medios de comunicación en la conformación de la opinión pública y, la incorporación de los sectores rurales y urbanos a la participación político-electoral, recibió un duro golpe en sus expectativas cuando se anuncia el comienzo una nueva historia económica marcada por el traumático fin de la convertibilidad de la moneda nacional en relación al dólar. En febrero del año de 1983, el gobierno de Luis Herrera Campins devalúa el bolívar, iniciándose así un ciclo que se caracterizaría por una inflación persistente, estancamiento económico, eclosión de la crisis de la deuda externa, deterioro de las condiciones de vida del venezolano promedio y el empobrecimiento de amplios sectores sociales, crisis fiscal recurrente, caída de la inversión y descenso de los precios del petróleo, entre otros factores. Estos elementos se han ido articulando de tal forma, que activaron, junto a otros factores, la crisis socioeconómica más profunda de la historia contemporánea de Venezuela.

Aquella reestructuración monetaria, inédita para una moneda que había mostrado una gran estabilidad durante muchos años, ahora daba lugar a todo tipo de especulaciones financieras, así como también —producto de la misma— al acaparamiento de bienes y productos. Era el final de "la plata dulce", del "tá barato, dame dos" propia del modelo rentista o, el "adiós Miami" que tanto caracterizaba a los sectores medios venezolanos acostumbrados a disfrutar las playas de aquella ciudad. Era el final de una era en la que un pequeño grupo de venezolanos relacionados con el gobierno de turno, se daba el lujo de ordenar el cierre de un bar o de un restaurant en cualquier ciudad del mundo, para celebrar un cumpleaños, o un matrimonio.

El escandaloso endeudamiento externo del país llegó a ser de 23.000 millones de dólares en 1979, finalizado el primer mandato de Pérez; y de 36.200 millones de dólares en 1984, luego del gobierno de Herrera Campins. Todo en medio de los más altos ingresos durante todo el siglo XX ocasionados por los cuantiosos aumentos en el precio del petróleo.

Otro de los elementos que contribuyeron a fomentar la crisis de febrero de 1983, fue la fuga de capitales: esta fue de tal envergadura, que el gobierno debió recurrir a la transferencia de dinero desde la industria petrolera –o sea, desde PDVSA– hacia al Banco Central de Venezuela, con el objetivo de intentar disminuir el déficit fiscal. Esta decisión comprometió gravemente la estructura y la independencia financiera de nuestra principal industria generadora de divisas.

Después de 1982, las naciones industrializadas resuelven "racionalizar" el uso de la energía, disminuyendo así el consumo de hidrocarburos, lo que llevaría a los miembros de la Organización de Países Exportadores de Petróleo (OPEP) a disminuir su cuota en la producción mundial en un vano intento de detener la caída de los precios petroleros. Esto implicó para Venezuela una caída significativa del volumen de sus exportaciones de crudo, lo que significó una enorme pérdida por ingresos petroleros.

El 16 de febrero de 1989, en el comienzo de su segundo período presidencial, Carlos Andrés Pérez (CAP), después de una fastuosa toma de posesión conocida popularmente como "La Coronación", anunció el programa que se conoció como el "Paquetazo Económico", en el que se presentaba un conjunto de medidas que incluían, entre otras, el endeudamiento externo con la supervisión del Fondo Monetario Internacional (FMI), la liberalización del mercado, el incremento de tarifas de los servicios públicos, la privatización de empresas estatales y el aumento del precio del combustible. Es decir, un plan de reestructuración neoliberal para la economía venezolana.

Rápidamente, en respuesta a tales medidas, pero fundamentalmente como producto del largo proceso de deslegitimación del sistema político e institucional, el 27 de febrero de 1989, estalló una revuelta popular conocida con el nombre de Caracazo, donde una parte de la población venezolana hizo sentir su malestar frente a un modelo económico excluyente

El advenimiento del segundo gobierno de Pérez suscitó grandes expectativas en gran parte de la población venezolana, a partir de un imaginario que se sostenía sobre lo vivido en la primera presidencia de CAP. Imaginario que se construyó justamente a partir de una selección de imágenes que dejaba por fuera los elementos que venían ocurriendo, y que producirían el fin de la "Venezuela Saudita" y del rentismo del que ya se ha hecho referencia antes. En medio de esas expectativas, el hombre que otra vez era Presidente, presentó el 16 de febrero de 1989 –solo a catorce días de haber asumido su segunda presidencia–, su Plan de Gobierno denominado "El Gran Viraje", conocido popularmente como el "Paquetazo Económico". En dicho plan, en contraposición a lo planteado en su discurso inaugural, se llamaba taxativamente a una salida de corte neoliberal a la crisis económica, planteando la renegociación de la deuda ante el FMI, fundamentalmente la firma de una Carta de Intención con este organismo, y un conjunto de políticas económicas que iban en la línea propuesta por los organismos internacionales y los Estados Unidos, para América Latina.

El Gran Viraje, ideado por economistas venezolanos en Washington, se correspondía con el paradigma neoliberal en cuanto a programas implementados en la región. Se dice que las líneas básicas del mismo fueron redactadas en las oficinas del Departamento del Tesoro de los Estados Unidos, el Banco Mundial y el FMI, por dos brillantes economistas venezolanos egresados de la Universidad de Yale: Moisés Naím, futuro Ministro de Fomento, y Miguel Rodríguez, futuro Ministro de Planificación. Si el Pacto de Punto Fijo había nacido en Nueva York, el Gran Viraje ahora lo hacía en Washington.

Este plan fue diseñado como un texto básico del Consenso de Washington: liberalizar el sistema financiero; devaluar la moneda; eliminar las tarifas de importación; liberar los precios, principalmente de combustibles y tarifas públicas subsidiadas. El resultado fue la explosión popular en las calles conocida como Caracazo entre los días 27 y 28 febrero 1989.

Como decíamos, el gobierno presentó el "Gran Viraje" o VIII Plan de la Nación, que caracterizaba y entonces justificaba, el paquete económico neoliberal. Este documento planteaba los principales problemas del país, intentando evidenciar el agotamiento del modelo basado en la sustitución de importaciones, al mismo tiempo que cuestionaba el modelo institucional "centralista", postulando la necesidad de contar con un Estado reducido en sus funciones, para que el mercado operara de forma libre. El paradigma que orientaba al nuevo modelo económico era lograr el Equilibrio Social a través de la Gerencia Social. El Estado intervendría en forma selectiva, procurando mantener los criterios de equidad y jerarquización, dando prioridad a la "eficiencia". Las Políticas Sociales se tornan

Mixtas (de corte Neoliberal y Neoestructuralistas). Por un lado, se encuentran aquellas de carácter estructural que se promueven a través de la cogestión, y por otro, se mantienen políticas focalizadas para los grupos vulnerables".

El gobierno de Pérez, luego de presentar el VIII Plan de la Nación, presentó una carta de intención con el FMI, comprometiéndose a cumplir con los objetivos que se habían planteado en el plan. En dicha carta se establecía un financiamiento externo de 6.000 millones de dólares y un 35% de inflación. Así mismo, se calculaba en 3.000 millones de dólares el capital que retornaría al país entre los años 1989 y 1991. Como contraparte, el Estado venezolano se comprometería en llevar adelante "un programa de ajuste económico". El documento comprometía al gobierno venezolano a limitar las restricciones a las transacciones internacionales y reestructurar la deuda externa, evitando caer en nuevos atrasos en sus pagos. De esta manera, cada una de las recomendaciones que había formulado la misión del FMI en el año de 1987, se convertiría en compromiso efectivo por parte del gobierno venezolano.

Esta carta de compromiso desató una agria disputa en el Congreso de la República, provocada por el no envío de la carta por parte del Poder Ejecutivo al Congreso para que éste la tratase y la discutiese. Se cuestionaba el proyecto en sí mismo, al mismo tiempo que se señalaban episodios de corrupción alrededor del gobierno de Carlos Andrés Pérez.

Los miembros del Congreso Nacional no aceptaban que el gobierno nacional desconociera las facultades constitucionales de vigilancia y de control del poder legislativo, así como la obligación que tenía el gobierno de enviar cualquier información que solicitara el Congreso o sus Comisiones.

Los resultados que arrojaría el quinquenio de Pérez, indican que no se alcanzaron los objetivos que se propusieron en términos económicos, ni mucho menos fueron satisfactorios en cuanto a lo social, motivo por el cual se generó el proceso de mayor protesta social conocido por el período democrático. Las condiciones de vida y el salario real habían sido fuertemente afectados: para el año 1994, según indicaba la Oficina Central de Estadística e Informática, más de 8 millones de venezolanos estaban bajo la línea de pobreza, y 11 de los 23 Estados del país, concentraban entre su población, un 50% de las personas en situación de pobreza. (108) (109) (110).

*****

EL CARACAZO Y LA CRISIS DE HEGEMONÍA

El 27 de febrero de 1989, es decir, once días después de los anuncios del Gran Viraje de Pérez, y casi simultáneamente con la firma de la Carta de Intención con el FMI, explotó en las ciudades más importantes del país, una protesta popular en respuesta a la implementación de las medidas económicas propuestas por el presidente, en el contexto de las difíciles condiciones de vida de la población y –de forma específica y como disparador concreto– ante el aumento del pasaje del transporte que se derivaba del fuerte aumento del precio de los combustibles. El estallido social mostraría las limitaciones del sistema político institucional vigente, agravado por un contexto económico y social de crisis aguda.

No fue posible encauzar la protesta por medio de los canales institucionales creados desde el Pacto de Punto Fijo, hasta las medidas estrictamente neoliberales decretadas por el Estado venezolano, cuando los partidos políticos –y su alternancia en el poder– se encontraban fuertemente divorciados de la sociedad civil, junto a un conjunto de actores sociales –como muchos gremios y sindicatos– que se movían con la lógica que se le había insuflado al Pacto de Punto Fijo.

Otro elemento a considerar es la aparición en la escena pública, de algunos sectores de las Fuerzas Armadas, autoproclamados como "bolivarianos", los que venían gestándose al calor de los acontecimientos, y que se potencian en este contexto de fuerte movilización, sumado a una gran represión por parte de un Estado que ya no podía convencer, ni frenar, ni contener, el desborde social. Frente a este hecho, es sustancial recordar que durante el gobierno de Caldera (1969-1974) se decidió realizar una apertura en las Fuerzas Armadas que consistió en –la lógica del puntofijismo– evitar un proceso de desestabilización por parte de las mismas, por lo que se profesionalizó la carrera militar, con su incorporación al sistema universitario que ahora la dotaba de rango académico. Esa reforma militar, como consecuencia imprevista, traería la formación de cuadros militares con contenidos teóricos y políticos inéditos para América Latina, formación que no había sido monopolizada por la Escuela de las Américas, acostumbrada a formar los militares de la región. También, otro elemento que daría una singular forma a las Fuerzas Armadas, es su composición social: la academia militar no se nutría fundamentalmente de sectores medios y altos; sino más bien, de sectores populares.

Así, estos dos elementos permiten comprender por qué la cruenta represión que recibió el Caracazo produciría un profundo rechazo en muchos militares, que vieron su función social distorsionada en relación a los intereses del pueblo venezolano; motivo por el cual las revueltas militares de 1992, encontraron aquí otro de sus motores. Ese grupo del Ejército buscaría descifrar, en pleno auge neoliberal, una matriz autónoma de pensamiento que recogía banderas de grandes líderes de nuestra América Latina.

Las dos revueltas militares del año 1992 (febrero y noviembre), también daban cuenta del gran malestar a nivel social, dentro de las Fuerzas Armadas. Malestar que empezaba a coincidir con la búsqueda de una forma de construir, por otros canales más amplios, un nuevo proyecto político y social. No se trataba de un Golpe de Estado de forma tradicional, sino que se intentaba lograr un cambio social profundo, a partir del cual se tenía como objetivo revocar los mandatos del presidente, congresistas y magistrados, mediante un referendo, al tiempo que acceder a una convocatoria de carácter constituyente

La irrupción en la escena de los militares el 4 de febrero de 1992, potenció la crisis político-institucional y condensó el resto de los desajustes sociales, económicos y psicosociales en una sola gran crisis: todos los elementos emergían a la vez, actuando con una potencia disolvente nunca antes vista en la historia contemporánea del país. (111)

.- La Segunda Toma de Posesión o "La Coronación"

El gran castillo de fuegos artificiales que CAP llevaba en su mente, es de los que engendran frustración si no produce prontos resultados. La ciudadanía que decía haber visto coronarse a un faraón, se pregunta hoy qué había hecho para merecer esto. Y esto fue el comienzo del reinado de Carlos Andrés Pérez, que se miraba a sí mismo como el gran líder, y el nuevo pacificador de la América hispana. Cualquier parecido con un personaje histórico posterior, es simple coincidencia.

La recepción ofrecida a la Prensa internacional el 4 de febrero de 1989, puso fin en Caracas a aquellos actos que el ingenio local había calificado como "la coronación" de Carlos Andrés Pérez. Unos actos fastuosos, pero incomprensibles en una economía agotada por el despilfarro y la corrupción, y en la que el petróleo ya no podía reeditar antiguos despilfarros.

Unos millones de dólares derrochados para que el pueblo contemplara, siempre a través de las imágenes de la televisión, cómo CAP II, desplegaba su formidable capacidad de convocatoria a través de ideologías y de históricas rivalidades.

Cuidándose de preservar su cultivada imagen de líder cosmopolita, Pérez invitó a una variopinta cantidad de personajes internacionales a su toma de posesión; donde destacaron los presidentes Raúl Alfonsín (Argentina), José Sarney (Brasil), Virgilio Barco (Colombia), Óscar Arias (Costa Rica), Fidel Castro (Cuba), Rodrigo Borja Cevallos (Ecuador), José Napoleón Duarte (El Salvador), Felipe González (España), Vinicio Cerezo (Guatemala), José Azcona del Hoyo (Honduras), Daniel Ortega (Nicaragua), Alan García (Perú), Julio María Sanguinetti (Uruguay), y otros más, que en total sumaron veinte Jefes de Estado. También asistieron el secretario general de la OEA, el brasileño João Clemente Baena Soares; el vicepresidente de los Estados Unidos, Dan Quayle; el presidente de la Internacional Socialista, Willy Brandt; el expresidente italiano, Bettino Craxi; el excanciller austríaco, Bruno Kreisky; el presidente del Banco Interamericano de Desarrollo, Enrique V. Iglesias; el secretario general de la OPEP, el indonesio Subroto; el secretario de Relaciones Exteriores mexicano, Fernando Solana e inclusive el Premio Nobel de Literatura, Gabriel

García Márquez. Debido a la gran cantidad de invitados, el acto se tuvo que realizar en la Sala Ríos Reyna del Teatro Teresa Carreño, siendo la primera vez que era usada para este fin, ya que el Palacio Federal Legislativo, era el lugar tradicional.

Si bien los actos de la toma de posesión de Pérez no fueron tan fastuosos como los que el Sah de Irán había realizado 18 años atrás, sí produjeron un efecto similar en la opinión pública venezolana, que se encontraba afrontando una difícil crisis económica. No fue sorpresa entonces que este episodio recibiera el mote popular de "la coronación". Un corresponsal del diario español El País pronosticó, que ante semejante comienzo de gobierno, si Pérez no entregaba pronto los resultados ofrecidos, generaría una gran frustración en el país. Más asertivo no podía ser.

La segunda presidencia de Carlos Andrés Pérez (2 de febrero de 1989-21 de mayo de 1993) se caracterizó por el agravamiento de la crisis económica y social que Venezuela experimentaba desde inicios de la década de los 80, a esto se sumó una crisis política que estalla con la revuelta popular de "El Caracazo", y que fue agravada por dos intentos de golpes de Estado en 1992, uno de ellos liderado por Hugo Chávez. Esta crisis alcanzó su clímax el 21 de mayo de 1993, cuando el

Congreso de la República separa a Pérez de su cargo para que fuese juzgado por la Corte Suprema de Justicia por peculado.

Aunque Pérez logró ganar la elección presidencial de 1988 bajo la promesa de restaurar la "Venezuela Saudita", como se apodó a su primer período de gobierno (1974-1979) debido a la marcada mejora en la calidad de vida de los venezolanos; en su segunda presidencia, el Estado venezolano no tiene casi recursos para sostener el modelo rentista de economía del país, y a pesar de las advertencias y alertas lanzadas por ilustres personajes públicos, Pérez aplicó unas políticas económicas de shock que causaron un profundo malestar en diversos sectores sociales, especialmente en las capas más empobrecidas.

Además de tener que enfrentar un alto rechazo popular durante toda su gestión, Pérez también tuvo que lidiar con la oposición del Congreso, así como de sindicatos, medios de comunicación, críticas emitidas por diversos intelectuales independientes, e incluso de su mismo partido. Durante este gobierno, el país inicia el mayor proceso de transformación política que ha continuado hasta la actualidad. Entre los principales cambios directos en el escenario político destacan: el declive del bipartidismo adeco-copeyano, el debilitamiento del centralismo, y el surgimiento de nuevos actores políticos, así como también una fuerte tendencia "anti-política" y "anti-sistema".

Para alcanzar su segunda presidencia, Carlos Andrés Pérez tuvo que competir con Octavio Lepage, el candidato del lusinchismo, corriente interna adeca apodada así por ser liderada por el entonces presidente venezolano Jaime Lusinchi. El gobierno de Lusinchi, que en sus propias palabras había sido el gobierno más adeco de la historia, se había caracterizado por premiar a su militancia, siguiendo una tendencia excluyente, que se distanciaba de los tres primeros gobiernos democráticos desde 1958, en los cuales se incluía en el gobierno a un importante número de políticos independientes basándose en los méritos e influencia política de los mismos. Tal vez la medida más emblemática de esta tendencia fue la decisión de Lusinchi de nombrar como gobernadores estadales a todos los secretarios generales de Acción Democrática a nivel estadal, pasando por alto liderazgos regionales, lo cual fortaleció el lusinchismo dentro de AD, especialmente en los cuadros dirigentes.

Por su parte, Pérez utilizó su previamente cultivada imagen de estadista internacional experimentado, explotando además los éxitos de su primer gobierno, haciendo énfasis en la nacionalización del petróleo y de las industrias básicas, así como en el plan de becas de

Fundayacucho, generando grandes expectativas en la población golpeada por la crisis. Utilizando el eslogan "el gocho pal' '88", la campaña del expresidente se centró en la persona del candidato, suministrando pocos detalles de su proyectado programa de gobierno, los cuales además fueron presentados tardíamente. Aun así, Pérez sí dio indicios de preparar cambios estructurales en el Estado, aunque se cuidó mucho de ser más específico por motivos meramente electorales, como él mismo luego reconocería.

El 4 de diciembre de 1988, Carlos Andrés Pérez resultaba electo con 3.868.843 votos, un récord de votación que permaneció hasta 2006, aunque la abstención llegó a 18%, la más alta desde la llegada de la democracia en 1958. Es de hacer notar que el índice de abstención de los últimos procesos electorales en Venezuela, ronda más del 50% del electorado.

.- La situación económica a la llegada de CAP II

Aupado por los altos precios del petróleo, en su primer período de gobierno, Pérez había impulsado el modelo rentista petrolero venezolano, que aunque daba resultados incrementando el PIB del país, implicaba un brusco ascenso del gasto público. Cuando el precio del barril de petróleo se desplomó a inicios de la década de los 80, el modelo rentista entró en crisis, el PIB empezó a contraerse y el desempleo y la pobreza resurgieron con fuerza. Cuando Lusinchi asume la presidencia en 1984, se plantea entonces alcanzar el equilibrio fiscal y se compromete a pagar la deuda externa, y aunque rehúsa llegar a acuerdo con el FMI, decide recortar el gasto público en todos los campos. En 1986, la Confederación de Trabajadores de Venezuela (CTV) presiona a Lusinchi para que modifique su política restrictiva debido al costo social de la misma. Acción Democrática hace lo mismo, preocupada por el costo político. De esta manera, Lusinchi da marcha atrás e incrementa de nuevo el gasto público, a pesar de que no cuenta con recursos para mantenerlo siquiera a corto plazo. Aunque PDVSA logra la proeza de incrementar la producción petrolera en 12% en un año, esto siguió siendo insuficiente para el enorme gasto del gobierno, que entonces se apropia del superávit fiscal de años anteriores, resguardado en la Tesorería, y además devalúa el bolívar frente al dólar (de 7.5 Bs./$ a 14.5 Bs./$). Sin embargo, el déficit estadal sigue creciendo, y finalmente Lusinchi echa mano a las reservas internacionales, las cuales en pocos meses, son reducidas a la relativamente pequeña cifra de 300 millones de dólares, sin contar las reservas en oro, que no fueron tocadas.

De esta manera, a su llegada al poder en 1989, Carlos Andrés Pérez II se encuentra un país con reservas internacionales casi inexistentes, un déficit fiscal de 6.1% del PIB, un complejo control de cambio que ha devaluado la moneda, y una inflación que alcanza el 29.5% a pesar de que existe un control de precios. Contradictoriamente, a pesar de esto, Lusinchi se retira del palacio presidencial con uno de los mayores índices de popularidad registrados por un presidente venezolano saliente, en parte debido a que logra revertir la tendencia a la baja del PIB y disminuir el desempleo.

.- El día que el pueblo se rebeló

Acaparamiento y desabastecimiento de los principales alimentos de la cesta básica, especulación en los precios de productos y bienes; así como grandes deficiencias en servicios públicos, como el transporte, la salud y la educación, eran parte de la situación crítica en la que vivían los venezolanos a finales de la década de los ochenta. Situaciones que resultaron agravadas apenas CAP fue proclamado Presidente de la República, en diciembre de 1988.

Aun antes de que Pérez tomara posesión de su cargo como Presidente de la República el 2 de febrero de 1989, los principales partidos de oposición manifestaban sus reservas ante el programa de acción planteado por el recién electo mandatario para reactivar la economía.

Tan sólo una semana después de la fastuosa toma de posesión en el Teatro Teresa Carreño, pese a que aún no se había aprobado "El Paquetazo", ya la población venezolana comenzaba a sufrir directamente las consecuencias de las presiones económicas, como lo muestra el anuncio de la Asociación Bancaria advirtiendo que las cuotas correspondientes a créditos hipotecarios subirían entre un 50 y un 60%.

Dos semanas después de asumir la Presidencia, el 16 de febrero de 1989, en cadena nacional, Carlos Andrés Pérez despejó al fin la incógnita causada por su anunciado programa económico. Ese mismo día, ante la inminencia del paquete, reconocidos personajes de la escena pública nacional alertaban sobre las consecuencias, entre ellos el monseñor Domingo Roa Pérez, quien afirmó que "las medidas económicas harán más ricos a los ricos y más pobres a los pobres". Eduardo Fernández, secretario general del partido COPEI para ese entonces, expresó "qué Dios nos coja confesados", advirtiendo, al mismo tiempo, que el impacto social iba a ser muy duro.

Ya desde antes de que el gobierno de Pérez anunciara el paquetazo económico previsto, los grandes productores e industriales del país decidieron esconder rubros de consumo básico, como el arroz, la leche, el café, la sal, el aceite (la carne era un verdadero lujo en aquella época) y hasta el papel higiénico, para venderlos mucho más caros posteriormente.

La prensa nacional reflejaba la angustia de los consumidores, impotentes ante el alza indiscriminada de precios y recogía los dramáticos testimonios del pueblo necesitado y las expresiones que evidenciaban la minusvalía de los venezolanos ante la catástrofe anunciada.

Pese a todo, el Presidente Pérez advertía que el acuerdo con el FMI era inevitable, desconociendo la evidente inquietud reinante en el pueblo.

Tal y como esperaban los industriales y banqueros, un día después de presentado el paquete, se anunciaba la liberación de las tasas de interés de todo el sistema financiero. Le seguirían aun medidas más difíciles como la liberación de los precios, la privatización de empresas del Estado, el aumento de tarifas telefónicas y de electricidad en

50 por ciento y, posteriormente, la eliminación de subsidios y el control de cambio.

Desde el 18 de febrero, se advertía que para el 26 entraría en vigencia el aumento de la gasolina, con el consecuente aumento de los pasajes urbanos y extraurbanos. Nuevamente, era el ciudadano de a pie el que resultaría más afectado con la nueva medida, otra injusta situación que sumada a las anteriores se convertiría en el detonante del estallido de un pueblo agobiado por más de 30 años de "democracia representativa", de una élite, más no de la mayoría. (112) (113) (114) (115).

En la crónica política venezolana de los últimos años, se ha hecho mucha referencia al episodio de la "coronación" de Carlos Andrés Pérez al inicio de su segundo y polémico gobierno: el acto principal en el Teatro Teresa Carreño y las actividades periféricas de visitas y agasajos menores. También fue ampliamente reseñado que la estrella entre los visitantes extranjeros que vinieron al país en esa ocasión, fue el comandante cubano Fidel Castro.

¿Hace falta algún comentario?

En aquella oportunidad, la presencia de Fidel Castro en Caracas fue muy importante para algunos ilustres personajes. Casi un millar de supuestos intelectuales del país, la mayoría de ellos ligados al ámbito Universitario de Venezuela, se retrató en grupo, y avaló con su firma, un manifiesto público que declaraba a Fidel castro como "Entrañable Referencia". El texto fue publicado en el diario El Nacional el 1° de febrero de 1989 y cuarenta y ocho horas más tarde en el diario 2001. Resulta muy interesante repasar esa nómina de admiradores, en la que ciertos nombres son los esperados; otros, en cambio, pescuecean hoy para ser aplaudidos como heroicos combatientes del chavo-castrismo. Una de esas firmas elogiosas para el déspota cubano, esperó dieciséis años para escribir, el 2 de junio de 2005, en un artículo donde atacaba a María Corina Machado por haberse entrevistado con el presidente de USA, George Bush, lo siguiente: "SI LAS FOTOGRAFÍAS DEL PRESIDENTE HUGO CHÁVEZ CON FIDEL CASTRO PRODUCEN ESA TERRIBLE DESAZÓN porque son el emblema del descaro con que el gobierno autoritario de Venezuela procura, y paga a precio de oro, una intervención extranjera, que, encima, lleva la marca de una dictadura ferozmente represiva, sanguinaria y empobrecedora, esta imagen de la directora de Súmate de manitas con el presidente de Estados Unidos, es lo más patético que podíamos imaginar. Lo que se llama la guerra simétrica: el presidente de la República se abraza con Fidel Castro y una parte de la oposición se retrata de manitos agarradas con Bush, el mayor promotor de la guerra que haya conocido la humanidad. Qué triste. Qué gran idiotez".

Al parecer, a la celebrada señora, Fidel Castro ya no le parecía tan entrañable. Pero para aquella fecha, el gran maestro del engaño y la manipulación, todavía tenía gran prestigio en el mundillo político y movía los hilos de manera magistral (de hecho, se debe reconocer que lo había hecho hasta muy recientemente). Sin embargo, después del colapso económico y político de la URSS, el naufragio de la revolución cubana fue muy difícil de esconder, y ahí comenzó a verse que el régimen cubano no era nada sin el apoyo masivo de los soviéticos. ¡Hasta que apareció en escena el gobierno de Hugo Chávez y su combo, en Venezuela!

Hay quien piensa que muchos de los firmantes sintieron que aparecer como firmantes de esa carta les daría un cierto prestigio, más allá de su posición ideológica. ¿Esnobismo? Bueno, ya sabemos que eso no es nada nuevo en la historia de de la sociedad venezolana. Sabemos que la genuflexión es una característica común en muchos de nuestros personajes históricos. Tal vez sea parte del mismo fenómeno de nuestra propia inconsistencia política. (116) (117).

.- Una muestra del verdadero Chávez

Un participante local y de menor importancia en el real sarao de CAP II, aquel fastuoso acto que mereció el cognomento de "coronación" e irritó a una población muy exigida, y que después reaccionaría, airada, con el "Caracazo" del 27 y 28 de febrero de ese año, fue Hugo Chávez, en aquel entonces en servicio militar activo. Éste, el 13 de enero de 2009, siendo ya Presidente de la República, en una alocución de más de siete horas y media desde la Asamblea Nacional, confesó de su propia boca, sin que viniera al caso, o se lo hubiesen pedido, que el día de "la Coronación" de CAP, procuró exhibirse como uno de los más calurosos partidarios del Presidente entrante. Entre los asistentes estaban, como es natural, los diputados mismos y las barras convocadas para el apoyo ruidoso y borreguil, pero también estaban los miembros del cuerpo diplomático acreditado en el país. Entre otras perlas, éstos debieron escuchar la explicación acerca de cómo el presidente Chávez mentía y mostraba su hipocresía, por propia admisión, una veintena de años atrás:

En efecto, en uno de sus peculiares y frecuentes recuentos históricos, el recuerdo de Hugo Chávez regresó a febrero de 1989, cuando Carlos Andrés Pérez asumía por segunda vez la Presidencia de la República. Chávez aludió específicamente al acto de toma de posesión de Pérez en el Teatro Teresa Carreño, recordando, incluso, que Fidel Castro, su "padre", estaba entre los fervorosos asistentes que aplaudían a Pérez. Entonces, Chávez contó a quienes presenciaban la sufriente audición, y a quienes en ese momento lo veían y escuchaban por radio o televisión, cómo es que él, aunque ya conspiraba activamente, era quien aplaudía más frenéticamente a CAP II, para que se le tuviera por persona afecta al régimen. Esta confesión la expuso con orgullo satisfecho, como si el engaño y la simulación, fueran travesuras meritorias, inmoralidad necesaria a la revolución que todo lo absuelve. (118).

*****

LAS PATALETAS DE UN GALLO PATARUCO

En Venezuela existe lo que llamamos el "gallo pataruco". El pataruco no es un gallo de raza o de pelea. El pataruco es un gallo de corral, que se caracteriza por ser gordo, grande, torpe, tosco y, sobre todo, cobarde. A los gallos de raza o de pelea cuando son cobardes y salen huyendo de la pelea, se les tuerce el cuello por ser cobardes o "patarucos", faltos de raza, y son usados para cocinar un "sancocho de gallo". En Venezuela tenemos un ejemplo claro de esta situación. Durante catorce años el presidente Chávez ocupó el cargo de primer mandatario nacional; el presidente, un individuo quien provenía de un hogar humilde del Estado Barinas, llega a la presidencia luego de intentar un Golpe de Estado en contra del difunto presidente Carlos Andrés Pérez, hecho sobre el cual tuvo la idea de asumir mediáticamente la responsabilidad total del alzamiento armado.

En pleno desarrollo de los acontecimientos, mientras algunos sus compañeros morían en la intentona de derrocar a un gobierno constitucional elegido por el pueblo, En vez de tomar el Palacio de Miraflores que era la misión que se le había encomendado, él se fue a esconder al Museo Histórico Militar ubicado en el sector de la Planicie, y pasó allí la noche. En las primeras horas de la mañana se entregó dócilmente a las autoridades competentes.

Resultó patético escuchar, a posteriori, los relatos del valiente comandante cuando relataba que mientras estaba – tal vez escondido debajo de la cama–, en el Museo militar de La Planicie, veía pasar con ayuda de los prismáticos los aviones que ametrallaban y bombardeaban los pobres "ranchos con techo de cinc", que había alrededor del fuerte donde estaba escondido. Lamentablemente no se ha podido confirmar si ese día alguno de los canales comerciales de televisión había transmitido algún film de carácter bélico.

En primer lugar, el que conozca el oeste de la ciudad de Caracas, sabe perfectamente que en los alrededores del Museo Militar de La Planicie, no hay "ranchos con techos de cinc". Lo que abunda en ese sector son casas de bloques de arcilla de tres o cuatro plantas. Son muy escasas las viviendas de una sola planta en esa zona. En segundo lugar, no hubo ningún bombardeo sobre el Museo Histórico Militar. Lo más cerca que estuvo el personal militar que lo ocupaba, incluyendo al valiente comandante Hugo Chávez, del enfrentamiento militar que se verificaba en varias ciudades del país, fue escuchar el sonido de las descargas y de las metrallas que se originaban en el cercano Palacio de Miraflores, distante a unos escasos 300 o 400 metros en línea recta de ese sitio.   Se suponía que el Comando de Operaciones de los golpistas sería controlado desde La Planicie, desde donde se escuchaban las metrallas que se originaban en el palacio de gobierno, lugar donde ya no se encontraba el Presidente Pérez, quien se dirigió al país por el canal 4 (Venevisión). Aún no se conocía quién era el jefe de los insurrectos que mantenían el control sobre Maracay, Valencia, Maracaibo, Miraflores, Fuerte Tiuna, La Carlota, La Casona, La Planicie y una pequeña parte de la parroquia 23 de Enero.

Con el transcurso de las horas, hubo algunas comunicaciones entre el alto mando militar leal al gobierno constitucional y Chávez. A quien se le amenazó con enviar a la infantería de Marina y realizar un bombardeo aéreo sobre el Museo de La Planicie. Pero Chávez, sin presentar ni la más mínima resistencia, se entregó dócilmente a sus captores. Luego, vestido y perfumado y en uniforme de paseo, y según dicen, aleccionado por algunos de sus oficiales superiores (los rumores señalan al general Ramón Santeliz, quien supuestamente estaba involucrado con el grupo de alzados, aunque esto no ha sido confirmado), fue presentado en televisión donde dio su famoso discurso y emitió la famosa frase del "por ahora", que hipnotizaría a la población venezolana y cambiaría la historia contemporánea de Venezuela: "Y yo ante el país y ante ustedes, asumo la responsabilidad de este movimiento militar bolivariano", dijo Chávez, quien fue el único comandante que no pudo lograr los objetivos que se le habían ordenado. También se asegura que sus palabras fueron grabadas, editadas y posteriormente transmitidas por órdenes del mismo presidente Carlos Andrés Pérez, quien primero se había negado a tal propuesta. (119) (120).

.- Un cobarde ganado por el miedo

El Teniente Coronel Jesús Urdaneta Hernández fue uno de los principales oficiales involucrados en la intentona del 4 de febrero. Según su propio relato de aquellos hechos, son pasadas las 11:00 am del 4 de febrero de 1992. Urdaneta pasa revista por los patios del cuartel La Placera (este de Maracay), de la 42° Brigada de Paracaidistas. Los F16 siguen sobrevolando la zona. Suenan desafiantes, provocadores. Pero ninguno actúa. Los rumores corren y cobran fuerza. Urdaneta espera paciente. De repente, uno de los soldados se le acerca corriendo:

.- ¡Mi Comandante! ¡Venga! ¡Rápido! El comandante Chávez está hablando.

Incrédulo, Urdaneta apura el paso y logra alcanzar la transmisión en un pequeño televisor rodeado de oficiales. Ve y escucha lo que ocurre y se dice en la transmisión televisiva, pero no puede creerlo. Hasta ese instante se había negado a reconocerlo. Se había negado a darle crédito a los rumores, implicaba admitir el fracaso. Pero allí estaba la prueba. Hugo Chávez decía ante las cámaras de televisión:

"Compañeros, lamentablemente, por ahora, los objetivos que nos planteamos no fueron logrados en la ciudad capital" –dice un Chávez apesadumbrado, pero con templanza, ante las cámaras de los principales medios del país-. *"Nosotros, aquí en Caracas, no logramos controlar el poder. Ustedes lo hicieron muy bien allá, pero ya es tiempo de evitar más derramamiento de sangre"*.

Según Urdaneta Hernández, en el plan a seguir, no existía una eventual entrega. No había rendición posible. Por eso, Urdaneta no entiende. En aquel instante, era pura indignación y rabia. Se reconoce traicionado por Chávez. Pero no vacila. Acto seguido, manda a reunir a todos los oficiales y, al poco rato, se descarga con el grupo.

-¡Allí está la puerta! El que se quiera entregar como Chávez, ¡vaya y entréguese! Yo aquí me quedo.

Las declaraciones de Chávez lo desconciertan. 10 años de conspiración terminaban en ese "Por ahora". Para él era inadmisible tal cobardía. A pesar del ofrecimiento que había hecho Urdaneta, ninguno de sus soldados se mueve. Todos deciden quedarse con él.

Para aquel momento, la rebelión ya ha sido sometida en Caracas en todos sus puntos. Arias Cárdenas entregaba la Base Rafael Urdaneta. La guarnición de Maracaibo volvía al control del Gobierno. Son pocos los que resistían todavía.

Urdaneta Intenta entender la actitud de Chávez, pero no lo logra. En ese instante, repara en un grupo de soldados que está tendido en el piso, justo cuando uno de los aviones vuelve a sobrevolar el cuartel. Fija su atención en un muchacho en especial. Aún en su posición de lucha, el rostro del soldado no logra disimular el miedo y la angustia que siente. El joven no sabe qué hacer. Para Urdaneta ahora está claro: todo ya está perdido. Entonces ordena recoger todas las armas y guardarlas en los almacenes. Se despidió de sus soldados. Pidió un vehículo militar y condujo solo hasta la IV División. Allí se entregó. Las de Maracay y Valencia serían las últimas tropas golpistas en rendirse el 4F.

Urdaneta nunca ha entendido por qué Chávez decidió rendirse, a pesar de que días después de la intentona, logró conseguir una explicación de boca del propio Chávez.

Los cabecillas del golpe estuvieron detenidos en la Dirección de Inteligencia Militar. Por varios días, les impidieron comunicarse. Pero a la primera oportunidad, Urdaneta lo increpó:

-¿Por qué no hiciste nada? ¿Por qué te quedaste encerrado en el Museo?

-¡Compadre, lo que pasó fue que me sentí solo!

La lectura que Urdaneta hace ahora de sus palabras es una sola: "**Chávez fue un cobarde... No hizo nada porque se dejó ganar por el miedo**". (121) (122).

✶✶✶✶✶

OTRAS PATALETAS DEL MISMO GALLO PATARUCO

Hugo Chávez llegó al poder gracias al hastío de una sociedad abrumada por la corrupción y la falta de eficiencia de gobiernos que fueron incapaces establecer las condiciones mínimas que estimularan el desarrollo de valores ciudadanos sólidos, donde los hijos de esta gran nación actuasen con verdaderos deseos de desarrollo y superación individual que a su vez redundaran positivamente en el desarrollo y engrandecimiento de la nación venezolana.

Nuestra clase política, como la mayor parte de los políticos latinoamericanos del siglo pasado, generaron distintos grados de injusticia social, preocupándose sólo por obtener la mayor cantidad de beneficios para ellos y para su entorno inmediato, sin pensar en un plan de nación sustentable y dotado de continuidad en el tiempo. Esto provocó una situación, en donde las grandes mayorías, en vez de resultar beneficiadas, se vieron fuertemente afectadas, y susceptibles de caer en las redes de aventureros de labia fácil. Estas mismas mayorías, entusiasmadas por el discurso de embaucadores y mesías políticos, que les llevó a tomar desafortunadas decisiones políticas, después tuvieron que soportar al monstruo creado por su propia desidia y por la irresponsabilidad de esa misma clase política. Los venezolanos tuvieron que soportar como mandatario a un hombre que para lograr sus metas de alcanzar el poder, se disfrazó de mesías y quien después de contralar al Estado venezolano, con un discurso cargado de odio mentiras y violencia, no vaciló en arremeter con saña contra cualquiera que no aceptara sus imposiciones.

Por desgracia, el presidente Chávez, una vez que llegó al poder con la bendición de un pueblo que confió en su palabra y en su mensaje, lentamente y sin levantar demasiadas polvaredas, se fue desprendiendo de aquel cuadro inicial de gerentes y personalidades con que se rodeo al comienzo de su gestión, y se fue rodeando –también lentamente y sin levantar alarmas–de un grupo de elementos ávidos de poder y de figuración, con gran capacidad de adaptación y fácilmente manipulables, pero también sagaces, que comenzaron a alimentar la egolatría y la vanidad imperante en la figura presidencial. Este grupo de asistentes y supuestos asesores: ministros, presidentes de empresas estatales, legisladores, funcionarios burócratas, etc., todos ellos fichas del proyecto chavista, le permitieron a Chávez comenzar su gestión de enfocar los recursos de la República en el desarrollo de su proyecto político que pasaba por el control absoluto de los poderes del Estado, y en el desarrollo de una campaña de culto a su persona y la promoción de su visión política a nivel internacional, buscando asumir un liderazgo mundial antes de asumir su papel de Jefe del Estado venezolano. Bendecido por un extraordinario incremento en los precios de la cesta petrolera, Chávez empezó a comprar conciencias de personas afectas a su régimen en aras de fortalecer su poder interno, y a repartir – a diestra y siniestra–, dadivas y recursos financieros para apoyar gobiernos extranjeros, en vez de propiciar políticas que estimularan el desarrollo de su propio país, lo que lo hubiese llevado a demostrar que realmente había un proyecto con capacidad de generar la unidad entre los ciudadanos para lograr cambios significativos partiendo del propio entorno; abandonando sus propias responsabilidades en manos de sus colaboradores, y engañando a la gente, haciéndoles promesas casi imposibles de cumplir.

Durante sus catorce años de mandato, el presidente Chávez secuestró las instituciones democráticas del país, dejando a los ciudadanos venezolanos en completa indefensión, frente a un Estado totalitarista que no vaciló en pisotear los derechos de las personas. Chávez impuso sus mandatos viscerales sin importarle a quien se llevara por delante, sembrando, con sus continuadas tropelías, el descontento y la confrontación entre la población venezolana. A su incendiario discurso se le debe la fuerte polarización que ha ocurrido entre amplios sectores de la sociedad, independientemente del estrato social al que se pertenezca. Desde el primer año de ejercicio del poder por parte de Chávez, Venezuela se dividió en dos sectores: Por un lado, un primer sector fuertemente politizado, que a su vez se dividió en dos grupos: uno que deseaba un país con garantías para el desarrollo de la vida, la convivencia, la libertad de pensamiento, la ejecución de políticas sanas que nos permitieran unificarnos por el bien de todos los venezolanos y empujar nuestra patria por un sendero de progreso y bienestar para todos por igual. Este representaba aproximadamente un tercio de la población venezolana (30%-33%), y un segundo grupo, el sector oficialista, que se comportaba como una especie de oveja, que solo respondía al pensamiento único de la matriz que deseaba imponer el líder, que se conformaba con recibir pequeñas dádivas que solventaban momentáneamente algunas de sus carencias, pero que no dignificaban la vida de la mayoría de ellos; un grupo de hombres y mujeres que siempre estuvo dispuesto a apoyar al gobierno en forma incondicional, un grupo de personas que lo único que le interesaba era subsistir. Un grupo que ya está acostumbrado a obedecer. Su comportamiento era similar al de las focas amaestradas. Un grupo de venezolanos que no tiene la más remota idea de cómo funciona la economía, porque vive en una absoluta dependencia del Estado. La preocupación de este venezolano es tener alguna comida en la mesa todos los días. Este segundo grupo, para el año 2015, todavía abarcaba aproximadamente un tercio de la población venezolana (32%-35%). Luego tenemos un segundo sector que es cuantitativamente mayor que el primero o que el segundo grupo que mencionamos antes. Incluso, algunos analistas sostienen que este segundo sector es mayor, cuantitativamente hablando, que el primer y el segundo grupo, juntos. Es decir, este es el segmento que constituye la mayoría de la población electoral venezolana. Este es el grupo de los supuestos independientes, que son mejor conocidos como los ni-ni, de quienes hablaremos con más detalle más adelante. Según las encuestas, abarcan algo más que un tercio de la población (33%-38%). Como es fácil imaginar, estos valores son aproximados. Hasta principios del mes de enero de 2017, la grave crisis económica y social que atraviesa Venezuela y que no ha tenido una oferta viable para solucionarla, ni por parte del Gobierno ni de la oposición, ha llevado cada vez más, a un mayor número de venezolanos a definirse como "ni-ni". El último sondeo de opinión de diciembre de la firma Hinterlaces, divulgado por el diario Panorama en enero de 2017, arrojó que el 51% de los venezolanos consultados, se declararon "ni chavista, ni opositor", es decir, "ni-ni". Su presidente, Oscar Schémel, explicó que el país se está moviendo al centro político porque no encuentra respuestas en ninguno de los dos bandos. *"La última medición revela que el 51% de los venezolanos se declaran ni chavistas, ni opositores, eso tiene que ver un poco con los errores impresionantes en la oposición y tiene que ver con que el Gobierno privilegia el tema político, por encima del económico; hay que mejorar los niveles de abastecimientos, la inflación, y mejorar los niveles de bienestar y prosperidad"*, dijo Schémel al ser entrevistado en televisión. ( )

Todo esto ocurre en medio de una pequeña masa de individuos que habitan en el gobierno, los que forman parte del entorno íntimo del gran líder, y ahora de su sucesor, sujetos que han abandonado al país a su suerte, dedicándose de forma intensiva a generar, mediante la corrupción, recursos para sí mismos, mientras la nación se hunde en un deplorable estado de abandono.

Durante el tiempo que Chávez estuvo en el poder –14 años–, se realizaron varios procesos electorales (presidente, parlamentarios nacionales, gobernadores, legisladores regionales, alcaldes y concejales). También se efectuaron referendos, pero, independientemente de sus resultados, esas elecciones no resolvieron, ni siquiera mitigaron, la permanente conflictividad política y sus consecuencias en todas las áreas de la vida nacional. Más bien, la han agravado. Dicho más escuetamente, después de cada elección en vez de salir unidos, reconciliados y con ánimos de componer al país, los venezolanos hemos terminado más divididos y más enfrentados que antes. ¿Puede una nación en ese clima superar sus graves dificultades? ¿Puede una democracia sobrevivir, sin colapsar, con un gobierno de una minoría que está en contra de la otra porción que es mayoritaria?

Por supuesto, este división del país, promovida eficientemente desde las altas esferas gubernamentales, ha provocado que los ciudadanos comiencen a perder (o continúen perdiendo), la fe en las elecciones como instrumentos de resolución de las diferencias y conflictos políticos. La abstención ha venido creciendo con la consiguiente afectación de la legitimidad del triunfador electoral, sea quien sea. Y cada vez será mayor la posibilidad de que aparezcan otros instrumentos de "resolución de conflictos" distintos al mecanismo electoral. Esta posibilidad se deduce a partir de lo que reiteradamente han afirmado voceros militares activos, y personeros civiles del oficialismo –comenzando por el mismo Chávez–. Dentro del régimen castro-chavista coexisten factores que no descartan la posibilidad de emplear "otros" instrumentos en caso de que las elecciones les resultaran desfavorables, o vean amenazada su permanencia en el poder.

Colectivos chavistas actuando en Caracas

Esta situación de división ha favorecido ampliamente al gobierno chavista, pues sólo debe concentrar su atención en una parte relativamente pequeña del "mercado electoral", es decir, el llamado "voto duro", para lo cual cuenta con todos los instrumentos y mecanismo que le permiten el absoluto dominios de casi todas las instituciones y organizaciones del Estado. Pero no todo es lo que parece.

*****

UN RESULTADO QUE LLAMA A RECAPACITAR

El Estado Anzoátegui, ubicado en el oriente del país, es una entidad de tradición chavista, que pasó de 383.125 votos progubernamentales en las elecciones de 2013, a 287.145 de votos en 2015. La votación chavista disminuyó en 95.980 votos, mientras que la votación de la Oposición de 424.685 electores en 2013, pasó a 450.619 respaldos en 2015, aumentando apenas en 25.934 votos, un porcentaje que es relativamente proporcional al crecimiento del Registro Electoral en ese estado. Mientras tanto, en el emblemático Estado Miranda, gobernado por Henrique Capriles, quien fuese candidato a presidente en las elecciones de 2013, la MUD obtuvo en aquella elección 815.128 votos, mientras que en 2015, la Oposición obtuvo 838.196 respaldos, que representan apenas 23.068 nuevos votantes inclinados por la coalición opositora. Estos resultados se repiten en todas las entidades del país.

En lo que respecta a los resultados electorales alcanzados por el gobierno en los procesos electorales de 2013 y 2015, aun cuando en aquella oportunidad se trataba de una elección Presidencial, lo que subyace en ambos procesos (2013 y 2015) es el plebiscito; es el voto progubernamental contra el voto opositor. Negar esto sería perder sensatez en cualquier análisis.

Así, encontramos que el oficialismo en aquella elección de 2013, conquistó 7.587.579 de electores, luego de un encarecido pedido hecho por Hugo Chávez para que el voto chavista respaldara al actual Presidente. Pero en 2015, y cuando se pedía desde el oficialismo que se votara por el legado de Chávez, solo lograron obtener 5.599.025 votos lo que se tradujo en 1 millón 988.554 de electores menos. Es decir casi 23 millones menos de votos.

Obviamente, la Oposición y el Gobierno están obligados a mirar de manera reflexiva estos números. Los electores no le dieron el respaldo esperado a la oposición agrupada en la MUD, al menos no el que se espera de una crisis de esta magnitud y en la que las quejas de la población cada vez adquieren un carácter más beligerante y la disposición al cambio alcanza hasta 86,8% según algunos estudios.

Obviamente, los resultados deben ser analizados con mayor detalle, pero de inmediato se puede asegurar que el crecimiento electoral de la Oposición es significativamente menor a la desbandada electoral registrada por el oficialismo. Para éste, haber perdido el encanto para casi 2 millones de electores en menos de dos años, habla de manera contundente de la necesidad de redefinir el rumbo o arriesgarse a sucumbir definitivamente por la indiferencia de sus afectos, aún no conquistados por la Oposición. ¿Cómo podemos explicar este hecho? Algunas personas achacan esta responsabilidad principalmente a los independientes, los llamados ni-ni. Sin embargo, somos de los que opinan que, independientemente de otras acciones, son muchos los ciudadanos indiferentes que aún deben ser rescatados en función de exigir el cambio inmediato hacia un sistema electoral más representativo y democrático. Los números han señalado en dos oportunidades (2010 y 2013) que este sistema no representa de manera correcta la diversidad ciudadana; mucho menos a las minorías. (123).

Con sus ambiciones personalistas y su anacrónica visión política, el mandato de Hugo Chávez, hizo que la sociedad venezolana retrocediera al tiempo de las tres primeras décadas del siglo pasado, cuando imperaba el caudillismo dictatorial de Juan Vicente Gómez, pero con un agravante: El gobierno de Chávez ha obtenido menores logros, comparativamente hablando, que los obtenidos por aquel gobierno autocrático, quien a pesar de gobernar el país como si se tratase de su hacienda personal, tuvo la virtud de iniciar una época de desarrollo para la nación. Gómez forjó una realidad política donde un grupo de venezolanos disfrutaba de una gran opulencia, mientras el pueblo subsistía entre carencias y pestes. Al igual que el primero, Hugo Chávez también forjó un gobierno de rasgos autoritarios. Aunque el discurso era distinto, la esencia de los regímenes fue idéntica: una supuesta caridad para con los pobres que solo era una forma de comprar conciencias y acallar al pueblo, mientras la abundancia y los lujos eran privilegios reservados para el entorno más cercano al caudillo y para sus genuflexos adláteres. Pero Juan Vicente Gómez no postró de rodillas al país ante ninguna potencia extranjera.

Venezuela ha vivido dos importantes épocas marcadas por el boom petrolero: una por su descubrimiento, la otra, marcada por la mayor recepción de ingresos por concepto de exportaciones petroleras en toda su historia. Una se perdió por la falta de visión y promoción de la nueva abundancia, que no fue enfocada en desarrollar integralmente el país desde la educación y la preparación del ciudadano que le permitiera asumir los retos que esa nueva riqueza impondría al país. La otra, manejada por el proyecto castro-chavista, también se perdió por la utilización de los recursos para la promoción de un proyecto personal que abandonó el país a su suerte, imponiendo toda clase de atropellos contra la población, y haciendo de la corrupción una norma a seguir por los funcionarios públicos en sus tareas de manejar los recursos del país, mientras que se pretendía imponer –como base de la cultura de la nación–, el reparto equitativo de la miseria y de la pobreza; mientras que al mismo tiempo, debido a las consecuencias de la falta de mantenimiento e inversión en la infraestructura industrial, unida al permanente ataque del régimen contra todo aquel que no le reverencie, hacen que el país se desmorone a pedazos y que el futuro próximo sea cada vez menos alentador e incierto.

Chávez fue un gobernante que incitó constantemente al odio y a la violencia durante todos los años que duró su gobierno. Un hombre que al ver que se acercaba la posibilidad de una derrota, o de una pérdida de su inmenso poder, no sólo incitaba ese mismo odio y violencia con mayor furia y aspereza, sino que además, trataba de una manera brutal y desconsiderada a sus propios compatriotas. Por ejemplo, en un mitin realizado desde el Poliedro de Caracas, transmitido, como de costumbre, por la televisión oficial, Chávez, al igual que en otras muchas ocasiones, desfigurado por una terrible ira, y destilando su odio por todos los poros de su cuerpo, refiriéndose a los venezolanos que le adversaban, les insultó de esta manera: *"¡Jala bolas! ¡Majunches jala bolas de la burguesía! ¡Jala bolas de los vende patria! ¡Jala bolas del imperialismo! ¡Majunches! ¡Unos jala bolas es lo que ellos son! ¡Irresponsables! ¡Jala bolas!*

En este discurso, como en muchos otros, Chávez demostró que era un hombre que perdía fácilmente el control de sí mismo, que actuaba bajo el dominio de sus propias emociones y que estaba sometido a un proceso de desquiciamiento acelerado. Algunos trataban de quitarle hierro al asunto, afirmando que estas no eran más que bravuconadas y que no había que prestarle mayor atención. Pero la verdad del caso, y lo que realmente preocupaba, era que estas bravuconadas provenían del hombre que manejaba la cúpula militar, que —según él mismo afirmaba—, le acompañaba en su "revolución armada". Un estamento militar donde habían, y aún hay, muchos jefes militares asociados al narcotráfico internacional, que, velada, o abiertamente, amenazaban, y aún amenazan, al pueblo venezolano afirmando públicamente que son chavistas, socialistas, antiimperialistas y que defenderán con las armas el proyecto chavista.

Colectivos chavistas agrediendo a manifestantes opositores

Colectivos chavistas en acción

En otro discurso pronunciado en el Estado Sucre en el año 2012, Chávez extremó las amenazas a los venezolanos cuando se atrevió a afirmar ante los ojos y los oídos del mundo, que si Capriles Radonski llegara a ganar las elecciones de ese año, entonces habría una guerra civil. En esa oportunidad, Chávez aseguro textualmente: *"¡Si ellos se atreven, les prometo que nosotros haremos que se arrepientan durante 500 años por lo menos, de su osadía! ¡Se van a arrepentir! ¡Que no crean que nosotros nos vamos a quedar de brazos cruzados!"*.

Colectivos chavistas amedrentando en las calles de Caracas

Colectivos chavistas atacan manifestación opositora

Con estas palabras Chávez advertía a los venezolanos que si se atrevían a votar en contra de su gobierno, entonces habría un enfrentamiento armado. Por lo general, una guerra civil ocurre entre dos bandos armados. Pero, en este caso, en Venezuela, el único bando armado lo tiene el gobierno de Chávez y los militares que lo apoyan junto con los delincuentes armados que forman los colectivos chavistas, por lo que si llegara a ocurrir un enfrentamiento armado, no sería una guerra civil, sino una masacre en contra del pueblo venezolano. Estas amenazas de Chávez representaban fielmente el comportamiento de un hombre cobarde, de un hombre poseedor de un supuesto temple que se desquiciaba ante la posibilidad de perder el poder.

Mitómano, megalómano, fabulador, compulsivo, narcisista, carismático, seductor, envidioso, carente de escrúpulos. Éstos fueron algunos de los rasgos que psiquiatras venezolanos atribuyeron a Hugo Chávez, de quien se dice que dirigió personalmente la campaña electoral de las elecciones legislativas que se celebraron el 26 de septiembre de 2010, por más que las normas legales se lo prohibían. Pero justamente, transgredir las normas establecidas -como encabezar la campaña de sus candidatos a diputados, abusar de los recursos del Estado y convertir las elecciones legislativas en un plebiscito- era otro de sus marcados rasgos de personalidad resaltados por los especialistas consultados: la necesidad de llamar la atención. (124)

.- Insultos gratis para sus críticos

Además de todo lo anterior, Chávez parecía ser un sujeto consumido por el resentimiento social. Un estado mental que exteriorizaba a cada momento. Su lenguaje era bélico: "destruiremos", "aniquilaremos", "pulverizaremos a los escuálidos", "expulsaremos a los apátridas", "a los traidores, a los canallas", "freiremos la cabeza de los adecos en manteca", "los de la oposición se arrastran como los cochinos", "la oposición obtuvo una "victoria de mierda", "los opositores, los escuálidos", van a quedar como "Caimán arponeado", "los opositores son unos "arrastrados" y "tendremos que barrerlos". "Entrarles a batazos", "hay que pulverizar a la oposición", "los escuálidos y opositores son una plasta", "Váyanse al carajo yanquis de mierda". Con Chávez, la acción de vilipendiar, insultar, injuriar, descalificar e infamar a quienes no les apoyaban adquirió categoría de política de gobierno.

A la señora Ángela Merkel la comparó con los nazis. También calificó de "lacayos y cachorros del imperio" a José María Aznar, y a los ex gobernantes de Perú, Alejandro

Toledo y de México, Vicente Fox, por las supuestas críticas vertidas por los tres ex mandatarios contra el socialismo del siglo XXI que promovía el difunto mandatario. "Me dan asco y lástima", dijo Chávez. De Aznar afirmó: "Es un fascista que además apoyó el golpe, es de la calaña de Adolfo Hitler, un tipo que da es asco y da lástima, un verdadero lacayo de George W. Bush". A éste, no dudó en llamarle "Diablo" desde la propia tribuna de las Naciones Unidas, en plena Asamblea General, dijo: "Ayer estuvo el diablo aquí. En este mismo lugar huele a azufre todavía". En decenas de oportunidades, calificó a periodistas, empresarios, sacerdotes y dirigentes políticos de arrastrados. A la señora Condolezza Rice la llamó analfabeta. Y así, una y otra vez, en una cadena de insultos sin final.

Esto no es el lenguaje ni la forma de expresarse de un presidente, sino la un sujeto de baja ralea dominado por complejos de inferioridad. Lo peor de todo es que su baja calaña salpica de vergüenza al pueblo venezolano. Como resultado, millones de venezolanos rechazaban a Chávez, sobre todo la mayoría de la clase media o lo que queda de ella. De igual modo, una gran parte de la población de bajo recursos también rechazaba este soez comportamiento presidencial. Ahora, su heredero, Nicolás Maduro, aunque en menor proporción, ha seguido la misma estela de su antecesor. La mayoría de los venezolanos nos oponemos al odio de clases y al odio racial promovido por Chávez, quien pretendía establecer perversas equivalencias entre el color de la piel y la riqueza, entre la educación y la calidad humana. Para Hugo Chávez "los blancos, los mantuanos y oligarcas" son los grandes culpables de la desigualdad en la sociedad venezolana. Para él la gente educada, profesional, con una carrera, una familia, con aspiraciones de progreso, casa propia e hijos en la universidad, representan un mundo elitesco al cual había que destruir.

La ordinariez y el lenguaje soez del presidente ya no extrañaban a nadie, pues la gente se había ido acostumbrando, de a poco, a la manera de expresarse de un hombre que, mientras se dirigía al país en una cadena nacional de radio y televisión, narraba, con el mismo desparpajo, de las vicisitudes que había padecido con una inoportuna diarrea, o le anunciaba a su mujer, María Isabel, que esa noche "le daría lo suyo".

Chávez será recordado en Venezuela principalmente por haber instaurado un ejercicio de la política y del poder basado en el odio. Un sujeto que ha quedado inscrito en la historia contemporánea de Venezuela como el autor e instigador principal de la política del odio.

Chávez convirtió a los disidentes en enemigos, y la exclusión, en política de Estado. La llamada lista de Tascón está en el epicentro de decisiones que, en todos los niveles de la administración pública, afectaron la vida real de millones de familias en todo el país: perdieron sus empleos, sus propiedades y sus derechos, perseguidos por un poder especializado en excluir y humillar. Las bandas paramilitares; los ataques, con muertos y heridos, a las marchas de los ciudadanos demócratas; la frase "las FARC no son un grupo terrorista"; los presos torturados y aislados; las torturas a los familiares de los presos políticos, a quienes castigan con la práctica sistematizada de los traslados ocultos y la desinformación; la impunidad de la que gozan los uniformados que disparan, matan y hieren a quienes protestan desarmados; el asalto a las instituciones y a los dineros públicos. Todas estas irregularidades fueron creaciones de Chávez y de sus seguidores. (125).

.- Un ser infeliz en la presidencia de la República

En una oportunidad, El Teniente Coronel Francisco Arias Cárdenas, embajador de la Venezuela ante la Organización de las naciones Unidas, y uno de los funcionarios más leales al proyecto castro-chavista, refiriéndose a los sucesos del 11 de abril de 2002, y a la responsabilidad del Presidente Chávez en aquella masacre, en una entrevista televisada, dijo textualmente, lo siguiente: ..."*Hay que responsabilizar como ejecutor del General Rodríguez Chacín, y como autor intelectual y jefe de esa banda, del propio Chávez, del propio Presidente de la República. Esa es una acción contra el sentimiento más noble del pueblo venezolano... Estoy absolutamente seguro que la acción de los francotiradores estaba bajo conocimiento del gobierno y fue ordenada por una mente enferma. Todos los venezolanos tenemos que entender, y les hablo a todos aquellos que aún tienen un poco de fe y de esperanza: ¡Quítense la venda que tienen ante los ojos! Estamos ante la presencia de un asesino, en toda la extensión de la palabra. Chávez es una persona enferma, un paranoico, un enfermo de poder que cree estar poseído de una tarea histórica destruyendo y matando venezolanos. Y esa gente que está allí, a su lado, como el responsable de dar la orden de asesinar a venezolanos, tienen que pagar su culpa. Por la normas de la democracia, de la paz y de la convivencia, tiene que pagar su culpa. Lo que no se puede hacer es apoyan un minuto más, un segundo más, por favor, le hablo a la gente [del partido] Quinta Republica, le hablo a los venezolanos todos de bien, pero sobre todo me interesa hablarle a los compañeros de armas, no podemos seguir defendiendo, no pueden ustedes seguir defendiendo esta ignominia: Un*

Presidente asesino manchado con la sangre de los venezolanos". Insistimos: Hoy día, Arias Cárdenas es uno de los funcionarios más leales del gobierno chavista.

De igual modo, otro leal funcionario del gobierno chavista es el Señor Aristóbulo Istúriz, quien un día, en una entrevista radial, acusó al presidente Chávez de "fumarse unas lumpias". Pero recalcando que las lumpias que se fumaba Chávez estaban "pasadas". Es decir, estaban malas. De pronto, una "lumpia pasada" provoca un efecto mayor o más dañino, que una lumpia sin vencer. ¿O no?

El día 6 de diciembre del 2002, en la Plaza Francia de Altamira, tres venezolanos fueron asesinados: la joven Keyla Guerra, junto a Doña Josefina Inciarte y al profesor Jaime Giraud Rodríguez, y al menos otras veinte personas resultaron heridas de balas. El asesino, un ciudadano portugués de nombre Joao De Gouveia, fue capturado inmediatamente y puesto a la orden de los tribunales. Posteriormente, el presidente Chávez refiriéndose a Joao De Gouveia, el autor de esta masacre, lo llamó "Señor" y "caballero". No sólo eso, sino que de su propia boca confiesa lo siguiente: "... **yo vi sólo una pequeña parte porque estaba ocupado en mis cosas, vi sólo una parte y he visto algunos videos después...**" Tanta insensibilidad presidencial asombra. (126) (127). *****

LA ERA POSCHAVISTA

El eventual triunfo de la Oposición sólo será el inicio de una dura batalla hacia la democracia en Venezuela. Chávez en 1992 dio muestras de los medios antidemocráticos de los que fue capaz de emplear para llegar a la primera magistratura de la nación. Por este delito fue encarcelado y debió seguir tras las rejas de no haber sido por la demagogia del Presidente Rafael Caldera, quien sin medir las consecuencias de su acción, lo indultó, permitiéndole regresar a la vida pública con los resultados que todos conocemos. Caldera, sin proponérselo, cometió uno de sus más grandes errores al dejar en libertad a un individuo claramente perturbado y poseedor de un enfermizo odio contra la sociedad y los regímenes políticos democráticos. El problema de fondo es el origen militarista del chavismo. La inclinación de Chávez y sus seguidores por la armas, y su supuesto fervor por la lucha armada que lo llevó a declarar, impulsado por su alucinante locura, que las FARC y el ELN eran verdaderos ejércitos beligerantes, deja un amargo sabor en la boca que permite presagiar el resurgimiento de grupos armados en Venezuela apoyados por el chavismo.

El cáncer que representa el movimiento chavista para la convivencia pacífica venezolana, ha invadido gran parte de la estructura social de Venezuela. Su erradicación y curación exigirá grandes y dolorosos tratamientos. Para tal efecto, se requiere que a diferencia del actual, el próximo gobierno ofrezca amplias garantías y permita el libre juego democrático. Hay quien piensa que no se debería aplicar la persecución política ni mucho menos meter tras las rejas a los que piensen distintos, ya que eso solo favorecería al chavismo quien con toda clase de argucias buscará reconquistar el poder. Es muy probable que Venezuela, al iniciar el camino hacia la reconquista de la democracia, tenga que subir una empinada cuesta hacia la conquista de la libertad y el orden. Acosada, además, desde diferentes flancos por un chavismo demencial cuyas intenciones se concentrarán en la búsqueda de la inestabilidad política y la reinstauración del caos en el país. El chavismo, aunque derrotado, no desaparecerá. Posiblemente, sus militantes no cejarán en su empeño del implantar el socialismo del siglo XXI en el país. Por lo tanto el nuevo gobierno deberá ser un gobierno firme que sepa manejar la coyuntura política. Exigir justicia frente al desmadre chavista, pero sin presentarse como un gobierno ávido de venganza. El reto que en un futuro próximo encarará Venezuela será tanto, o más difícil, que el que enfrentó nuestra incipiente democracia en los años 60 y 70. Aplastar el movimiento chavista posiblemente sea mucho más difícil. Si los seguidores de este grupo dijeron no a la concordancia cuando estaban en el poder, menos lo harán cuando se encuentren al otro lado de la acera. La delincuencia no conoce de civilidad.

La economía se recuperará, pero este modelaje aún nos hará daño cuando el chavismo sea recuerdo. Chávez, y ahora sus herederos —el castro-chavismo—, han cometido una serie de pecados que serán un pesado lastre para el país durante décadas:

1.- Destruyeron la ética laboral del venezolano. Gracias a instrumentos como la Ley del Trabajo de 2012, o los reiterados decretos de inamovilidad laboral, miles de venezolanos no sienten relación entre su salario y su propio esfuerzo, o entre éste y la marcha de la empresa para la que trabajan. El resultado ha sido una baja en la productividad y un alza en la conflictividad laboral. La situación es peor en el sector público, donde la lealtad política es más importante que el desempeño personal.

2.- La ignorancia como valor, o el conocimiento como antivalor. Chávez, como buen mentiroso, se jactaba a veces de ser un gran lector, pero se jactaba mucho más, de su propia ignorancia. Se burlaba de "los sesudos analistas" y muy pocas veces se reunió con expertos. Los resultados están a la vista, pero además hay una buena parte del país que se ha sentido reivindicada con esto. Son los hijos del "fraude educativo" que actualmente reina en el país.

Al igual que ocurrió en Cuba, en Venezuela, empobrecer la calidad de la educación parece ser la premisa del gobierno castro-chavista. El gobierno ha puesto todo su énfasis en que el sistema educativo tienda a promover al estudiante, aunque éste no haya alcanzado los objetivos y los requisitos que se establece para cada grado. Hablan de una batalla a la repitencia y la deserción escolar, y allí se revela que ellos están promoviendo a los estudiantes de la manera más fácil posible. El último cambio curricular en la educación, publicado recientemente en Gaceta Oficial, es garrafal y proclive a la "piratería en las aulas", de acuerdo a los que señalan los expertos.

Lo que tiene de particular este nuevo diseño, es que le cambia los nombres a las asignaturas y las agrupa por áreas de conocimiento. Entonces hay un área de lenguaje, un área de ciencias, etc. En vez de tener un profesor de Química, otro de Física y otro de Biología, ahora nuestros hijos tienen uno solo para Ciencias Naturales. En Venezuela, desde hace 20 años, se ha venido presentando una grave escasez de profesores. Hay muchos liceos e institutos educativos, en donde no hay profesor de Matemática, o de Física, o de

Química. Al agrupar esas asignaturas por áreas y formar "maestros integrales", que enseñan de todo sin saber de nada, es una buena manera de eliminar el problema de conseguir un profesor de Biología, o de Química, o de Física, o de Matemática. Y como todo ese conocimiento cae dentro del campo de la ciencia, y esas son asignaturas de "Ciencias", entonces que el maestro integral imparta las clases de matemática y también de Biología, de Física y de Química, o de cualquier otra asignatura.

"Eso es una vulgar piratería. Los especialistas en un área no son especialistas en otras", afirmaría cualquier docente o especialista venezolano. Para completar el drama educativo nacional, a muchos docentes, les han reducido dramáticamente el número de horas de aula, con más formación para el trabajo y menos para el estudio catedrático, lo que opositores han calificado como un esfuerzo del gobierno para guiar al pueblo a la ignorancia

No obstante, pese a la intención, el resultado puede ser distinto. "En educación y todo lo que es en el área de las ciencias sociales, no existen los determinismos, porque el ser humano reacciona de muchas maneras. Lo que podemos identificar con las intenciones. Pero hasta qué punto esas intenciones tienen efecto, eso es ya otra cosa. Lo que verdaderamente se está demostrando, es que nuestro sistema escolar tiene muy baja calidad, y que lamentablemente, pasar por el sistema escolar no está dejando a la gente con la preparación que necesitaría para seguir progresando", afirma E. Escalona, profesora del Doctorado de Educación en la Universidad Central de Venezuela..

Además, el venezolano no se ha amansado. Con los años, se verán los efectos que irán teniendo estas prácticas en los niños de las venideras generaciones.

3.- De lo único que se ha hecho responsable el chavismo en 21 años de gobierno es de los golpes de Estado de 1992. De allí en adelante, todo lo negativo que ha sucedido en el país es culpa de alguien más, es culpa de cualquier otro, menos de ellos.

La imposición y el insulto: Cuando uno escucha a un funcionario chavista de base, como Diosdado Cabello, se da cuenta de que el tono de "yo hago esto porque sí, y al que no le guste que se vaya" es una copia del que usaba el líder. Es el arrebatar al estilo Jalisco como política: si no se gana, se arrebata. El resultado final es la imposibilidad de un diálogo entre las partes, pues, el funcionario chavista se ha acostumbrado al uso del insulto desde las alturas del poder como un arma para descalificar al adversario y bloquear así la posibilidad de un acuerdo.

4.- La oralidad en futuro: Es la ingenua creencia de que gobernar es hablar pistoladas. La tenía Chávez, y su heredero, Nicolás Maduro la ha copiado. Nada de hacer seguimiento o evaluar los resultados, para rectificar o reorientar de ser necesario. Se gobierna de acuerdo a lo que se le ocurre a alguien delante de un micrófono. Todo lo que se menciona se hace en tiempo de futuro: haremos, seremos, construiremos, formaremos, produciremos. Craso error. Todos los proyectos, se quedan en eso: en proyectos. Al día siguiente se idean otros.

5.- Entre la mentira y descaro: Durante la vida de la democracia en Venezuela, jamás un gobernante había mentido en forma tan descarada, como ha ocurrido durante el mandato chavista. Mentir se ha vuelto una forma válida de hacer política. Ser descarado, también: Solo basta recordar algunas de las sonadas sentencia del Tribunal Supremo de Justicia, o escuchar las declaraciones y justificaciones de los principales funcionarios chavistas.

Como el gobierno del Presidente Chávez realmente hizo muy pocas cosas que podrían calificarse como positivas durante los más de 14 años que estuvo en el poder, con frecuencia se vio en la necesidad de inventar una colección de engaños y mentiras para ocultar el fracaso de su gestión presidencial. Varias de las mentiras más grandes de su gobierno, fueron las siguientes:

1.- Los medios de comunicación privados son los culpables de todos los problemas de los venezolanos. Ellos tergiversan la verdad para engañar al pueblo.

La realidad es que el gobierno de Chávez controló –hoy día su control es aún más férreo– la mayor parte de los canales de televisión de Venezuela y se hizo de muchas emisoras de radio, periódicos y páginas de internet para difundir las ideas que les impartía desde Cuba el inefable comandante Fidel Castro. Por si fuera poco, el gobierno creó –y sigue creando– las leyes y los organismos necesarios para obligar a los medios de comunicación a satisfacer todos los deseos de Chávez. Además, no hay que olvidar un hecho sumamente importante: Hugo Chávez llegó al poder con el respaldo de los grandes medios de comunicación privados, mediante los cuales difundió todas sus promesas en 1998. Uno de los medios impresos que más ha sido maltratado por Chávez, ha sido el diario Caraqueño "El Nacional" quien fue uno de los principales artífices del triunfo del comandante golpista, en la persona del periodista Alfredo Peña.

2.- Estados Unidos es el jefe de la oposición venezolana –incluyendo a los medios de comunicación-. Todo lo que hace la oposición es planeado por el gobierno de Bush.

Estados Unidos no soporta que un gobernante latino abra los ojos de los latinoamericanos y les muestre que todos los problemas de Hispanoamérica son y fueron causados por Estados Unidos.

La realidad es que Estados Unidos es el principal socio comercial de Venezuela. El gobierno venezolano envía petróleo todos los días a Estados Unidos para que George W. Bush o Barack Osama, pudieran andar en automóvil, calentaran su café y prepararan su comida, a cambio de que le enviaran suficientes dólares a Chávez que financiaran su estancia en el poder, paseara su regia figura por todos los países del mundo y se diera la gran vida —además de convertir en nuevos millonarios a su numerosa familia de orígenes humildes—. Para el falaz comandante golpista, los malos gobiernos de América Latina nunca fueron los responsables de toda la pobreza de la región. A Chávez, entre los numerosos libros que nunca leyó, le faltó leer "El Manual del Perfecto Idiota latinoamericano" de los autores Plinio Apuleyo Mendoza, Carlos Alberto Montaner y Álvaro Vargas Llosa.

3.- El Presidente Chávez no conoce los problemas del pueblo porque sus corruptos ministros le mienten.

La realidad es que Hugo Chávez conocía muy bien cuáles eran, y aún son, los principales problemas de los venezolanos, porque lo más probable fue, que él mismo los viviera en carne propia. ¡Pero no tiene idea de cómo resolverlos! Tal vez su mente no estaba preparada ni dispuesta para esa tarea. Los ministros y altos funcionarios gubernamentales, eran nombrados directamente por él. El problema fue que toda su atención estaba centrada en perpetuarse en la Presidencia, fortalecer la dictadura en Cuba y expandir su proyecto político a los países vecinos.

4.- Los empresarios venezolanos son unos capitalistas egoístas que sólo piensan en el dinero, no quieren a Venezuela y se venden al imperio.

La realidad es que los empresarios siempre han constituido uno de los sectores que más aporta progreso y fuentes de trabajo en Venezuela. Sin llegar al extremo de querer presentarlos como unos santos varones, los empresarios arriesgan lo mucho o poco que tienen, al apostarle al futuro del país. Que se enriquezcan como producto de sus actividades, no es un delito. La falta la cometía el Estado cuando descuidaba sus funciones de reguladoras de la actividad económica, al mismo tiempo que el gobierno capitalista de Chávez creaba empresas estatales corruptas e ineficientes que no satisfacían al pueblo y siempre terminaban cerradas después de haber servido como catapultas para el enriquecimiento del entorno del Presidente comandante golpista.

5.- Cada vez que surge un problema es por sabotaje de la oposición. A Chávez no lo han dejado gobernar. Sus seguidores, siguiendo instrucciones directas del propio Chávez, se empeñaron a repetir como focas: "Dejen trabajar a Chávez"

La realidad es que la oposición siempre proponía ideas y ofrecía ayuda al gobierno, pero lo único que Chávez sabía hacer a la perfección era insultar a sus adversarios políticos y pelearse con todos los sectores del país, a quienes nunca escuchó en ninguna materia. Por otra parte, el gobierno no contaba con ningún funcionario capacitado – comenzando por el propio Presidente- para administrar a un país como Venezuela. Todos los cambios en el gabinete ministerial, se reducían a un simple enroque de funcionarios en los cargos. Es decir, el que fungía como Ministro de Finanzas, pasaba a ser Ministro de Educación. El que era Ministro de Industrias Básicas, pasaba a ser Ministro de Alimentos Enlatados. El que era Ministro de Minas, pasaba a ser Ministro de Educación, y así sucesivamente. Chávez permaneció catorce años en el poder, y dispuso de Asamblea Constituyente, leyes habilitantes, altos precios del petróleo y el absoluto control de todas las instituciones del país –

incluyendo gobernaciones y alcaldías- y aún así, no fue capaz de hacer nada bueno, ni siquiera supo darles un poco de felicidad a sus propios partidarios, para no mencionar al pueblo venezolano.

El lector no debe olvidar nunca esto: la existencia misma de la asamblea constituyente chavista, fraudulenta, ilegal e ilegítima no perderá esa condición. Nunca será legal ni legítima. Los señores y señoras que la integran no representan a la sociedad venezolana. Cada una de sus actuaciones es delictuosa. Cada una de sus decisiones, ilegales e ilegítimas. Sobre una serie de delitos que condujeron a su instalación, cada día se suman otros. Es el juego perverso del odio: cada línea producida por esa ANC es, ni más menos, un expediente en su contra. Por ello deberán responder ante tribunales legítimos. Muy pronto. (128).

*****

Epílogo:

"ÉRAMOS FELICES Y NO LO SABÍAMOS"

El 6 de diciembre de 1998, después de cumplir con el sagrado deber de todo demócrata de participar en los comicios presidenciales, cansados, pero felices, procedimos a reunirnos en la casa de nuestros suegros, obligado punto de reunión de nuestra familia, donde nos congregábamos cada vez que había un motivo para ello. Mi esposa, mis cuñadas, sus maridos, sus hijos, nuestros hijos y varios amigos que nos visitaban, conversábamos y disfrutábamos el especial momento. Siempre había alegría y concordia en nuestras reuniones familiares. Pero ese día había un motivo extra. Casi todos los presentes, estábamos seguros y convencidos de que Hugo Chávez era el ganador de las elecciones efectuadas ese día. Todos habíamos votado por ese hombre que prometía muchas cosas buenas para Venezuela. Todos menos dos: Mis suegros –dos inmigrantes españoles que llegaron al país en la década de los 60–, no compartían la evidente alegría de los adultos jóvenes de la familia. En algún momento, ya sentados a la mesa y en medio del brindis familiar, Mi apreciada suegra, Carmen de Paradela, me dijo en voz baja y muy firme: Ya verás, mi querido Guillermo, la gran tontería que acabas de cometer al haber votado por ese hombre. Dale un poco de tiempo al tiempo. Ya pronto verás que tendrás suficientes motivos para arrepentirte. ¡No te preocupes! ¡Ten calma! ¡Ya te convencerás de la burrada que has cometido hoy!

¡Ya llevo 19 años recordando —todos los días— aquellas proféticas palabras de mi suegra!

A las pocas semanas comencé a dudar de mi sabia decisión de haber votado por Hugo Chávez. Comenzaba a preguntarme si había procedido acertadamente al apoyar a aquel hombre. Ya desde el mismo acto de aquella lamentable toma de posición presidencial, donde aquel hombre desconsiderado y mal educado, despreciaba tan importante acto constitucional, descalificando la misma Constitución sobre la que juraba cumplir las leyes de la República, y despreciando el discurso de orden, simulando leer un pequeño libro, se comportó como un verdadero patán. Desde ese momento empecé a cuestionar seriamente mi elección. Un botón de alarma se prendió en mi cerebro. Poco tiempo después comenzó a prometer que freiría la cabeza de los adecos y de los corruptos en manteca caliente. También prometía convertir a Venezuela en un paraíso de bonanza y seguridad. Al cabo de tres meses, o de un poco más, estaba perfectamente convencido —para mi mayor vergüenza— que me había equivocado de banda a banda. Empecé a sentirme culpable de haber sido uno de los millones de estúpidos ilusos que creyeron en la demagogia de aquel hombre. No pasaría mucho tiempo para empezar a sentirme como quizás debió sentirse Caín al ser marcado por la señal de un grave pecado. El pecado de haber contribuido a llevar a la presidencia de la republica a un individuo como Hugo Chávez Frías.

Hace poco más de año y medio, me topé con un artículo de prensa que es un relato quizás mucho más impactante que la opinión de los articulistas especializados, economistas y políticos, pues cita logros alcanzados en los 40 años de democracia y libertad económica que vivimos antes —de la llegada del castigo divino— y que los partidos tradicionales no han defendido como era menester hacerlo. Como sentía que en dicho relato se utilizaban palabras e ideas que prácticamente eran como si salieran de mi propia boca y mente, pues hemos decidido transcribirlo casi textualmente. Así dice el texto:

"Hoy quise escribir unas líneas para recordarle al pueblo, la Venezuela que éramos y la que somos hoy: Recuerdo cuando iba al supermercado y había 7 tipos de mayonesa (Kraft, Mavesa, La Torre del Oro, Nelly, el Castillo de Oro, Hellmans, La Rika); ahora apenas se consiguen 2 y una no es mayonesa, sino aderezo. Recuerdo que conseguir papel higiénico no era ningún problema, el problema era seleccionar la marca; también recuerdo que podíamos llevar la cantidad de azúcar y de harina que quisiéramos y no teníamos límites como ahora. Recuerdo que quien poseía un carro se daba el lujo de echarle cualquiera de los 5 tipos de gasolina que existían en el mercado: 83, 87, 89, 91 o 95 octanos; hoy en día tenemos sólo dos tipos, pero solo se consigue uno. Entonces existían los simpatizantes de AD y Copei en una familia y nunca se peleaban: hoy somos opositores y chavistas y nos odiamos a muerte gracias a Chávez que nos dividió como familia y como venezolanos. Recuerdo que por un millón de bolívares de los viejos nos daban en Colombia 15 millones de pesos y en España nos daban hasta 37 millones de pesetas; hoy en día nos dan por un millón de Bs. De los llamados "y que fuertes", 75 mil pesos. En España podemos sentirnos felices si nos dan 40.000 Euros por nuestro millón de bolívares "fuertes". Si queríamos ir a EEUU (o a cualquier otro lugar) no necesitábamos a Cadivi para que nos dieran los dólares: los comprábamos en el banco, ya que un dólar nos costaba 4,30 Bs. de los viejos. Entonces si querías un carro de agencia, te dabas el lujo de escoger el modelo y el color que tú quisieras, hoy en día no lo consigues ni siquiera chocado. Podíamos hacer fiestas en nuestras casas y nadie nos molestaba ni nos amenazaba. Hoy hacer una fiesta es correr el riesgo de al oscurecer entre a tu casa y te roben o te maten. Los sábados nos reuníamos con los amigos y nos tomábamos nuestras cervezas mientras jugábamos a los caballos o jugábamos al dominó con los amigos y vecinos del barrio o de la cuadra. Hoy, todo eso se ha acabado y se hace tomando miles de previsiones. Y así muchos recuerdos más que, mientras vienen a mi mente, más nostalgia me da. Han pasado 15 años de "revolución" y esto es lo que han dejado: hambre, miseria, inseguridad, odio, escasez, etc. Quizás vivíamos en un paraíso demócrata llamado Venezuela y lo cambiamos por un infierno y desastre llamado "República Bolivariana de Venezuela" gobernada por "socialismo del siglo XXI" ¿Quién se atreve a decirme que esto es falso?"   Es decir, "Éramos felices y no lo sabíamos". (129).

CONCLUSIONES

Mientras en la sociedad venezolana no exista una estructura fuertemente democrática, con un sistema educativo sólidamente enraizado en los valores de la democracia, en la justicia social y en la creencia del esfuerzo personal como vía de superación individual y desarrollo social, nunca se podrá modificar la tendencia del venezolano a apoyar a aquel sistema que le produzca mayor posibilidad de satisfacer sus necesidades como ser humano. En Venezuela, la lucha por la independencia abarcó un período que duró casi 30 años. Una lucha que al menos en sus primeros años, no fue otra cosa sino una simple guerra civil. Ahora bien: ¿por qué la gran masa del pueblo venezolano, y en general, de los otros pueblos hispanoamericanos, fue tan reacio a dejarse ganar por el mensaje de los republicanos? ¿Por qué las masas desposeídas de aquella sociedad colonial suramericana se mostraban más propensas a defender los intereses de la corona española, que los intereses de un sistema político republicano? El movimiento independentista que culminó con nuestra emancipación, comenzó oficialmente el 19 de abril de 1810, y la Declaración de Independencia se firmó el 5 de julio de 1811. Pero el primer ejército expedicionario español que venía a restablecer los derechos del rey Fernando VII, arribó a nuestras costas en abril de 1815. Es decir, durante los primeros cuatro años de una dura y sangrienta guerra por la Independencia, los mal llamados ejércitos realistas, estuvieron conformados por venezolanos de todas las clases sociales, que lucharon defendiendo los intereses de un lejano rey, a quien nunca vieron. Pero había una poderosa razón para tal desaguisado. En el sistema colonial imperante en aquella época, los mestizos, los pardos, los mulatos, los zambos, los negros, los indios y los esclavos, recibían mejor trato de los blancos peninsulares, que de los propios blancos criollos, los mantuanos. Aquellos pobres seres, maltratados y humillados por aquel injusto sistema colonial, encontraban mejor disposición para paliar sus dolores y sus problemas existenciales, en los blancos peninsulares, que la que hallaban en los engreídos e insoportables mantuanos. Y debemos recordar que el movimiento independentista nace de las revolucionarias ideas de un grupo de mantuanos. La revolución independentista venezolana no fue un movimiento popular. Por el contrario, fue una revolución forjada por un grupo de idealistas pertenecientes a las clases dominantes.

Para bien o para mal, históricamente el venezolano siempre ha demostrado pensar y sentir con el estómago, y manejarse bajo la óptica de cubrir, a como dé lugar, sus propias necesidades. El país, la ciudadanía, los valores democráticos, etc., son cosas de segunda importancia. Primero como y luego existo. Esa es nuestra realidad.

Pero, más allá de nuestras necesidades materiales, debemos tener siempre presente, que los crímenes más aberrantes en el campo de la política, se han realizado en el nombre de la patria. Tras esta sacrosanta invocación, los tiranos de todos los tiempos han ocultado su sed de poder y su falta de todo tipo de escrúpulos. No encuentran mejor sostén para sus tropelías, para su sed de hegemonía, al uso delincuencial de aquel valor ante el cual se han postrado todos los pueblos a través del tiempo.

Como sostiene el diario El Nacional en su editorial del 09/09/2017, ahora debemos recordar cómo la manipulación del delito de traición a la patria ha sido un mecanismo socorrido de los regímenes que se anunciaron como progresistas, o como promotores de revoluciones de izquierda. Los crímenes del Comité de Salud Pública encabezado por Robespierre durante la Revolución francesa fueron responsables de un interminable desfile de víctimas en el camino de la guillotina. De igual manera, los procesos de Moscú, dirigidos por Stalin contra sus enemigos políticos, fueron célebres por su increíble saña y por la infinita arbitrariedad de la revolución soviética encarnada en un inhumano "padrecito": Joseph Stalin.

La "limpieza" más reciente en este sentido, fue ordenada por Fidel Castro contra el general Arnaldo Ochoa, un guerrillero de Sierra Maestra y un héroe de la guerra de Angola, contra quien se llevó a cabo un escandaloso auto de fe como los que se efectuaban en los tiempos de la Santa Inquisición. Ahora la santidad era Fidel Castro, llamado a sentarse en el trono de la beatitud por la bienaventurada patria cubana para reinar a solas en la cumbre, sin figuras capaces de brillar por sí solas, es decir, susceptibles de estorbar el sendero de los valores supremos que se depositaban en la persona del tirano.

Sin la celebridad de Stalin o de Castro, y sin el brillo de Robespierre, el heredero de Hugo Chávez, el disminuido Nicolás Maduro, inaugura entre nosotros los autos de fe, en cuyo banquillo quiere humillar, entre otros, a Julio Borges, presidente de la Asamblea Nacional, por su deseo de cumplir con su deber constitucional, pero que ante la imposibilidad de realizarlo, opta por el único camino que le queda: ventilar las atrocidades de la dictadura castro-chavista ante las democracias más reconocidas del mundo occidental.

Borges, representante legítimo de la soberanía nacional, el portavoz más autorizado de los intereses del común, quien sale al extranjero a hablar por Venezuela ante autoridades que merecen general respeto, puede ser sometido a encierro cruel e injustificado por el resucitador de unos procesos famosos por la causa en la cual quisieron esconder sus canalladas y por los fúnebres cortejos de víctimas que encabezaron. La comunidad internacional debe movilizarse para ayudar a Venezuela a salir del pozo séptico en que la ha sumergido el "socialismo del siglo XXI".   Fin

*****

REFERENCIAS.-

1.- CEPAL: la recuperación del crecimiento de América Latina y el Caribe depende de dinamizar la inversión pública y privada

http://www.cepal.org/es/comunicados/cepal-la-recuperacion-crecimiento-america-latina-caribe-depende-dinamizar-la-inversion.

2.- Venezuela, contexto político actual

http://laparticipacionciudadana.over-blog.es/2016/03/2016-venezuela-contexto-politico-actual.html

3.- Protestas en Venezuela (2014-actualidad)

https://es.wikipedia.org/wiki/Protestas_en_Venezuela_(2014-actualidad)

4.- Una protesta contra el Gobierno deja tres muertos a tiros en Venezuela

https://elpais.com/internacional/2014/02/13/actualidad/1392246745_349858.html

5.- La televisión venezolana no transmite imágenes de la violencia ocurrida en Caracas tras la finalización de la manifestación

https://elpais.com/internacional/2014/02/13/actualidad/1392246745_349858.html

6.- Arturo Uslar Pietri: Ajuste de cuentas

http://www.larazon.net/2015/03/arturo-uslar-pietri-ajuste-de-cuentas/

7.- Empresa vasca se embolsó 38 millones de euros por la venta de barcos militares a Venezuela

https://www.lapatilla.com/site/2017/08/29/empresa-vasca-se-embolso-38-millones-de-euros-por-la-venta-de-barcos-militares-a-venezuela/

8.- Elemental para Venezuela

https://elpais.com/elpais/2016/07/28/opinion/1469708177_987134.html

9.- La comida se pudre en los puertos venezolanos. 04/06/2010

http://www.elmundo.es/america/2010/06/04/noticias/1275678577.html

CÓMO DESTRUIR UN PAÍS: caso Venezuela

10.- "Maduro sabe que en los puertos se pudre la comida al igual que el Poder Judicial". 27/10/2015

http://www.lapatilla.com/site/2015/10/27/maduro-sabe-que-en-los-puertos-se-pudre-la-comida-al-igual-que-el-poder-judicial/

11.- Ejército de Venezuela trafica con alimentos en época de hambre. 28/12/2016

https://www.el-carabobeno.com/ejercito-venezuela-trafica-alimentos-epoca-hambre-fotos/

12.- Cáritas de Venezuela: Hicimos todas las gestiones para retirar las medicinas

http://efectococuyo.com/principales/caritas-de-venezuela-hicimos-todas-las-gestiones-para-retirar-las-medicinas

13.- Cáritas de Venezuela

http://caritasvenezuela.org.ve/

14.- El deslave premonitorio

http://www.eluniversal.com/opinion/131127/el-deslave-premonitorio

15.- La tragedia de Vargas

https://es.wikipedia.org/wiki/Tragedia_de_Vargas

16.- Jaua inspeccionó el Complejo Agroindustrial Ezequiel Zamora en barinas

http://www.noticias24.com/venezuela/noticia/103337/jaua-inspecciono-el-complejo-agroindustrial-ezequiel-zamora-en-barinas/

17.- Comisión de Contraloría detectó en el CAAEZ irregularidades por 182 millones de dólares

https://transparencia.org.ve/comision-de-contraloria-detecto-en-el-CAAEZ-irregularidades-por-182-mil-millones-de-dolares/

18.- DESFALCO EN COMPLEJO AGROINDUSTRIAL AZUCARERO EZEQUIEL ZAMORA. La investigación que persigue al ministro Adán Chávez https://elpitazo.com/tag/complejo-agroindustrial-azucarero-ezequiel-zamora/

19.- Desnutrición pone en riesgo a 53 % de los niños venezolanos

https://www.larazon.net/2017/03/desnutricion-pone-en-riesgo-a-53-de-los-ninos-venezolanos/

20.- Cáritas de Venezuela advierte que 52 % de los niños menores de cinco años padece de desnutrición

https://www.youtube.com/watch?v=PLWkieGtFmw

21.- Chávez había ofrecido a las FARC petróleo y contratos públicos en Venezuela. Chávez prometió a las FARC una donación de 300 millones de dólares

http://www.elmundo.es/elmundo/2008/03/05/internacional/1204675329.html

22.- Documentos: Chávez ofreció negocio a las FARC con la venta de petróleo venezolano

http://www.reportero24.com/2011/11/13/documentos-chavez-ofrecio-negocio-a-las-farc-con-la-venta-de-petroleo-venezolano/

23.- Los secretos de la guerrilla colombiana. Los papeles de las FARC acusan a Chávez

https://elpais.com/diario/2008/05/10/internacional/1210370406_850215.html

24.- Fascismo a la venezolana

http://venezuelareal.zoomblog.com/archivo/2008/12/14/fascismo-a-la-venezolana.html

25.- El Gobierno tiene elementos comunes con el nazi-fascismo"

http://www.noticias24.com/actualidad/noticia/24314/el-gobierno-tiene-elementos-comunes-con-el-nazi-fascismo/

26.- Diario "Vea" arremete contra las colonias italiana y española de Venezuela

http://www.noticias24.com/actualidad/noticia/21036/diario-vea-arremete-contra-la-colonias-italiana-y-espanola-de-venezuela/

27.- Pdvsa: Producción petrolera registra crecimiento en 2016

http://www.elmundo.com.ve/noticias/petroleo/pdvsa/pdvsa--produccion-petrolera-registra-crecimiento-e.aspx

28.- Producción de Pdvsa cayó 300.000 barriles diarios en 2016

http://www.el-nacional.com/noticias/economia/produccion-pdvsa-cayo-300000-barriles-diarios-2016_76315

29.- Del Pino: Venezuela exporta hasta 2,5 millones de barriles diarios

http://www.eluniversal.com/noticias/economia/del-pino-venezuela-exporta-hasta-millones-barriles-diarios_55903

30.- Producción de petróleo cayó 130.000 barriles diarios hasta noviembre

http://www.el-nacional.com/noticias/economia/produccion-petroleo-cayo-130000-barriles-diarios-hasta-noviembre_41341

31.- Fuente: Monthly Oil Market Report (OPEP, varios años)

32.- IESA: ENERGÍA EN CIFRAS. EL SECTOR PETROLERO Y GASÍFERO

33.- Auge y colapso de PDVSA a 30 años de su nacionalización

http://www.scielo.org.ve/scielo.php?script=sci_arttext&pid=S1315-64112006000100010

34.- Precio del barril de petróleo venezolano promedió 103,46 dólares en 2012

http://www.avn.info.ve/contenido/precio-del-barril-petr%C3%B3leo-venezolano-promedi%C3%B3-10346-d%C3%B3lares-2012

35.- Revista Venezolana de Economía y Ciencias Sociales v.12 n.1 Caracas abr. 2006. "El auge y el colapso de Pdvsa a los treinta años de la nacionalización". Por Ramón Espinasa

http://www.scielo.org.ve/scielo.php?script=sci_arttext&pid=S1315-64112006000100010

36.- Chávez regala combustible a pobres de Estados Unidos

http://www.elespectador.com/articulo182296-chavez-regala-combustible-pobres-de-estados-unidos

37.- ¿A quién le vende petróleo Venezuela? Fecha 30.05.2016.

http://www.dw.com/es/a-qui%C3%A9n-le-vende-petr%C3%B3leo-venezuela/a-19293514

38.- Plata rusa y china.   9 de febrero de   2017

http://revistapetroleoygas.co/venezuela-modelo-de-autodestruccion/

39.-Venezuela ahora le compra petróleo a Estados Unidos

http://www.talcualdigital.com/Nota/122835/venezuela-ahora-le-compra-petroleo-a-estados-unidos

40.- Economía de Venezuela.   Orimulsión y desarrollo económico

http://www.eumed.net/cursecon/ecolat/ve/2005/jcm-orimul.htm

41.- Comenzó construcción gasoducto que unirá Colombia con Venezuela

http://www.eleconomista.es/empresas-finanzas/noticias/40951/07/06/Comenzo-construccion-gasoducto-que-unira-Colombia-con-Venezuela.html

42.- PDVSA incumplió su compromiso y no enviará gas a Colombia

https://www.elheraldo.co/economia/pdvsa-incumplio-su-compromiso-y-no-enviara-gas-colombia-236418

43.- Un negocio que se evapora

https://informepetrolero.wordpress.com/2010/04/30/un-negocio-que-se-evapora/

44.- Venezuela ahora sí está lista para exportar gas a Colombia

http://www.eltiempo.com/archivo/documento/CMS-16638547

45.- Por fin Venezuela comenzará a vender gas a Colombia a partir de diciembre de 2016

CÓMO DESTRUIR UN PAÍS: caso Venezuela

http://caracol.com.co/radio/2016/09/28/economia/1475073940_928542
.html

46.- Presidente Nicolás maduro respaldó política gasífera en expo Venezuela 2017

http://www.pdv.com/index.php?option=com_content&view=article&id=6969:presidente-nicolas-maduro-respaldo-politica-gasifera-en-expo-venezuela-2017&catid=10:noticias&Itemid=589&lang=es

47.- Electricidad al borde

http://www.eluniversal.com/noticias/politica/electricidad-borde_12530

48.- Rusia construirá una central nuclear en Venezuela. Por Yolanda Valery

http://www.bbc.com/mundo/noticias/2010/10/101015_venezuela_energia_nuclear_central_rusia_az.shtml

49.- Chávez anuncia desde Moscú construcción de planta nuclear en Venezuela

http://www.venelogia.com/archivos/4723/

50.- La orimulsión es una solución para enfrentar la crisis eléctrica

http://www.eluniversal.com/2010/01/17/eco_art_la-orimulsion-es-una_1727244.shtml

51.- Los viudos de la Orimulsión

http://questiondigital.com/los-viudos-de-la-orimulsion/

52.- Orimulsión y desarrollo económico

http://www.eumed.net/cursecon/ecolat/ve/2005/jcm-orimul.htm

53.- Venezolana PDVSA pierde cuota de mercado en India por pago de deudas a China y Rusia

https://lta.reuters.com/article/domesticNews/idLTAKBN16F1E9-OUSLD

54.- INVESTIGACIÓN: Las 15 fortunas más grandes del chavismo http://www.reportero24.com/2013/07/14/investigacion-las-15-fortunas-mas-grandes-del-chavismo/

55.- EEUU incluye en la lista negra del narcotráfico al vicepresidente de Venezuela

http://www.urgentebo.com/noticia/eeuu-incluye-en-la-lista-negra-del-narcotr%C3%A1fico-al-vicepresidente-de-venezuela

56.- ¡ENTRE CIELO Y TIERRA NO HAY NADA OCULTO! Revelan riquezas que esconden los funcionarios chavistas en EEUU

https://resistenciav58.wordpress.com/2015/06/19/entre-cielo-y-tierra-no-hay-nada-oculto-revelan-riquezas-que-esconden-los-funcionarios-chavistas-en-eeuu/

57.- Gobierno de Chávez ocultó más de 15.000 millones de dólares en Suiza

http://www.diariolasamericas.com/gobierno-chavez-oculto-mas-15000-millones-dolares-suiza-n2943568

58.- CORRUPCIÓN: Los lujos y la familia del Teniente (r) Andrade.

http://www.reportero24.com/2013/07/05/corrupcion-los-lujos-y-la-familia-del-teniente-r-andrade/

59.- Alejandro Andrade, de escolta de Chávez a millonario

http://www.elimpulso.com/noticias/nacionales/alejandro-andrade-de-escolta-de-chavez-a-millonario-perfil

60.- Congelan cuentas de allegados a Hugo Chávez

http://www.elnuevoherald.com/noticias/mundo/america-latina/venezuela-es/article1998956.html

61.- Diosdado Cabello pierde demanda por difamación contra The Wall Street Journal

http://www.elnuevoherald.com/noticias/mundo/america-latina/venezuela-es/article167785702.html

62.- Desaparecieron 14 mil millones de dólares del plan para sanear el río Guaire.

http://www.eluniversal.com/caracas/140705/afirman-que-desaparecieron-14-mil-millones-de-plan-para-sanear-el-guaire

63.- Recordar es vivir: Cuando Jacqueline Faría prometió lanzarse al río Guaire

http://runrun.es/nacional/214439/recordar-es-vivir-cuando-jacqueline-faria-prometio-lanzarse-al-rio-guaire.html

64.- Cuba y Venezuela después de Chávez

http://www.elblogdemontaner.com/cuba-y-venezuela-despues-de-chavez/

65.- ¿Y qué pasó el 10 de enero?, Por José Ignacio Hernández G.

http://prodavinci.com/2013/01/11/actualidad/y-que-paso-el-10-de-enero-por-jose-ignacio-hernandez-g/

66.- Contratos para la cédula electrónica confirman triangulación de La Habana

http://proacceso.org.ve/noticias/contratos-para-la-cedula-electronica-confirman-triangulacion-de-la-habana/

67.- Los "papeles de Panamá" confirman control cubano sobre los pasaportes y las cédulas de Venezuela

http://www.elmundo.es/internacional/2016/04/06/57055bab268e3e8b238b45d5.html

68.- Cuba controla toda la identidad de los venezolanos

http://www.reportero24.com/2011/07/17/cuba-controla-toda-la-identidad-de-los-venezolanos/

69.- Maduro intenta "prohibir" la inflación. El presidente venezolano alienta el saqueo de las tiendas https://www.elmanana.com/madurointentaprohibirlainflacion-2281345.html

70.- Maduro confisca tiendas de electrodomésticos y ordena su venta a "precios justos"

http://www.elmundo.es/internacional/2013/11/09/527e3c6263fd3dd84b8b456d.html

71.- Venezuela: Un callejón sin salida

ttps://elpais.com/internacional/2017/08/05/america/1501948745_419601.html

72.- Un callejón sin salida

https://notiforo.com/foros/viewtopic.php?t=24311

73.- Venezuela donó medio millón de dólares para la toma de posesión de Trump

http://www.univision.com/noticias/america-latina/venezuela-dono-medio-millon-de-dolares-para-la-toma-de-posesion-de-trump

74.- Venezuela donó medio millón de dólares para la toma de posesión de Trump

http://www.el-nacional.com/noticias/mundo/venezuela-dono-medio-millon-dolares-para-toma-posesion-trump_178018

75.- Venezuela donó medio millón de dólares a la fiesta de la toma del poder de Donald Trump

http://www.elmundo.es/internacional/2017/04/20/58f9036022601d623e8b4591.html

76.- Millones de votos falsos en Venezuela detectados por empresa contratada para contar los votos: Smartmatic

https://es.panampost.com/sabrina-martin/2017/08/02/millones-de-votos-falsos-en-venezuela-detectados-por-smartmatic/

77.- Un callejón sin salida

CÓMO DESTRUIR UN PAÍS: caso Venezuela

http://www.univision.com/noticias/crisis-en-venezuela/en-vivo-consulta-popular-en-venezuela-sigue-las-noticias-minuto-a-minuto

78.- Petróleo y dictadura en Venezuela

https://elpais.com/internacional/2017/08/06/america/1502049206_134070.html?rel=lom

79.- Gran movilización en Bilbao en apoyo a Venezuela y la Revolución Bolivariana

https://laradiodelsur.com.ve/2017/06/18/gran-movilizacion-en-bilbao-en-apoyo-a-venezuela-y-la-revolucion-bolivariana-fotos/

80.- Human Rights Watch denuncia detenciones y ejecuciones ilegales en Venezuela

http://www.panorama.com.ve/sucesos/Human-Rights-Watch-denuncia-detenciones-y-ejecuciones-ilegales-en-Venezuela-20160404-0063.html

81.- Human Rights Watch condena abusos, persecución política y censura en Venezuela

http://www.voluntadpopular.com/index.php/ver-noticia/8-noticias/1191-human-rights-watch-condena-abusos-persecucion-politica-y-censura-en-venezuela

82.- Human Rights Watch denuncia violaciones de derechos humanos en Venezuela

http://www.20minutos.es/noticia/2806707/0/hrw-denuncia-violaciones-derechos-humanos-venezuela/

83.- Elemental para Venezuela. Por Joaquín Villalobos

https://elpais.com/elpais/2016/07/28/opinion/1469708177_987134.html

84.- VENEZUELA Y LA "REVOLUCION BOLIVARIANA" por Aníbal Romero.pdf

85.- Los notables venezolanos y la democracia

http://www.frentepatriotico.com/inicio/2015/09/18/los-notables-y-la-democracia/

86.- Retirada en elecciones a la AN 2005: un error muy caro para el país

http://eltiempo.com.ve/venezuela/politica/retirada-en-elecciones-a-la-an-2005-un-error-muy-caro-para-el-pais/200179

87.- El camino del infierno. El combate contra la corrupción en Latinoamérica es muy complicado. La intención no basta.   Por Joaquín Villalobos.

https://elpais.com/elpais/2017/03/27/opinion/1490617050_931794.html

88.- Venezuela en crisis: ¿por qué el chavismo pudo acumular tanto poder?

http://efectococuyo.com/politica/venezuela-en-crisis-por-que-el-chavismo-pudo-acumular-tanto-poder

89.- La plaga del militarismo en Venezuela

http://www.correodelcaroni.com/index.php/opinion/item/44287-la-plaga-del-militarismo-en-venezuela

90.- Paravisini: 150 mil barriles diarios salen por contrabando vía terrestre y marítima

http://globovision.com/article/parivisini-150-mil-barriles-diarios-salen-del-pais-via-terrestre-y-maritimo

91.- Freddy Bernal:"No supimos gerenciar las empresas expropiadas y las llevamos al fracaso"

http://www.notiactual.com/freddy-bernalno-supimos-gerenciar-las-empresas-expropiadas-y-las-llevamos-al-fracaso/

92.- Las empresas expropiadas las llevamos al fracaso

http://www.diarioeltiempo.com.ve/V3_Secciones/index.php?id=6845201 4&_Proc=Desp

93.- Cómo Venezuela pasó de la bonanza petrolera a la emergencia económica

CÓMO DESTRUIR UN PAÍS: caso Venezuela

http://www.bbc.com/mundo/noticias/2016/02/160219_venezuela_bonanza_petroleo_crisis_economica_ab

94.- Venezuela: ¿Un modelo de autodestrucción?

http://revistapetroleoygas.co/venezuela-modelo-de-autodestruccion/

95.- Luis Vicente León: Expropiación en Venezuela= Ineficiencia + Corrupción.

http://prodavinci.com/blogs/por-luis-vicente-leon/

96.- "Las empresas básicas de Guayana están en etapa terminal"   Por: Juan Linares Ruiz

https://www.aporrea.org/endogeno/a225264.html

97.- Gobierno ordena apagar las acerías de Sidor ante riesgo de colapso eléctrico nacional

http://www.correodelcaroni.com/index.php/economia/item/42685-gobierno-ordena-apagar-acerias-de-sidor-ante-riesgo-de-colapso-electrico-nacional

98.- Consejos comunales denuncian desastrosa situación de Lácteos Los Andes

https://maduradas.com/ironico-e-inmoral-consejos-comunales-denuncian-desastrosa-situacion-de-lacteos-los-andes/

99.- Mayoría de productos escasos se producían en empresas que el Gobierno expropió

https://maduradas.com/enterate-mayoria-de-productos-escasos-se-producian-en-empresas-que-el-gobierno-expropio/

100.- Gruma (Monaca) cancela su inversión en Venezuela tras expropiación del Gobierno

https://maduradas.com/asfixiados-gruma-monaca-cancela-su-inversion-en-venezuela-tras-expropiacion-del-gobierno/

101.- ¿Son productivas las empresas estatales socialistas en Venezuela?, http://prodavinci.com/2011/06/22/economia-y-negocios/%C2%BFson-productivas-las-empresas-estatales-socialistas-en-venezuela-por-albinson-linares/

102.- El dilema de las empresas españolas en Venezuela es sobrevivir o tirar la toalla

https://alnavio.com/el-dilema-de-las-empresas-espanolas-en-venezuela-es-sobrevivir-o-tirar-la-toalla

103.- Goldman Sachs compró bonos Pdvsa con descuento de 69 %

http://www.eluniversal.com/noticias/economia/goldman-sachs-compro-bonos-pdvsa-con-descuento_654686

104.- BCV vendió bonos de Pdvsa a Goldman Sachs por $865 millones

http://www.analitica.com/economia/bcv-vendio-bonos-de-pdvsa-al-banco-de-inversion-goldman-sachs-por-2-800-millones/

105.- El capitalismo financiero y la dictadura de Maduro

https://elpais.com/internacional/2017/08/14/america/1502737769_567298.html

106.- Venezuela va de picada.   Por Claudio Lomnitz

https://www.mexicoarmado.com/temas-generales-y-humor/205726-economia-venezolana-mas-cerca-del-abismo-segun-reporte-chavista-48.html

107.- La Venezuela pactada: entre el Punto Fijo y el paquete neoliberal

http://www.centrocultural.coop/revista/20/la-venezuela-pactada-entre-el-punto-fijo-y-el-paquete-neoliberal

108.- "El Paquetazo" de Carlos Andrés Pérez le cambio el rumbo a Venezuela

http://impactocna.com/el-paquetazo-de-carlos-andres-perez-le-cambio-el-rumbo-a-venezuela/

109.-Del Paquetazo al Caracazo

http://www.diariolavoz.net/2015/02/27/del-paquetazo-al-caracazo-2/

CÓMO DESTRUIR UN PAÍS: caso Venezuela

110.- El Caracazo

https://es.wikipedia.org/wiki/Caracazo

111.- La Venezuela pactada: entre el Punto Fijo y el paquete neoliberal

http://www.centrocultural.coop/revista/20/la-venezuela-pactada-entre-el-punto-fijo-y-el-paquete-neoliberal

112.-Oscar Battaglini: El Pacto de Punto Fijo "está muerto", pero sus agentes históricos "están vivitos y coleando"

http://www.correodelorinoco.gob.ve/oscar-battaglini-pacto-punto-fijo-%E2%80%9Cesta-muerto%E2%80%9D-pero-sus-agentes-historicos-%E2%80%9Cestan-vivitos-y-coleando%E2%80%9D/

113.- La "coronación" de Carlos Andrés Pérez

https://elpais.com/diario/1989/02/05/internacional/602636405_850215.html

114.- El Manifiesto que algunos quisieran olvidar

http://doctorpolitico.com/2011/05/13/manifiesto-que-algunos-quisieran-olvidar/

115.- Venezuela: Entre el Pacto de Punto Fijo y el Paquete Neoliberal

http://www.centrocultural.coop/revista/20/la-venezuela-pactada-entre-el-punto-fijo-y-el-paquete-neoliberal

116.- Ay, María Corina, qué fastidio. Por Milagros Socorro.

www.aporrea.org/actualidad/a14487.html

117.- El Manifiesto que algunos quisieran olvidar

http://doctorpolitico.com/2011/05/13/manifiesto-que-algunos-quisieran-olvidar/

118.- El Manifiesto que algunos quisieran olvidar

http://doctorpolitico.com/2011/05/13/manifiesto-que-algunos-quisieran-olvidar/

119.-Las pataletas del pataruco

https://germanelalacran.wordpress.com/2012/09/13/las-pataletas-del-pataruco/

120.- Excomandante del Ejército, Carlos Peñaloza ofrece detalles del 4F

http://notitotal.com/2017/02/04/excomandante-del-ejercito-carlos-penaloza-ofrece-detalles-del-4f/

121.- La rendición llegó con el miedo

http://eltiempo.com.ve/venezuela/politica/la-rendicion-llego-con-el-miedo/43748

122.- Las pataletas de un Pataruco.

https://germanelalacran.wordpress.com/2012/09/13/las-pataletas-del-pataruco/

123.- Aumenta número de venezolanos que se declaran ni chavistas ni opositores

http://www.diariolasamericas.com/america-latina/aumenta-numero-venezolanos-que-se-declaran-ni-chavistas-ni-opositores-n4111342

124.- INTERNACIONAL / ANÁLISIS DE UN NARCISISTA EN EL PODER

http://www.abc.es/20100912/internacional/chavez-divan-201009110102.html

125.- Sobre el odio y la traición a la patria. Miguel Henrique Otero

http://www.el-nacional.com/noticias/columnista/sobre-odio-traicion-patria_201627

126.- A 7 años de la masacre de la Plaza Altamira. ¡Prohibido Olvidar!

https://sites.google.com/site/marthacolmenares/a7a%C3%B1osdelamasacreplazaaltamira

127.- La sangrienta masacre de la Plaza Altamira

http://www.alfinal.com/VENEZUELA/altamira.php

128.- La era poschavista.- Los 7 Pecados Capitales del Chavismo:

http://www.eluniversal.com/opinion/131114/los-siete-pecados-capitales-de-hugo-chavez

129.- Éramos felices y no lo sabíamos

Contenido